U0856860

狐狸的微笑

——原始森林里正在消逝的它们

胡冬林◎著

重庆出版集团 重庆出版社

目　录
CONTENTS

青羊消息

在高海拔的山顶俯瞰兀鹫[①]盘旋，是少有的经历。这种大鸟只要愿意，能毫不费力地飞到7000米以上的高空。那天，它就在我的脚下，人们通常都是仰头看飞鸟，一旦有一天从上向下看，感受会大不一样，目光便被这孤云似的大鸟抓去，粗犷壮伟的北方群山只有这种巨鸟才能与之相配，别的鸟都太纤小秀气了。此鸟秋羽黑而春羽褐，冬季全身呈皂青色。此时它完全换了一副模样，整个后背和双翼被清晨橙色的霞光映得明晃晃，变成黄铜色，肩背上每一条黑色的纵纹都历历在目。原本铅蓝色的裸颈发出耀眼的光亮，仿佛戴上了一副银环。那对风帆般的巨翅纹丝不动，在空中水平展开，翅翼外侧的每一片初级飞羽都充分铺开，像一柄柄透亮的宽刃弯刀，猎猎摆动……

我用望远镜观察，这只黄兀鹫是雌鸟，是鹰族中体型最大的鸟类。体重约10公斤，身长在1.2米左右，觅食范围在方圆200千米，跟东北虎差不多，而我们保护区南北长76千米，东西宽36千米，这意味着它随时都可能在禁猎区外遭到猎杀。省林科所曾在上世纪70年代末做过一次调查，长白山的兀鹫当时仅剩5只（包括猎获的1只）。

我把这个意外发现看成一个吉兆，当时我正在寻找青羊[②]的途中，攀登蘑菇顶子山脉的第五座险峰。我的目光随着它盘旋的大弧圈转来转去（后来脖子酸痛了好几天），直到金炮把我从着魔的状态中唤醒。

与兀鹫同样罕见的青羊终年生活在雪线以上的高山裸岩带，常年与兀鹫和高山鼠兔为伴，连兀鹫都看见了，还愁找不到青羊吗？

时隔五年才写这个故事，是因为这故事的亲历者刚去世不久，仅用这篇文章向他表示深深的敬意。

这个人就是动物行为学家、人称“鸟博士”的赵正阶先生。他是我父亲的战友，1995年两人结伴去向海湿地看鹤，旅途中他讲述了这段经历，父亲回来又讲给我。在水泥森林巨大阴影中倾听来自原始森林的故事，真是一种享受。同时，它还唤醒了一段我少年时的记忆：那是个细雪蒙蒙的冬日，我从通化郊外一座叫窟窿杨树的大山里捡干柴回来，遇到军车停在路旁，一些兵围在篝火旁取暖。车厢里丢着十几只死狍子，有几只身上的弹孔正往外渗血。在橙黄色毛皮的狍子堆中，有一头青灰色的动物尸体格外醒目，它长着两只

“鸟博士”赵正阶

黑犄角，很像山羊。给兵当向导的老猎手告诉我，那是青羊。

这事已过去三十多年，我反复搜检还能记起的每一个细节，唯一能想起的是，当时那青羊的喉咙被人用刀切开了。伤口很深，周围凝结着一团血沫。那血一定已经凉透，雪花在伤口上结成一层红白相间的冰屑。我很奇怪：用枪打就是了，割开它的喉咙干什么？是见它没死又补一刀吗？这是猎人们常用的人道手段。那些兵是当地的驻军，打猎是为了改善一下单调的伙食。

听了这个故事我才知道，我当年是大错特错了！

听到蘑菇顶子有青羊的消息我十分兴奋。来长白山保护局10年，什么动物都见过，唯独没见过青羊。简单收拾一下外业工具，叫上老向导金炮，我俩搭上运物资的汽车，直奔蘑菇顶子。金炮是保护局请的向导，12岁开始狩猎生涯，在山里转悠五十多年，枪法好，只要进了山，就像到自己家里一样。

大雪封山是原始森林保护自己的一个招数，它不愿让人类进入它的腹地，便使出山洪、滑坡、寒流、大雾、陡峭的地势以及乌云般的蚊虫等种种招法来阻挡人类的脚步。它知道自己的宝藏有多宝贵，所以竭尽全力地保护它。这宝藏便是野生动物，正是它们使森林生机盎然，充满魅力。但它们也是森林生物圈最脆弱的一环，仅仅不到200年的捕猎，长白山的野生动物已到了灭绝的边缘。从冰河期以来在东北地区随处可见的东北虎、秃鹫和青羊等当地动物物种正变成“明天的古生物”。

我这60年的生涯中，有40年在长白山区转悠，只见过一次东北虎。我本来是鸟类专家，却对哺乳类、两栖爬行类、脊椎类动物以及植物、昆虫都感兴趣，因为它们之间的关系是紧密相关的。我一直主张考察每一种动物都要把它放在相对大的生态系统中去衡量，尤其要预测它的未来会遭遇什么样的灾害，及早给出预防对策。

我俩艰难跋涉三天，总算来到蘑菇顶子山下。金炮在沟口找到了他从前搭的狩猎窝棚，用干苔藓堵了堵漏风的墙缝、烟道，又草草打扫一下，就算安了家。晚上，金炮用刚打的野鸡炖土豆干，又烫了壶小烧，窝棚里顿时有了过日子的气氛。他满上第一杯酒，没喝，却端着酒盅出了门。我知道，他是拜山神老把头去了。老猎户都这样，开猎的头一天拜拜老把头庙，念叨几句，图个吉利。这是他祖上留下的规矩，一辈传一辈。

第二天一早，我们兴冲冲地上了山。说是山脉，实际是坐落在苔原台地上的六座山峰，每座都高约千米，十分险峻。苔原上是冰雪的世界，坚实的雪被厚一米多，形成一望无际的冻原。山峰上的雪却留不住，被烈风刮入凹处，一条条挂在大山深深的褶皱中，看上去就像白玉石镶嵌在玄武岩层中，春夏不融。我带了一架10×40的观鸟用望远镜。仔细搜索着那几座峰峦。一切是那么安静，似乎一切生命的活动都停止了，只有山风在金炮的枪管吹出悠长的哨声。这当然是假象，雪被下，除了众多生命在蛰伏休眠，还有许多生命仍在活动，留下一行行银砌兽径。时而，你会在雪原上见到一行玲珑剔透的足迹，五个圆脚趾并拢着，像一朵朵小梅花，那是狐狸留下的，它在追踪一条珍珠琏般的纤小印迹，那是它冬天的主食——棕背䶄；时而，你还会看到椭圆形的阔大脚印，那是一只四处游荡的孤熊在觅食，它大约在冬眠中被掏仓的猎人惊了，不会再藏起来冬眠；时而，还会发现一行行细窄的竹叶状的三趾足印，在矮灌木和干草丛边绕来绕去，那是花尾榛鸡或山鹑留下的秀丽足迹，它们在啄食残留的草籽和干浆果……

然而，这些高山动物都比不上青羊来得神秘。在生存极为艰难的高山冻原山脉，只有大约十三种哺乳类动物能适应这酷烈的环境，其中多数是啮齿类，如高山鼠兔、旅鼠、地松鼠等。青羊无疑是其中最大的有蹄类动物。可是，我对能否看到青羊，心里一点把握都没有。十几年来，保护局展览馆一直缺少青羊的标本，这个空白成了大家的一块心病，也都把希望寄托在我的这次考察上。

金炮听说要打一只青羊做标本，乐坏了，在攀爬第一座山崖的途中告诉我，青羊血是治跌打损伤的良药，青羊角更有滋补壮阳的功效，会有人花大价钱收购的。

听到这儿，我恍然大悟，少年时看到的那只被割断喉咙的青羊，实际上是被割断了颈动脉取血。

在第一座崖顶，头一眼瞥见一座座高大的青羊粪堆，让我目瞪口呆。这些粪堆保存得相当完好，像一个个大草垛，最高的有两米多。青羊的居所大都选在断崖下或山凹的窝风向阳处。这里空气干冷缺氧，气候与北极苔原的气候相近。酷寒和高海拔使食粪昆虫和细菌难以滋生。当初难以计数的小粪球虽然被压成了粪饼，但其中细碎的草茎和苔藓的纹理还看得很清楚，略加翻动，还能找到一绺绺皮毛和一些纤细的骨骼。粗看上去，最早的堆积至少在1000年上下。如果我的推断准确，就可以这样计算：青羊的寿命约为15年至20年，这个青羊家族已经在这里生存百代了（它们很少能活到20年），这里曾是一个多么热闹的青羊乐园啊。

有报道说，我国科考队在南极冰原下发现了有3000年历史的企鹅粪堆积层，正在据此研究南极数千年来的气候变化、大气及海洋的污染程度、企鹅种群的兴衰。

听说，南极洲还有积存万年的企鹅粪沉积层，它们在厚厚的冰盖下永远地保存着，和长白山火山灰下面埋藏的成片的硅化木森林一样，等待着人类去发掘和研究。我相信，尽管已过去30年，那些青羊粪堆仍不会消失，可惜我现在去不了啦，有两大本的《中国鸟类志》[③]要完成，我担心我的身体挺不到这套书收尾……

父亲说：那套书是赵先生毕生研究的结晶，为此，倾注了他60年生命的最后10年。

我是个《白鲸》迷，极欣赏麦尔维尔那壮阔雄浑的风格，连他的啰里啰唆也喜欢。他说过：“蓝须鲸会躲避猎手和哲学家。”它躲避猎手是为了保命，躲避哲学家是不愿听他们饶舌，因为经历了亿万年进化史，聪明地选择了从陆地返回大海，逃脱了灭绝命运的大鲸自己就是生存智慧的大师。

看来，青羊也在躲避我们。

哺乳动物在1.5亿年前与恐龙同时诞生，它们躲过了一次次自然灾难，最后成功地取代了恐龙成为地球的主人。羊的祖先——原羊出现于2000万年前的中新世纪，大约在第四纪冰河期（有学者说比这更早），这株进化树孤单、弱小的一支流落到我国东北。起初，它们原本在水肥草美的大草原上生活繁衍。羚羊、塔尔羊、岩羊、羱羊、瞪羚、扭角羚、盘羊、大角羊、乌利尔羊、苏门羚等堂兄弟们的命运是一样的，在自然灾害尤其是众多天敌的进逼下步步后退，一直退到空气稀薄、天寒地冻、海拔2000米以上的冻原或高山上（登山家曾在喜马拉雅山4572米的高度发现了青羊）。它们的毛演变成蜡质管状，中空的毛管充满空气，这样的冬毛与雷鸟的冬羽一样，具有御寒奇效；同时蹄子变宽，脚踵富有弹力，坚硬的双趾似铁钳，能牢牢夹住突出的石块，特别适于登山；它们以蛋白质含量极低的苔藓类植物为食，为消化这干涩的食物，和冻原驯鹿一样，它们的胃能分泌一种特殊的酶。生存能力最顽强的动物是从不挑拣食物的，由此可以看出，青羊在食物、环境、气候诸方面，几乎达到了哺乳动物生存的极限。

人类在对野生生命进行了长达几个世纪的大屠杀之后，如今仍在步步进逼。过去长白山曾流传过一首民谣：

棒打獐子瓢舀鱼，

野鸡飞进饭锅里。

那是昔日我们整个东北林区生机勃勃的自然生态的真实写照，同时也能从中看出人们对待野生动物的基本心态：吃、穿、用。

正是这种心态，使这里只剩下永恒的寒冷与死一般的寂静。

这座山上不会有青羊，我们没有发现任何动物的踪迹，也没有任何生命的迹象。这里有的只是寂静，在凛冽寒风呼啸中的寂静。这寂静很可怕，南坡冰冷的裸岩、北坡终年不化的冰雪，山顶近7级的大风，寒彻骨髓。举目四野茫茫，乱云纵横，山岩狰狞，万物肃杀。

这一切在无形中汇成一种巨大的压力，让人无法立足。面对这种环境，连在深山老林里多次经历生死关头的老金炮也挺不住，连连催我赶快下山。

在那难忘的七天里，我们连续登上了五座山崖，见到的都是一座座同样的青羊粪堆，感受到的都是同样的可怕寂静……我害怕了，这是发自内心的恐惧：上世纪70年代，我们的国家正遭受空前的浩劫，社会动荡，人性扭曲，全民族的文化都处于我当时在山上感受到的同样可怕的寂静中。

在这样的重压下我能干什么？！找到青羊并把它记录下来，也许是一个知识分子良心上的唯一慰藉，也是我当时唯一能做的事。

动物学家存在的真正意义，是发现和研究人类从未认知的新物种并将研究成果告诉人类社会，让人们了解和爱惜这个新发现的野生伙伴。但是即使我找到青羊，当时也根本无法采取任何保护措施。还有那一座座青羊粪，让我至今难以释怀，我一直想请生化专家分析一下。外国专家已在珠穆朗玛峰海拔6000米的高度上发现了人类工业污染证据，那里冰水中的pH值达5.85，已接近酸雨，还有镉、汞、砷等重金属化学污染物及大量的工业粉尘。长白山会不会发生这种情况？对动植物来说，工业化学污染是最凶恶的无形杀手。

讲到这里，父亲发出重重的叹息。他一直认为，对土地、对自然深怀忧患的人一生都是痛苦的，这是中国知识分子世代相传的特征。父亲是诗人，他常说赵先生具有诗人的潜质，在许多方面，两人可谓是心曲相通。在向海湿地那几天，两人对那里发生的事情痛心疾首：一些政府部门随意修建度假村，通宵达旦地喝酒、打麻将、跳舞、在草地上呕吐；当地还组织旅游活动，游船播放着流行音乐在水面穿梭往来……

乍看到那一行行晶莹剔透的雪蘑菇时，我和金炮本已破灭的希望重又燃起。雪蘑菇（也有叫冰蘑菇的）的形成很有意思，草食动物在雪地上踩下了坚实足迹后，经日晒风吹，足迹四周相对松软的雪层融化或被风刮走，被足迹踏实的雪砣却留下来，形成了高约几厘米或十几厘米的雪蘑菇。

这种足迹很陈旧，让人难以分辨是什么动物留下的，也无法追踪。

金炮这个码踪老手，连连抓挠半秃的头，在雪蘑菇旁边绕圈子，又蹲下去用手指测量，最后得出结论说，只能是两种动物：狍子和青羊。他排除了马鹿、獐子（原麝）和野鹿的可能，因为马鹿太重，獐子太轻，野鹿的蹄瓣偏大。很明显，一群中等体型的草食动物曾在这片林地旁觅食，它们啃光了一些小树的嫩皮、细枝和越冬的芽苞。看样子，它们在这儿停过一会儿，又向树林深处转移了。

我抬头望着最后一座未攀登的山崖，它的基部白雪皑皑，上半部分是一个锥形的岩砾堆，布满了大大小小的不固定岩石，仿佛随时会崩塌下来。山顶部分是一座高大的玄武岩壁，陡峭光滑像一面插在岩石堆上的大镜子。我很怀疑，青羊能从那么险峻的崖顶下到河谷来觅食吗?

我被这个疑问折腾得半宿未睡，可金炮却睡得很沉。这几天，他跟我说了他的打算，这趟回去他想收山，回到二道白河镇的女儿家养老。在深山老林里钻了五十多年，钻够了。山里的动物越来越少，也越来越难打，眼神、脚力都跟不上，干不下去啦。我觉得，做了这个决定之后，他平静了许多，也真的显出几分老态。再过两天就要回家了，不管能不能找到青羊，他都会回去，抱抱外孙子，享享清福。这时候，他的心境最安稳。

第二天，我们沿着冻原台地上的低矮灌木从边缘向山脚进发。刚走了没多远，走在前面的金炮忽然嘿嘿笑了两声，蹲下身去，从地上捡起一把东西给我看。哈，在他的手掌里，是一些黑色的小粪球。青羊粪球！没错，狍子粪像黑枣，略长有尖，羊粪稍大且圆。

这些羊粪球黑枣大小，裹着一层还很新鲜的肠道液，油汪汪的，在雪地上十分显眼。还有一行行的双蹄瓣足迹，遍布在附近灌木带周围。这足迹结结实实地踩进浅灰色表层雪，抽足时带出了下面亮晶晶的雪屑，十分醒目。

金炮循着足迹链用手指探了又探，量了又量，断定这是7只青羊留下的。它们有大有小，有公有母，是一个完整的族群，而且就在昨夜留下的。

我按捺下兴奋的心情，细细地考察了一番。原来，青羊在冬季会下到岳桦林以下的灌木带和森林边缘，啃食矮小的崖柳、山榆的树皮和冬芽，还刨出雪被下的萱草、野菠菜、棘豆、紫云英、马先蒿等高山植物充饥。

看来，这座山崖会有活生生的青羊存在！

青羊在我的心里一直是介乎现实与幻想之间的动物，它们只存在于民谣和传说中。它们跳崖跃涧，在危崖上与狼群周旋，在最后关头把头狼挑落深涧或与对手同归于尽。这些一直是猎户们津津乐道的话题。它与它的亲戚——在气候宜人、水肥草美的非洲大草原上生活的捻角羚、黑颈羚、大小羚羊的和平温驯相比，要刚烈得多。我曾在外国资料中见过北极的石羊、喜马拉雅山上的塔尔羊、阿尔卑斯山的岩羊，它们似乎更接近我所想象的青羊，具有一种与青天相接的高山极顶的野性风范。

高山偶蹄类动物喜欢舔食岩缝间的盐碱结晶，它们甚至有自己固定的盐碱场，定期吃那里含盐碱的土壤和岩屑，这对它们的骨骼发育、新陈代谢有好处，尤其在哺乳期间。从未被人类惊吓和捕猎过的动物往往会把人类当成朋友。我的一位德国同行向我讲述过他的奇遇：他曾把捧着盐的手伸向本性胆小的岩羊，岩羊竟不含敌意地走近他，直接在他的手上舔舐起来。惊喜万状的他说的一句话，我至今记得："那是我一生中最美妙的时刻，就像初吻一样。"

这话一出，我顿感我俩之间的文化隔阂消失得无影无踪。动物学家跟动物打交道比跟人多，常在无意中把它们当成自己的同类。

青羊遇到我们会做何反应我心里没底。我忍不住问金炮："青羊到底长什么样？"

"看见就知道了。"他气喘吁吁地答，叮嘱我沿着岩石间一条隐约可辨的小径攀登，说那是青羊常走的小道。仔细观察，小径好像被人用斧凿敲打过，千百年来，一定有许多青羊在这里来来往往，它们的蹄壳在暗黑色的玄武岩上留下了数不清的浅沟纹和小凹坑，这是即将与我们相遇的青羊家族的千年足印啊。

尽管有心理准备，骤然见到青羊时我还是不由得失声大叫："青羊在这儿！"

当我爬上一个崖台时，它们突然从晨雾和崖壁中冒了出来，出现在我面前。听到这突如其来的叫声，那整个群体一震，齐刷刷扭头，怔怔地望着我，青羊群仿佛在刹那间被严寒凝结，一动不动。忽然，一大片薄雾飘然而至，眼前的一切都消失了。我揉了揉眼睛，刚才是有血有肉的生灵，还是朦朦胧胧的幻影？我看看四周，注意到南坡夜里积聚的霜花和寒气正在被阳光驱散，雾气越来越稀薄。

我趴在地上一动不动，久久地等待着，同时为刚才的冒失愧悔难当：我犯了一个动物观察者的大忌，把这些天性谨慎的动物吓着了。待寒雾渐渐消散，我发现它们已退到岩壁下，紧紧地挤作一团，仿佛正在抵抗突如其来的雪暴。缕缕热气从青羊群中袅袅升起，又轻缓地摇荡消散。它们身后，是一座蘑菇形的崖头，由疏松的岩石构成，这大概就是蘑菇顶子的来历。我努力地分辨着那一大团毛茸茸的黑色轮廓，逐渐分清了它们的数目——7只，整整7只，一个由7只青羊组成的族群。

乍看上去，它们长得很像家山羊，但吻部和体型比家山羊短粗而且结构紧凑，显得结实粗壮，这符合"阿连定理"，即随着动物向北方推进，它们身体突出的部位变短。大自然是最好的设计师，它在动物漫长进化过程中随时为特定的生存目的进行更加完美的雕琢。它们的毛长而密实，像披着一层厚毡毯，使身体略显膨胀，像个方木箱。毛色在暖色调石棚的映衬下呈寒凝的青苍，周身的毛在寒气中闪烁着银蒙蒙的光泽，颈后沿背脊至尾基铺下一

青羊

条若隐若现的紫黑毛色，似一抹浓墨融入烟青，颏下有白斑，从深灰暗影中跳出，灿若银雪。最动人的还数那双琥珀眼，睫帘长密，幽幽澈澈，疑惧交加中透出些许野气。

望着那些陌生的眼神，我忽然意识到，自己的专业是研究动物行为，但我对它们真正的生活状态和情感世界一无所知。平常观察鸟类时，我只机械地记录它们的外貌、习性、产卵量、食物、育雏、求偶与交配行为、筑巢材料、营巢地点、迁徙时间及路线，等等，却完全忽视了它们的心理活动，尤其对哺乳动物，很少去深入观察。上世纪70年代末，我才从外国朋友手里借到了洛伦兹的《所罗门王的指环》的英文原版书，之后又陆续读到他的《雁语者》和《攻击的秘密》，这些好书要是及早翻译过来该多好啊。

幸运的是，从见到青羊那

天起，我开始学会用情感的眼睛去观察动物。这得感谢青羊，是它们使我悟到了这种观察方法。

正凝神间，一股粗重的热气喷入后颈，金炮上来了。他双眼迅即扫视一圈，牢牢罩定打头的大公羊。肩微动，枪滑入手，稳稳托起。

“咩——咩——”静默中，传来小羊的叫声，稚嫩得令人心颤。它妈妈马上应答，低头拱着小羊的腹下，把它向大群里推。

头羊闻声而动。它全身紧绷，梗脖收腹，犹如满弓待发的箭，那双乌油油的短角，像尖利的粗铁锥，对准我们。

这是个胸宽颈粗的大家伙，约六七十公斤重，小公牛似的，犄角上那七八道环棱，表明它正值壮年。细细一看，它的头侧、肩部散布着数条长短不一的纵横划伤，伤处毛色浅淡，是旧伤。右耳缺大半，腰胁处绽开一块刚长出短灰绒毛的半月形伤口。头羊性刚烈、擅打斗，它们为争夺配偶、保卫族群和领地，尤其当身处绝境时，会产生一种“生死关头的反应”，发动决死的攻击。

眼下，它们是这里的原住民，我们是入侵者。

北美雄性大角羊在与情敌决斗时，巨角砰然相撞的声音响彻山谷，传出数里远。有专家测算过，碰撞产生的瞬间力量可达6吨！羊角与牛角在进化中发生了根本性的差异：具有杀伤力的羊角尖逐渐向后长，以免在角斗中刺伤同类，因为它们的角斗太频繁，有的种类在一年内要经历两次发情期，与几十个情敌战斗。牛角则作为重要的防御武器，角尖逐渐向前方伸展，最终成为令人生畏的武器。羊在人们的心目中是和平、温驯的动物，其定义与和平鸽相近，在中国古文化中，它还是软弱可欺的代名词。

青羊的角尖也是向后长的。用牛、羊角做工艺品的匠人都知道，羊角要比牛角脆硬几倍，切割和打磨都颇费工夫。这角一旦长出，终生不脱落，与头盖骨牢牢地长在一起，愈老愈坚，宁折不弯。

当时我们与头羊相距五六米，它们身后是岩壁，我们身后是悬崖，双方都身处绝地。

碰到它的眼神，我顿时感到一股寒气从尾骨处窜出，沿脊缝上行，直达后脑。我观察鸟类十几年，相当熟悉猎隼、大鵟、金雕等猛禽在噬杀猎物的那一刻，眼中发出的可怖红光。

面前这只公青羊，眼神跟猛禽一样。

金炮的枪法我是知道的。那管枪在风中纹丝不动，犹如焊在两根铁棍上。在瞄准器后面的眼睛我不看就知道，此刻一定冷彻如冰。他一生经历过太多与猛兽近距离相对的时刻，他绝不会退缩，何况眼前只是一只青羊。好枪手都是这样，击倒猎物是他人生中最快乐的时刻。相比之下，所有为此目的遭受的苦难、挫折顿时化为乌有，他干的就是这个。

他屏息宁神，击发在即。

不知出于什么原因，我当时想都没想，伸手按下他的枪，低声喝道：

“不许开枪！”

金炮扭头看了我一眼，那眼神我终生难忘。

赵先生是个讲故事的高手，父亲转述得也精彩，我写到这儿的时候手禁不住有些颤抖。

有时候，人在某些关键时刻的一句话或一个动作当时无法解释，过后才慢慢理清，你会发现，那是你的文化沉淀和本性在支配你的行为。

金炮的那一眼，使我顿感一股杀气，它一闪即逝。

我横下心来，下了第二道命令：“快趴下，我死也不会让你开枪。”

说罢，我伸手抓住了他的枪，压在地上，倒退着向后挪动身体。

他呆了一下，手指立刻脱离扳机，抓住枪托，不由自主地被我拉扯着向后挪动。他必须跟随我的动作，因为枪口正冲着我的左肋。

“你干什么！”他低声怒道，脸色十分难看。

“快向后退！”我的口气更坚决。

金炮梗梗脖子，恋恋不舍地看一眼头羊，随我一步步向后挪动。从动作和表情看得出，他一百个不愿意。

这是跟动物遭遇时，与恫吓相反的另一条法则：尽量不激怒对方，把自己当做它的同类，降低姿态来脱离险境。这对肉食动物没用，但对未发动攻击的草食动物也许有用。我是在冒险，因为动物都有追击的本能。这可能是长白山最后一小群青羊，它们和东北虎、金钱豹、兀鹫一样极为珍稀。因为隐士般的青羊名声远不如东北虎响亮，它们被人们漠视了，国家在1982年才将它们列入二级保护动物。

头羊见状马上摇头喷气，开始用前足轮番敲击地面。坚蹄敲打岩石，如击石鼓，发出一串串爆响，震得耳朵发麻。它是在吓唬我们，许多它的高山同类都会这一招。这也表明它不会发动进攻了。

爬下崖台时我回头看了最后一眼，发现那团浓青中有个东西一动，那是一只半岁大的羊羔，正用湿漉漉的大眼睛望着我。

草食动物都有一双仿佛总在流泪的双眼。

下到崖底，金炮说：“嗨，我这是头一回没打响……你这个大学生不简单哪，我的爷爷亲眼见青羊挑死一头三岁大的狗熊。”

下山更难走，许多石砾只要稍微一碰就哗啦啦滚下陡坡。如果一脚踩错，就会连人带石头一块儿滚到山下，只剩下血肉模糊的尸首。这时候，青羊踏出的小径再一次帮了我们，歇息时我仔细观察，才发现这些兽径纵横交错，几乎遍布整个山体。看上去显得很杂乱，实际上却分布合理。不仅上下山各有专用通道，还有许多突遇天敌时通向临时避难所的山洞、崖罅的逃生秘径，再有一些可能是通往舔盐场或高山牧场的迁移道路。

我觉得，这些青羊小径，就像人类城市的大小交通网一样，各有各的用途。单从这一点详加考察，就是一个很好的论文题目。

冬天昼短夜长，山里的冬日更短，大山早早就伸头遮住了夕阳。走到蘑菇顶子对面的山上，再回头看那座青羊之山，它映着暗紫天穹，朦胧成苍茫巨影，一片静寂苍凉。突然，一行活泼泼的青影自暮雾缭绕的山顶闪现，一个接一个沿陡陂滑跃而下，曲曲折折穿行于岩砾间。它们一会儿隐没于薄雾中，一会儿现身于山石上，远远看去，颇似一队平衡感极佳的神秘魅影。

金炮禁不住赞道："啧啧，看人家是咋下山的。"

我举起望远镜，观察到它们的脚踵后还长着片片白毛，腾挪时，蹄下生花，白雪片片，宛若一群踏浪低飞的白翅浮鸥，在凝止的巨涛间翩翩飞舞。转眼间，青羊们下至山腰，来到一座断崖上，这断崖高约5米，犹如刀削。它们驻足探颈，迟疑不前。头羊叫了两声，上前兜了一圈，似在估量高度，然后退回几步，突然像离弦之箭，发力向崖头冲去。在跳离崖畔的刹那，它勾头悬蹄，纵身腾向空中……我简直不敢相信自己的眼睛：它在半空里猛然甩头拧腰，如大鸟抖翅，身子打横，凌空翻转，像颗大炸弹，旋转着撂入两三米深的雪堆中，炸起小山般的雪浪。

见此奇景，我和金炮不约而同地惊叫了一声。谁知好戏还没完，它紧接着从烟雾般的雪尘中弹出，再次跃入空中，扑棱棱腾空旋转，落地后马上又腾身跃起……就这样，一串腾跃旋转接着一串，青羊似脱网的大鱼，在雪坡上撒欢蹦跳，飞银溅玉。从人类的眼光看，它像个快乐得有点疯癫的孩童，尽情地嬉戏玩耍。这快乐是没来由的，快乐就是快乐。

受到头羊欢乐情绪的感染，其他青羊依次从崖头飞跃而下，一个追一个在雪坡欢蹦乱跳，搅得陡坡上雪屑四溅，白雾腾腾。远远看去，对面山上近乎直立的雪坡犹如挂在山腰的白色幔幕，青羊群如同一列黑色的小陀螺，在晶莹莹的白雪上跳着它们的舞蹈——高山精灵之舞。

在那一刻，蛮荒苍凉的大山仿佛充满了活气，充满了由这群快乐动物带来的生机勃勃的动感。我认为，这正是天上要有鸟儿飞翔，河里要有鱼儿游动，林中要有动物奔跑，草丛里要有虫儿歌唱的道理。失去了它们，大自然就是死的。

我突然感到，这青羊之舞或许是一种欢庆，释放脱险后的喜悦；或许是一种回报，专门为我们演出……

讲到这里，父亲叹息道："真羡慕他啊，看到了一个神话。正是这些大大小小的自然奇观，成了他事业上的支撑……"说到这儿，父亲的声音忽然像被噎住，停了半天才又说："但是，自那以后，他再没听到过那群青羊的消息……"

说来也巧，1999年12月7日，中央电视台晚间新闻播报消息：大兴安岭塞罕乌拉保护区发现青羊的野生种群，140只左右。听到预报，我急忙把那条消息的画面转录下来，一遍又一遍地回放，细细观察。画面中青羊显然受惊，正在飞奔着，那迅疾的身姿几乎在凌空飞翔。这是我一生中第二次看到青羊。自从听了这故事后，它已在我心里牢牢扎根。同时，与赵先生相识成了我的一个夙愿。

在这之前，我发现市场和酒店里有鳇鱼④、飞龙⑤、铁雀⑥等野生动物被宰杀售卖，曾去查先生编著的《中国鸟类手册》上卷。父亲说：雀形目在第二卷，尚未出版。于是我买了利奥波德的《沙乡年鉴》，托父亲捎给我未曾谋面的先生，想给先生一个好印象，然后再去拜访，向他请教有关这几种动物的知识。现在有了"青羊消息"的录像，我更高兴，相信先生一定愿意看，便翻录一盘，准备带给先生。

我向父亲要来了先生的电话号码，正准备约时间，却听到了赵正阶先生去世的消息。去年冬天雪大，听说他在路上滑倒后没能起来。我还听说，《中国鸟类手册》印了1500册，先生把未卖出的书当稿费搬回家里，有人寄钱来买，他便把书打包，亲自到邮局寄出去……

他儿子赵兵告诉我：近些年先生身体一直不好，但仍抱病整理书稿，直到倒下。

我想用一首北美印第安人的民谣结束本文，父亲说它胜过千百首庸诗：

当最后一棵树被刨，

最后一只动物被杀，

最后一条鱼被捕，

最后一道河中毒，

人们啊，你们吃钱吗？

注：

①兀鹫，国家一级保护动物，已被列入《中国濒危动物红皮书》。

②青羊，学名斑羚，属濒危动植物种国际公约一级保护动物。

③赵正阶先生编著的《中国鸟类志》在他去世的第二年，2001年出版，次年被评为全国图书奖。这是中国鸟类界唯一的一部鸟类百科全书。

④鳇鱼，又名黑龙江鳇，为中华鲟九个地理亚种之一，已被列入《中国濒危动物红皮书》。

⑤飞龙，学名榛鸡，国家一级保护动物。

⑥铁雀，学名铁爪鹀，省级保护动物。

（2000年2月30日草成）

拍溅

在远古时候，
人高兴变成动物就能变成，
动物要高兴也能变成人。
那时候我们曾共用同样的话语，
只因为
那时人和动物讲同样的话。

——因纽特人歌谣

雪地上出现了一行足迹，窸窸窣窣在枯草中穿行。这足迹细碎工整，像一条落在白雪上的浅灰色毛线，渐渐远去。我闭上眼，恍惚间耳畔传来秋虫奏出的怯怯颤音，如果沿着这颤音追踪下去，多半会瞥见一只林姬鼠或沼泽田鼠的匆匆身影。突然，犹如定音鼓重重一击，足迹链断了，断头处的雪地上出现了一个碟形小浅坑，雪屑和枯草零零落落溅落在四周，仿佛发生过一次微型爆炸。浅坑两边半米处的白雪上，各留下几条刮擦抹削的潦草印痕，其中隐隐现出翎羽的纹印，在浅坑后面半尺处，与上述痕迹成倒品字结构的，是个像扫帚抹过的扇形浅印。

从长白山回来，我给在深圳读初一的女儿打电话，讲述了这个雪地上的谜语。

是鹰吗？从小就爱猜谜的女儿答道。

是鹰，是长白林鸮。同行的老卜当时证实了这一点。老卜是县环保站森林调查员，常年在野外考察野生动植物。他说，浅沆两边的印迹是林鸮初级飞羽的扑打痕迹，翼展约一米，后面的浅印是它接近猎物时收拢尾扇，做低空急刹车动作留下的。

这处雪地留痕，是林鸮致命一击后的袅袅余音。

这杀戮发生在凌晨，当时林鸮蹲守在路边高高的大山杨上。它的听力奇佳，能听见百米之外啮齿类动物触碰枯草和落叶时发生的细微声响，它立即悄没声地俯冲下来，抓走了这份小小的早点。

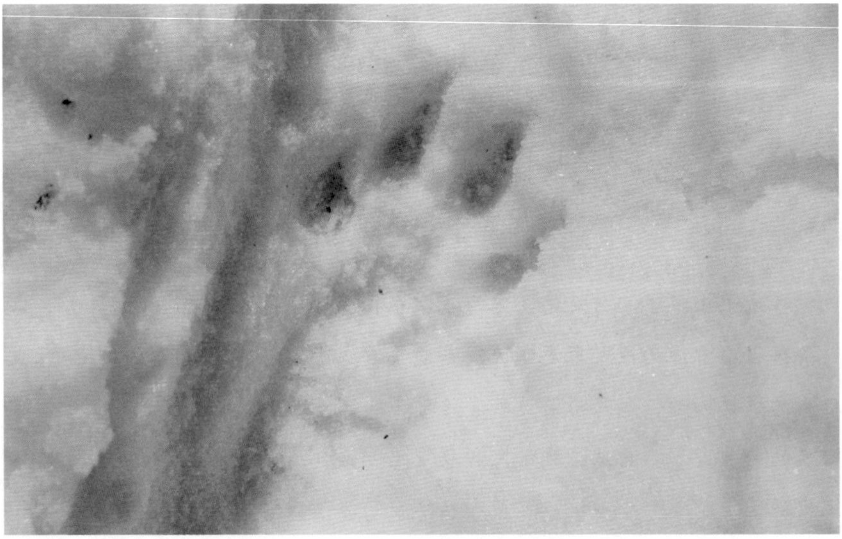

水獭足迹

离开这处雪地之谜后，我俩又跋涉了好一会儿，才在一条叫做响水溪的冰河上发现了水獭的足迹，我俩是特意来看它的。

足迹很新鲜。头一眼看上去，它与雪地上常见的青鼬足迹相似，但因为水獭长有蹼足，所以足趾间蹼掌隐约可辨。它还有一个明显的特点：青鼬的足迹大多笔直顺畅，像急着要赶往目的地，而它的足迹却不规矩，总是围绕冰罅和冰窟打转，不停地画出大大小小的圆圈、弯弧、曲线，就像一串串跳荡多变的音符，蜿蜿蜒蜒散布在冰河上，假如我会弹奏，依照这变幻无定的乐谱奏上一曲，那该是一首俏皮的小步舞曲吧。

老卜打量着足迹后面白砂糖般的拖迹说，雪屑还未融解变形，这家伙刚过去三四个小时。水獭在夏季迁徙时，在陆地上一次最远走六七千米，冬季营半游荡式生活，有时就在巢穴周围几千米的半径内活动，今天若是走运，应该能见到它。

老卜在这片原始森林中有一块秘密地，这是他七年前在响水溪上游的动物观测站工作时发现的。当时他在那里结识了一窝水獭。动物调查员要年复一年地长期分析和研究一种动物，才会得到第一手观察资料，所以在下山后的几年里，他年年都回来偷偷看望它们。野生水獭的寿命约2~5年，现在那里的水獭已是当年他那只獭友的第三四代子女了。这次上山，他破例带上了我。也许，是我远道而来的诚意打动了他。

冬天的山鲶鱼肠肚干净，大的有两三斤重，黄澄澄黏糊糊的身上遍布暗淡虎斑条纹。这季节它动作迟缓，咬钩狠，钓一条炖汤，锅里漂一层油，香极了。从前我一个人在观测站的时候，天天在河里下一种叫撅头钩的卧钩。这种钩的钓竿必须用暴马丁香的枝条，它木质坚韧、有弹性，古代时军队专门用它做矛杆和箭杆。下钩后把半截竿插入土中，半截弯成弓形，再在旁边立根带横叉的小木杆，用横叉压住弓形竿头。鱼饵用小块鱼肉、小鱼和蜗牛肉都行，但钓线一定得结实。山鲶鱼咬钩会向两边挣，扯着钓线和钓竿随它移动，钓竿一动，便从横叉下脱出，嘣的一下猛然弹起，这股劲头能使鱼钩穿透鱼的唇颚。鱼挣扎累了，会服服帖帖卧在水底。你头天晚上下好钩，只管回家睡大觉，早上起来到河边一拎竿，沉甸甸的，钩上准有鱼。

那年刚入冬，我这么连着钓了二十多天，三天总有两天能钓上鱼来。嘿，有一天出怪事了！咬钩的鱼让小偷给吃去一半。这家伙不仅敢偷鱼，嘴还挺刁，专挑鱼脊梁肉厚的地方下口。看来，这是一个吃鱼的行家。

响水溪发源于长白山支脉小青岭深处，起初是条小山溪，在流淌途中不停汇集众多山泉和苔藓层下面的雨水潜流，逐渐形成有一些模样的山溪，再与数不清的小山溪和地下暗河交叉聚合，在低地上形成一条二十多米宽的江流，最终汇入鸭绿江。我的秘密地在它的中上游，水流在那里的山凹处汇成了一个不大的湖泊。我给这湖泊起了个名，叫暖湖。大概湖底离地下仍在活动的火山熔岩热流不远，这口湖从未封冻过，在最冷季节，湖的四周才冻结两尺厚的冰层。当年我的高山木屋就建在暖湖岸边。那房子的三面被针阔混交林包围，一面对着湖水，一年中无论哪个季节，那儿都很宁静，有一种原始的朴素之美。

那天夜里，下了头一场大雪，早上推开门一看，满眼茫茫雪幕，天地间那么寂静，静得几乎听得见雪花落入湖中绵密的沙沙声。雪中的湖面幽暗，没一丝波纹，像一块巨大的墨绿色大理石，愈往深处看愈显深沉凝重。

这无边的寂静让我不由得害怕起来，到观测站才一个多月，我有生以来头一次尝到了孤独的滋味，极想跟人说说话，哪怕跟动物也行。可是，这场大雪盖下来，是真正的大雪封山，至少两个月见不到一个人影，以后的日子将十分难熬。当时，正是这个念头逼得我仔细倾听。这种时候，哪怕有一丁点轻微响动，对我的孤独感都是一剂解药。

我静静等待着、聆听着，盼望在水下过冬的小河鳟游到水面来找食吃，它们常常发出轻轻的溅水声。声音轻极了，扑棱扑棱，宛如水波的颤动。平时我不很注意这类声响，森林中各种自然音响实在太多，但现在不一样，我渴望听到任何声音，最好是动物……突然，湖面上传来刷啦一声水响。这声音不太大，却实实在在、清清楚楚贯入耳鼓。我一吓，在那一瞬间竟生出一种错觉，静静的湖水活了，它忽然从一片沉寂中醒来，发出一声清亮的啼鸣。

它是真的，是一头大动物跃出水面时发出的溅水声！

从小就爱打鱼摸虾，我的耳朵绝不会听错，那不是鱼跳出水面的响动。当大鱼跳起时，发出的是脆脆的啪啦声；当鱼群一块儿跃起时，发出的声音连成一片，像一阵骤降的冰雹，噼里啪啦敲打水面；而这个家伙却是个老手，出水干净利落，身上像装了弹簧，刷刷两下便从水中蹿上岸来。

抬头一看，哈，水边果然有个动物在雪地上蠕蠕爬行。粗看上去，它形体像个扁扁的长筒，脸扁圆，长一副典型的顽童般的脸孔，它的耳朵好似两朵圆花瓣，白色的上唇两边长着几根粗硬可笑的长胡须，四条短短的罗圈腿，行走不很方便，尾长扁，如同拖着条半米长的山鲶鱼，不停在雪地上左右甩动。最醒目的便是它那身水滑滑黑浸浸的毛皮，表面像涂了一层釉质，晶莹的水珠宛如串串水银，在亮汪汪的毛皮表面溜来溜去，不断滚落。

过去，我曾远远瞥见过水獭匆匆的身影，也听到过它们那鸟鸣般的吱吱叫声，今天是第一次这么近距离观察长白山的土著居民——北方水獭。

我屏住呼吸，按捺下惊喜的心情，缓慢地跪在雪地上，生怕因动作过大被它觉察。它也许相当饥饿，一边贴着雪地游走，一边伸长脖颈，左右晃动观望水面，那副姿态，好似一条准备应战的响尾蛇。忽然，它的头稍稍上昂，似乎发现了什么，接着身子一弓一抻，紧贴着雪坡悄无声息蹑入水中，转眼没了踪影。这串动作一气呵成，没发出丝毫声响。我刚松了口气，又听哗啦一声水响，只见它冒出头来，嘴上叼着一条银闪闪的细鳞鱼游回岸边。那鱼足有一斤多重，摇头摆尾，泼剌剌挣扎，它前爪一按，随即齿尖乍现，一口咬在鱼的后脑上，然后，它抖抖身上的水珠，咔嚓咔嚓大吃起来。

响水溪的上游是细鳞鲑、哲罗鲑等长白山原生鲑鳟鱼类的产卵地。这些鱼类在入冬前会进行距离长短不一的秋季回游，成群结队迁徙到溪流的深水潭、小湖泊或下游大湖的水面下层，它们在冬季仍十分活跃，在水面封冻后还四处觅食。每个河湖池塘都有自己特有的潮气，这就是所谓的“水塘味”。然而，有鱼和没鱼生活的水塘所散发的气味是不一样的。为寻找食物，水獭一生中经常要进行短迁徙，把家搬到新的水生生物丰富的河塘。它的嗅觉极其灵敏，生来就能寻到散布在空气中的水汽，所以，它们这种短途搬家常走一条直线，径直奔向下一个充满生机的地方，绝不会光顾一潭死水。估计这只水獭远远地嗅到了暖湖水汽中隐含的淡淡鱼腥味，尾随鱼群来到这里。

嘿，这回我可有新伙伴了！

（2001年12月23日晨8时）

今天的气温是-18℃~-8℃，冬天的原始森林远没有我想象的那么寒冷，此刻在林中漫步，仿佛置身人间仙境。空气冷冽清鲜得令人惊叹，只要饱吸一口，就会充溢你的五脏六腑，甚至深入你全身的每一条最细小的血管和毛孔，整个人都仿佛被这空气浸透了，身心被彻底洗涮一番，干净得如一片嫩绿的新叶。

我少年时常在山林中玩耍，青年时又在农村插队，自以为认得树。可到了这里，许多平日常见的树，树龄都在100~300岁之间，长得异常高大粗壮，尤其是阔叶树，因为没有树叶供参照，所以连普通的黄菠萝、紫椴、水曲柳、山杨等树种都变得难以辨认。它们实在太高大了，太美了，特别是红松、白松、鱼鳞松、云杉和冷杉等针叶树，那伟岸苍翠的身姿简直令我找不出一个恰当的词来赞叹。不，还是有一个词的，那就是“壮丽”，惊人的壮丽。

冬季的森林里视野十分开阔，下层灌木叶子凋落，到处疏疏朗朗。地面上厚厚的落叶层虽然褪尽秋色，却依然散发着干透后的熠熠光泽。细细端详各色各样的干树叶，张张片片都如同用极薄极薄的红铜、黄铜或青铜片精雕细镂的工艺品，让人不忍心踩上去。还有各类乔木，如白桦、枫桦、千金榆、暴马丁香，等等，由于受到笼罩头顶的巨树排挤，被自然之手捏塑得千姿百态，风姿绰约，打一个不恰当的比方，我好似一下子掉到了女儿国，举目遍地皆是做出各种迷人造型的模特般的美女，那才叫彻底的目不暇接。

林中的雪不多，只铺在阴坡上，全没有昔日白雪皑皑的壮观。老卜忧心忡忡地说：这几年，沙尘暴已到达整个长白山区，暖冬更是常见。这种情况对森林生态健康影响如何，需要当成课题来研究。据外国环境专家监测，北极圈冰层比25年前减少40%，现在正以每10年9%的速度融解，约在本世纪内完全消失。南极一块叫拉森B的巨大冰架（面积250万平方米）已脱离极地冰盖，正在大洋上漂移。在它身后，还有10个冰架将紧随其后。第二个叫威尔森冰架，厚200米，重50亿吨……突然，扑律律律律，一阵扑翼声打断他的话。老卜眼快，说那是一小群花尾榛鸡。前几天他还看到一个二十多只的大群。它们的出现，使我想起昨天散步时见到的几只野鸭，它们被我们从未封冻的小河边惊起，疾飞中，它们的拨风羽发出嗖嗖哨音，大胆地从我们头顶掠过。

当时，我暗吃一惊，野鸭是迁徙性鸟类，去年秋季却没飞走，它们留下的唯一理由，也许就是当地的温度适宜。

自从水獭搬来以后，我改变了钓鱼地点，每天要多走五里路，到上游的一个小河湾下钩。我还把大门关死，用外屋的后窗当门，还在屋后的树林中新辟出一条出去的路，我不想做出任何一点惊扰它的举动。水獭的领地意识极强，我可不能因为我的不慎惊跑了它。但是，无论我怎么小心，既然是邻居，难免有偶尔碰面的时候。渐渐地，它开始有点习惯我的存在了。常常远远地望着我，有时还吱呦——吱呦——叫上几声，像是在警告我不许越界，又像在和我打招呼。

我早就听说水獭是可以自幼驯养的。它像狗和猫一样跟人有很亲的近缘关系，而不像狼和狐狸，养大后总有一天会遵从野性的呼唤离你而去。在中世纪的欧洲、亚洲的一些国家，人们常常训练它们捕鱼。现在的日本、菲律宾、印度和我国南方的偏僻水乡仍保留着这种习俗。只不过我国的渔民更实际一些，他们多半会选择驯养鸬鹚，因为鸬鹚能为人服务20年。波兰的史料中记载过一只叫“涅普顿”的水獭，它能执行主人发出的几十个命令，超过了最聪明的狗，甚至可以与今天人类驯养的大猩猩媲美。因此，那个驯养“涅普顿”的元帅把它献给了国王，这也使它青史留名。

我特别想学珍妮·古多尔①，去接近我的新邻居。可是，由于经费原因，一年后，观测站将被撤销，在当时的情况下，我没有任何理由和条件继续留

①为研究和观察野生黑猩猩，20世纪60年代，英国姑娘珍妮·古多尔只身前往非洲森林，经过十余年的努力，收集到许多珍贵的资料，并且与黑猩猩成了好朋友。

去年冬天被伐倒的枫桦，今春仍在流淌树液。

下。所以我只想与它保持相当的距离，尊重它的天性、领地等权利和一些忌讳，让它永远对人类感到陌生和惧怕。不然的话，我离开之后，它遇到的下一个人可能是狩猎者。但是我却没想到，我和它的第一次接触来得这么快。

一天黄昏，我听见湖里水响的声音不对，听上去像有条大鱼搁浅，正在拼命扑腾。赶过去一看，原来是水獭。它在水中反复扭曲身体，好像被什么东西牢牢套住，白肚皮忽而翻上忽而翻下，正在苦苦挣扎，见到人影，它不但没有躲开，反而艰难地半浮半仰着向我这边漂凫过来。我赶忙捡起一根干树枝，跳进早春冰冷的水中，勾住它的身体拉向岸边。水獭感觉到树枝的触碰，立刻本能地张口牢牢咬住它。顷刻间我感到一股强劲的咬力从树干那端电流一般传来，咯咯震颤我的手臂。它那对黑珠子般的小眼睛里放出一线针尖似的光芒。那是一种在绝望中迸发的狂怒目光。同时，它抬起浸在水里的口鼻，冲我发出嘶嘶怒叫，滴水的犬齿在沉昏的暮色中亮若白刃。原来，它落入了一张破渔网中，全身被紧紧缠住，几乎动弹不得。

水獭属鼬科，这一科的同宗兄弟们个个性烈如火，都是不好惹的主，除青鼬外，还有伶鼬、紫貂、扫雪、艾虎、黄鼠狼等，就连又胖又笨的狗獾，真要是下决心打一场生死大战，连金钱豹也得甘拜下风。遭遇对手的挑衅时，动物是不会谈判的，它们只有两种选择：战斗或逃跑。面对我这个庞然大物，这个天生勇猛的小家伙即使全身受困，出于自卫本性，仍选择了应战。

我小时候爱招猫逗狗，很早就懂得如何使一只暴跳如雷的猛犬平静下来。办法就是用最和缓温柔的语气对它说话，尽量哄它、安抚它。于是，我开始对它说悄悄话，像妈妈哄孩子似的，甚至从喉咙里挤出女人腔。果然，它一点点安静下来，面目间虽然野气未褪，但惊怒交加的神色已渐渐淡去。其实现在讲起来容易，当时我可是硬充了两小时的妈妈（过后嗓子发紧，难受了两天）。还有，它经过长时间竭力挣扎，已经累坏了，我一边悄声细语，一边试着去抚摸它。野生动物绝不会接受陌生者的触摸，即使被俘，接受爱抚亦非常勉

水獭活动区域

强，但当时我必须那样做。第一下摸后颈，它立即全身颤抖，仰头冲我喷气低吼。我没停手，轻轻地依次移向它的耳后、颏下和腹侧，这些都是哺乳动物亲友之间互相蹭痒和表示亲昵时喜欢触碰的部位，这会使它们放松或感到欣慰。等它开始松弛下来，我掏出小刀，慢慢一根根割断网线。当我把网线割断一多半时，这敏感的小家伙似乎知道即将脱困，猛地来了个鲤鱼打挺，趁我向后躲闪的当口，自个儿连蹦带跳挣脱羁绊，一头扎进水里。它那黑亮的身体在夜色下幽灵似的闪了两闪，转眼消失在忽明忽暗的波光水影之中。

水獭的跳水声过后，水纹缓缓平复，夜晚中的湖水重归宁静。我久久地站在湖边，瞪着眼向湖心看。夜色更浓，明知看不到什么，我却不愿离去。过后我才明白，我当时不是在看，而是在聆听，聆听那只被我救助的小生命，是不是还会发出那样清亮的溅水声……渐渐地，隐隐地，我似乎听到了一点点声音。那声音极其微弱，若有若无，时远时近，在茫茫黑暗中游丝般颤动。

那是种刷刷声与嗖嗖声的混音。我觉得，它是湖水在水獭那缎子般柔滑的毛皮上疾掠而过时发出的音波。

（2001年12月23日上午10时）

走在前面的老卜忽然收住脚步，短短地“啊”了一声，同时指着一行足迹让我看，那足迹鲜明清楚，似一朵朵铜钱大的五瓣绒花，它们列成一条整整齐齐的直线，留在一根大倒木表面的积雪上。可以想见，它当时正愉快地信步走过这宽敞笔直的独木桥。

“紫貂。”老卜俯身细细观察，笑着说，“昨天过去的。”

我心头一喜，认为这儿的紫貂早就被猎手打绝了，现在亲眼看到它的足迹，无疑是个喜讯。还有，我们沿途看到了许多松鼠在雪地上留下的痕迹。它们到处搜寻秋天储藏在地下的松子，遗下不少浅坑和吃剩下的松子壳。好哇，貂不愁没猎物可捕了。紫貂和水獭一样，身上不积蓄过冬的脂肪，为了维持必需的热量，它得经常捕食松鼠等小型啮齿动物。老卜告诉我，这是他在今年冬天看到的第一只貂的足迹。

自从被我解救之后，灰妞（我给它起了名字）明显表现出对我的宽容。当我爬上它视为领土边缘的湖畔石崖时，它不再怒冲冲嘶声警告。于是，我得以居高临下观察整个湖面，也幸运地观赏到它在水中的所有活动。

冬季的湖水碧透见底，不但水下的大小鱼群历历在目，就连半朽的落叶、混在沙砾中的蜗牛壳都清晰可辨。冷水鱼平时喜欢聚集在湖底的凹坑里，等日上三竿、天气转暖时，才懒洋洋游出来觅食。灰妞的到来，打破了它们的安逸生活，暖湖从此天天都发生水下追杀的死亡悲剧。

头一次在大白天目睹灰妞捕猎的全过程，真有点儿惊心动魄。我想，所有的渔夫都会羡慕它的捕鱼本领。严格地说，水獭皮毛是纯正的深咖啡色，可是在水下，它就像一缕黑灰色的流烟，活泼轻灵地兜着圆圈，一环一环将目标套牢，随后抓住鱼群刚刚觉醒的那一刻，骤然加速，犹如一颗小型鱼雷，拖着白色泡沫笔直突入鱼群。这时，原来平静的水下世界如同发生一次小规模爆炸，鱼群轰然迸射，无数道银光从大团尘雾中闪电般惊掠，看得人眼花缭乱。这时，灰妞早已找到目标，鬼影似的死死盯住。鱼慌了，上下左右乱窜乱钻，使出浑身解数闪躲腾挪。水獭却更胜一筹，几乎衔着鱼尾梢紧随其后。从高处看去，鱼和水獭之间仿佛拴着一根看不见的线（我因此怀疑水獭具有海豚那样的声呐系统），一个在前面银箭似的飞蹿，一个在后面流星一样疾追，它们急转、上升、钻石缝、跳水面，眨眼之间能做出几种机动灵活的回避和追击动作。然而，这过程往往只有短短的十几秒钟，一切都会戛然而止。

还没有看清（你根本也看不清）水獭发出的那一击，它已经叼着猎物，悠悠然浮上水面。

要想在水里追上鱼，就得游得比鱼还像鱼，水獭的身体结构在漫长的进化过程中已臻完美，它颅长窄扁，形似游梭，适于分水破浪；脖颈修长灵活，转弯有鳗鱼的机巧，攻击有鲨鱼的突发性；两对蹼足游动时收在腹下，加速时后

水獭休息的水中倒木

足齐齐发力，似双桨打水，动如脱兔；值得一提的是它那条宽大扁平、弹性十足的长尾巴和刚硬却又敏感的胡须。它的长尾巴具有船尾橹与转向舵的双重功能，是它游行的驱动器；水獭的胡须和海象的胡须功能相似，可在浑浊的水底探寻躲在石缝中的鱼、蛤、螯虾等猎物；它为潜水而生，肺活量大得惊人，血液中的血红蛋白是人类的两倍，还能在肌肉和血液里携带大量氧气，能支持它潜水长达1.5分左右。它全身有两层不同的皮毛，如同穿上双层潜水衣，国外有专家测算，它身上的每一平方英寸的皮毛密度超过一只狗全身的皮毛数目，永远不会透水；它的耳、鼻内均长有挡水的瓣膜，可自动开关，眼睛表面还有一层平滑透明的罩膜，是它的水下潜望镜。除强大有力的利齿群和四柄利锥般的犬齿之外，它的一对前爪与猫科动物的利爪一样，可在需要时挠击猎物，抠入和撕裂对手的肌肉组织，造成重创，当遇到七八斤重的大狗鱼，双方展开生死大战时，这样的利爪往往会发挥关键作用。

鱼天生畏獭，但一旦被对手咬住颈背，大鱼会本能地拼死挣命，这黑白双煞会展开一场恶斗，猛鱼还会找机会狂噬对手。这时候，水獭会骑上鱼背，尽张利爪，抠入鱼眼或鱼腹，使对手丧失反抗能力。我曾亲眼看见过它与一条十余斤重的细鳞鱼缠斗，那鱼肌肉紧实，爆发力强，常年在石丛间的湍流中逆流击水，性子剽悍坚韧，富于战斗力。灰妞那天可能饿坏了，不管不顾地冲上去，狠狠咬在鱼的后颈上。鱼剧烈抖动身体，甩头震尾，击打摇撼背上的敌手，同时大力撞向湖底石砾，想把对手从身上甩下去。灰妞在贴身追袭中始终压在大鱼上方，并用钩爪攀住光滑的鱼脊，用锐利的犬齿凿向鱼的后脑。痛彻骨髓的鱼发了疯，小火箭般哗啦啦蹿出水面，连连横滚打挺，棕黑色的灰妞像条小乌龙，死死抠住它那银灿灿的身体，犹如一个优秀的骑手，不管胯下烈马如何撒野，仍不停猛击鱼头，直至凿穿对手的天灵盖。一缕血水摇曳升起，大鱼用最后的力气拍拍尾巴，翻起白肚皮，斜斜滑动十几米，缓缓坠落湖底……

得胜后的水獭从不知休息，总是叼着战利品急急游至岸边，匆匆忙忙将它拖至附近的隐蔽处大吃一顿。

与海獭相比，我总觉得水獭这一物种的进化过程还远未终结。我的依据是：人类的所谓文明，最终会占领地球上每一处最偏僻的角落，尤其是适合它们居住的清澈水域。对水的需求，总有一天将驱使人类去开发所有的陆地水源，其中当然包括地球上所有水獭们居住的家园，它们向何处去？也许，它们会重走海獭的进化足迹，但海獭的漫长演变故事是它们祖先的一部完整的自然进化史，估计至少长达几十万年。而水獭则极可能在短短的数百年间，将被人类挤压强逼到海边。在这么短的时间内，一个哺乳动物物种的适应性再快，也不可能发生太多改变，除非它们被强化驯养成为家畜。唉，水獭将来的命运会是什么样呢？

（2001年12月23日11时许）

我们路过响水溪的一条小支脉，它在这个浅河谷拐角处冻得很结实，估计冰厚约15米，但冰壳下的溪水仍在汩汩流淌，只要我们的踏雪声一停，它那微弱而持久的水声便隐约传来。我拨开积雪，把耳朵贴在冰面上，强忍着冰冷的寒冰带来的刺痛听了十几秒。下面的水声很响，宛如持续不断的鼓声，这鼓不是牛皮蒙面的那种，而有点儿像一种金属制成的鼓，大概是铁铸成的鼓吧，而且，这种铁鼓还必须在水下敲打。

飞快从冰面仰起头，心头涌起一片发现的惊喜：在对岸松林边，静静矗立着一个小窝棚的精巧的木头支架。第一眼看去，它仿佛是林中矮仙精心搭建了一半的小帐篷，现在已被他们遗弃。

我想，这可能是森林警察长途巡逻时的宿营地。可它太小了，估计只能住两个人，大约是猎人或采药人的宿营地。我兴奋地打量着这个小地方，想象着当时的居住者是如何居住的。这里有不大的灶台、当小凳用的木墩、一件旧衣服和一条宽宽的长木凳，它可能被当作木床用。我弯腰从昔日门框下走进小窝棚，坐在长凳上，想象着自己在这里居住的情景。是啊，如果有那么一天，我摆脱掉所有俗务，来到这里，给窝棚重新披上草屋顶，再整理一番，和老卜在这里小住几天，远离尘世，像梭罗那样自食其力，每天与森林、溪水、动物为伴，抽空写点观察动植物的心得，该是多么美妙的经历呀。真的，也许明年夏秋季节，我会真的做这件事。

我在长凳上做深思状，请老卜给我拍照，回去把照片拿给城里的伙伴们看，他们肯定会羡慕不已。

没想到，老卜兜头给我浇了一盆冷水："别在这儿照了，这是采松塔那帮人搭的窝棚，放哨用的。"他早已从我的表现中猜出了我的心思。

我一步从窝棚架子里蹿出来，心情突然变得十分败坏。几年前就听说山里开始大规模采松子，而且还有许多倒爷发了财，这行当还有个名称，叫"抓果仁"。这种事从长远看，对森林生态的负面影响巨大，它破坏自然中最基本的食物链，会造成以松子为食或与松子相关的动植物的数量骤减，自然萌发的松苗因数量太少失去竞争力，数百年之后，东北林区最令人夸耀和自豪的红松林可能将不复存在。

当灰妞不捕鱼时，常在水中玩耍。每当夕阳西下，落霞满天，暖湖会呈现出它最美丽的时刻。湖水倒映绚丽的晚霞，湖中如同贮满微微浮动的金灿灿、红彤彤的火山熔岩，水獭宛如一袭飘飘悠悠的青绸，在水中翻花鼓浪。它每一次上升与下潜，都发出一声轻溅，在水面留下一个个圆圆的水涡，这水涡似绽放的金红色水莲，缓缓舒开一轮轮圆瓣，渐渐扩展到整个湖面。有时候它起了兴致，在水面忽浮忽潜，连续跳跃式蹿游。这时的湖面，仿佛被小顽童用石片打出的水漂，啵——啵——啵——啵——接连开放一长串小金莲。玩到兴起时，它喜欢刷啦啦满湖乱窜，折跟头，打转转，花样翻新地戏耍翻腾，搅得满湖金辉闪闪、火花摇颤。每逢此时，水獭会无意间显示出它的全部泳姿，它远比号称水中舞王的海豹要来得活泼灵巧，令人联想到树上伶鼬、草间滑蛇、云上飞鸟、水中快鱼，在天生优雅中透出稚气未脱的顽皮和野气，总是洋溢着无比的快乐与欢喜。

在水边住过的人都知道，当夜晚微风吹拂，轻波溅岸时，那水声有催眠作用，不同强度的涛声，都蕴含自己内在的节拍。在观测站住久了，我渐渐养成一个习惯，晚间头一挨上枕头，便闭目静听窗外的水声。细浪一拨接一拨款款而来，轮番舔舐岸边的沙石，发出沙沙的低吟浅唱。我觉得这是上苍赐给我的摇篮曲，每逢听到这种水声，我都会睡上一个好觉。日子一久，我还能听出这种节拍在不同天气、不同风力、不同季节和在丰水期、枯水期发生的不同变化。我最愿意听的水声是在乍暖还寒的早春时节，岸边的冰层渐渐融化，滴水成凌。清晨，春风拂过，那一排排错落有致的冰凌变成了细长莹彻的脆玻璃音柱，随风摇曳，叮叮咚咚碰撞，发出风铃般悦耳的响声。在这一片风铃声中，有时会响起哗嘣一声响，好像打破了薄薄的高脚杯，那是冰凌碎裂溅起的水声。在风平浪静阳光明媚的上午，最细最长的冰凌先开始融化，嘀嘀嗒嗒轻敲水面，宛若山涧石缝里落下的一线流泉水滴石臼时发出的幽邃音响，随着阳光转暖，这滴水声很快会由小转大，汇成一片细密的房檐滴雨的那种滴水声。到了晚上，凉冽的晚风泛起涟漪，冰凌结成水晶簧片，层层碎浪来轻轻抚弄，仿佛无数个轻软的手指，弹拨出一阵阵哗嘣嘣、哗嘣嘣的清脆乐音，这声音颇像有人在轻轻演奏一架用最纯净的冰制成的冰琴，静静聆听时，耳边似有条初融的小溪，挟着碎密的冰凌在冰壳间汩汩流淌。

可是，自从灰妞来到之后，每当黄昏降临，暖湖便响起喧闹的水声。有时，它会把一半鼻孔露出水面，犹如吹奏竹箫，用浸水的鼻腔咻溜溜、咻

溜溜发声，似在模仿灰林鸮的夜半歌声；有时，它会在浅水处用爪子拍打翻搅水面，哗啦啦、啪嚓嚓响个不停，远远听去，像有个小孩儿在用光脚丫踢踏湖水，驱赶胆小的鱼虾；有时，它还会钻入水下，边游边咕噜噜咕噜噜吐出一串串气泡。露脊鲸有用气泡围猎鱼群的本领，难道这也是它的行猎方法？也许是这个天性好玩的小家伙发明的新把戏。玩得兴奋时，它还会发出吱——呦——吱——呦的欢叫，叫声又尖又细，冷不丁听见，还以为是沼泽山雀或白脸山雀在鸣唱，可山雀的鸣唱怎么会有泼刺刺的水声相伴？而且，这两种鸣叫在频率上有高有低，人们常常感觉山雀的鸣叫是钻入耳鼓的，而它的叫声是听入耳中的。准确地说，它的叫声很像小女孩快活的尖叫。写到这儿，我不由得想起了妈妈，她总爱回忆起妹妹小时候吃茄梨的情形：那是种绵软多汁清甜香的水果，妹妹每咬一口，都发出一种类似狂喜般的尖叫……讲到这里，妈妈会模仿妹妹的尖叫声，但不像；妹妹也会再叫几声，

但也不像；在我的记忆里，那种两三岁女孩的尖叫是世上最纯粹最天真的声音，年龄稍大或稍小都没法发出那样快活的尖叫。

三月以来，灰妞的尖叫次数明显增加。我猜想，它是不是跟狼有相同习性，在招呼远处的同类呢？狼的长叫总让人感到孤独凄凉，水獭叫声里透出的却是乐陶陶的情绪。有一次，在听它的叫声时，我无意中瞥一眼镜子，看见自己正在微笑。

四月初，顶冰花拱出雪层，在光线暗淡的密林深处，在落叶残雪中悄悄开放。乍一看见它，还以为是谁在雪地上丢下的几朵小金星。这花学名叫侧金盏花，色泽金黄，明亮醒目，花冠上时常沾着冰屑雪粒，娇俏中透出大胆，早早报告春的消息。

看到这无所畏惧的小花，我知道，灰妞快要出嫁了。

食肉动物大都用排泄物来标明疆界，水獭也这么做，它喜欢把黑褐色的粪便留在显眼的石头或树桩上，它在发情期的尿液有特殊的激素气味，这是它的身份证，传达出它的性别、年龄、健康程度和是否准备好交配等信息，或许其中还蕴含着更多人类不了解的隐秘。这种气味很浓，数日不散并且随风传播，让那些准新郎们知晓。

在暖湖南岸，我原先的院子边上，有几个小沙窝。灰妞刚搬来几天，便大模大样地把那里改造成它的日光浴场。每逢阳光充足的日子，它都会躺在沙窝里心满意足地滚来滚去晒太阳。这些天，它却把那里当成了公告栏，遗留下几处掺过排泄物的沙土，还扒起几团陈年的枯草，依次在上面留下了尿渍。

一天下午，我在岸边的细沙滩上发现了雄水獭的星形足迹，这家伙的足印很新鲜，是当天早晨留下的，它们又大又深，比灰妞的足印大1/3。生活在非洲及南美热带雨林水域的雄水獭重30公斤，欧洲中部的雄水獭重12公斤。长白山属北温带气候，四季分明，冬季漫长寒冷，严酷的环境把当地的动物锻造得更为结实精干。从它的足迹上看，步距长、足印深，说明它个头很

水獭领地

大，体重约七八公斤左右；爪子健全，脚趾、足垫及足蹼组成的足底印在细软的沙地上，鲜明得如同印在纸上的图章，毫不拖泥带水；它拖在地上的尾巴甩动的幅度很大，痕迹也很清楚，可能正处在兴奋状态。这些都表明，它是个步子迅速有力、年轻壮实的雄性。

当天夜里，一阵阵异乎寻常的喧闹水声从暖湖深处传来。

（2001年12月23日11时30分）

在我眼里，这处河段就是响水溪最奔放无羁的地段，它位于一个宽宽的河谷中，从1000米之外就能听见吊水壶（瀑布）发出的轰轰水声。它的上段被窄峡逼做一束喷射状急流，从悬崖上飞落，跌入深潭，猛然舒展身体，在下面宽敞的河床上由着性子撒欢儿。这儿的河床由清一色足球大小的岩砾铺底，湍流冲击石头，激溅起一片连一片雪波似的浪头。远远望去，在正午阳光下，银光四射的白浪好似一群蹿跃疾奔的雪兔。我暗自在心里给这种浪起了个名字：雪兔浪。

我不无得意地把这个想法跟老卜讲了，老卜笑道，这个名儿早就有了，响水溪九十八弯，每一段差不多都有名字，什么冷滩、漂鱼岛子、镰刀汊、葫芦潭，等等，名字可多了，七八十岁的老山里通才能叫得全。

走近白浪岸边，水声反倒不那么响，流水声和远处瀑布的跌水声混合，发出清楚而有规律的声浪。在水边站久了，会感觉这声浪根本就是这河谷的一部分，溪流、河谷、水声，三者浑然一体。当然，还有水边的异常透明的空气与明亮的阳光。

价——价——价——一串脆脆的啼鸣从下游传来，它频频鸣叫，逆着水流越来越近。我向天空瞭望，急切地想看到那只飞鸟，但扫视一圈后，才在水面上方约两尺处瞥见黑油油的鸟影。它很像一颗熟铁铸造的小炮弹，闪烁着亮闪闪的光泽，急急扇动翅膀，迎着阳光，从我们面前一掠而过，向上游吊水壶方向飞去。

是褐河乌，一种跟水獭一样不畏严寒冰水的小型潜水鸟。小时候我曾在比安基的《森林报》中读到过它，它在严冬里能钻到水底捉虫，印象非常深刻。它全身羽毛细密紧绷，表面涂着一层薄薄的油脂，入水后周身被一团银气泡包裹，仿佛披着珍珠缀成的透明小斗篷。它以翅膀划水，在水底连游带走，用勾爪飞快翻开小石块，搜寻下面的水虫和小蜗牛。没想到它的叫声这么明快响亮，完全压过了水声，透出一种单纯的快乐。没听说任何一位鸟类学家说它是歌手，但在我听来，那确实称得上一曲冬日短歌。那响彻河谷的声声鸣叫，宛如树冠层透下的一块块太阳的光斑，在空中跳动发光，即使鸣声消失，那透明悦目的余光仍停留在空中，久久不会散去。当然，它也会留在我的记忆里，陪伴终生。

流水永无休止，鸟叫却很短暂，但是只要鸟儿在飞翔歌唱，这歌声就会长久萦绕河谷。但愿这只河谷的永久居民能一代代欢快鸣唱，让每一个来到这儿的人都感受到它歌声中的快乐，感受它歌声中的阳光。在那一刻，我觉得这歌声是那样宝贵，它没有华丽讲究的鸣啭，没有高低起伏的花腔，与树林荒野中的所有鸟类的春歌夏咏相比，它也许是最朴实无华的一个，但是在冬日里，在溪流边，它是唯一一种人类能听到的鸟鸣……在这一刻，我决定将来把录音收集鸟歌、鸟鸣当成一个爱好，经常来山里，经常聆听鸟叫，让这些歌唱代替香烟，伴随我度过孤独的读书时光。

价——价——价——它又飞回来了，依旧快乐地叫着，飞行姿态忽高忽低，呈短波浪线轨迹，每一次拍翼都向前向上用力一冲，姿态充满朝气。

它落在下游浅滩上，尾巴东翘西翘，伸颈扭头，四处忙碌，一会儿跳上石滩，动作麻利地翻开一块块小石片，探头探脑向石隙间张望；一会儿蹦入水中，像个半浮半沉的巨型黑甲虫，四处走动，不断用双足踩踏溪底的碎石，搜寻水下昆虫。我大喜，蹑手蹑脚向它靠近。这小家伙的体形像只大大的胖鸲鹟，性情活泼好动，它的胆量与别的鸟类比较，可以用“胆大包天”来形容。竟允许我走到距它两三米的范围，然后挑衅般瞪着我，圆眼珠里透出一副好奇无邪的神气儿，又歪头想了想，才极不情愿地跳入水中，踩着小碎步摇摇摆摆向下游跑去。

老卜见我对它非常好奇，便告诉我，这条溪从源头到河口，原本被各种动物分段占据，像翠鸟、绿头鸭、大狗鱼、水獭、熊、狼（狼穴一般都靠近水源），等等，过去还曾有过稀有珍禽黑鹳和鸳鸯的领地。我们现在闯入了这只褐河乌的地盘，它的领土大约一两千米。这种鸟会沿河段营造几个窝巢，它的夏巢就在吊水壶的壶口旁边。

那是个有着深杯状巢胆的用苔藓造成的巢，紧紧粘贴在瀑布上方的石壁上，巢的外层粘满了干透的苔草，远看近看都像一摊随手摔在石壁上的干泥巴。这种保护色与岩石的颜色相似，十分隐蔽。

我在笔记本上匆匆勾出这小巢附近的地形草图，怕以后找不着。夏季我会再来，偷偷瞧瞧它的度夏生活和夏巢中它的子女。

薄暮中，我远远看见对岸有两头弓腰曲背的小黑影在互相追逐，它们时而滚动、时而互相撕咬、时而扭绞在一起，后来双双跳入水中，不停地打闹嘶叫。大的是雄水獭，它不断像小狗那样发出短促的怒叫，能感觉出那叫声中传达出的急躁野蛮情绪，很像一个坏脾气男人，一心要制伏不听话的女伴。灰妞的叫声嗔怨味十足，还夹杂着受伤般的哀鸣，听了让人担忧。从它的行动上看，在一心一意地逃避纠缠，但是尽管它动作灵活迅速，却逃不脱那头大雄水獭的跟随。对方太大太强了，还有那种从行动和叫声中显示出来的不屈不挠的决心，灰妞逃不脱，根本无法逃脱……

天黑了，远处的湖水中传来咕噜咕噜的水响，仿佛有什么东西在一个劲搅动水面。黑暗中，我能感觉出整个湖面都在微微动荡，脚下涌来一环环镶着黑边的波纹，轻轻抚拍沙岸，沙啦沙啦微微作响。晚风依旧拂动，但以往那种和谐安宁的韵律已被彻底打破，那种搅水声成为整个晚湖的主宰，它忽强忽弱，忽疾忽缓，杂乱无序，却又洋溢着躁动欢畅的调子。还有，还有一种东西在水的溅起溅落中回荡盘旋，贯穿始终，即使水声消失，它仍然在夜空中微颤。我能强烈地感觉到它，却说不出它是什么？少顷，当水声平静下来，我开始寻找答案，我觉得它在脑海中储存着，已经很久了，只等一个启示便会跳出来。我苦思着那个词……它是什么？忽然，湖心传出扑通一声大响，接着又传来一阵紧似一阵咕噜噜的水声……在那声大响中我猛然醒悟，那是“活力”，水声中蕴藏的是它们在狂欢中释放的惊人活力。有人观察过水獭的交配行为，说雄水獭会牢牢叼住雌水獭的后颈，双方在水中漂游滚动，时间长达半小时……黑暗中，我闭上眼睛，想象着这场狂野奔放的水下艳舞，它们柔韧的躯体弹簧般地扭绞在一起，在水下舒张伸缩、翻腾旋转，幻化出无数曼妙姿影，它们在激情中一次次颤抖，一次次癫狂，把整个湖面变成了鼓荡不息、喧喧噪噪的水上婚床。

水响声移向我这边，仔细听，搅动声中还夹杂着啪啪的打水、泼刺刺的蹿游、扑噜扑噜的旋转和或大或小无法辨认的水响，它们乱乱的、撒野似的混搅在一起，沸沸扬扬，宛如一口四处游走的活力无限的喷泉。

自从那一夜以后，我的前院变成了它们寻欢作乐的蜜月后宫，它们整天整夜厮守在一块儿。灰妞常常发出孩童吹奏柳笛那样尖细的欢叫，那叫声简直就是歌唱，一种声如鸣笛的歌唱，它远没有鸟歌的千啼百啭、长吟短哨的美妙旋律，但它是快活欢乐的，快活得近乎发疯，吵得我经常彻夜难眠。自我们相识，这是它叫得次数最多、也是最高兴的一段日子。据我观察，那些天我没见过它们捕食，而是长时间地互相追来撵去。雄水獭的迷狂已到极致，灰妞则如同一个初涉情场却又不由自主展现万种风情的女子，完全沉迷在爱情的旋涡中。它常常用胡须去搔痒对方的面颊，仰躺在地上滚来滚去，媚态横生，引逗得异性伴侣时刻不离左右。在我眼中，它们极像一对热恋中的男女，爱得天昏地暗，不分昼夜。

当看见一只浅黄色的猞猁在湖对岸跳舞时，我非常惊讶，这个丛林杀手虽然十分凶悍，却是出了名的谨慎，平日里总爱埋伏在浓密的树冠中，偷袭从下面经过的草食动物。山里人很少看见这种隐士般的动物，现在它竟然大模大样地在湖边招摇，肯定是盯上了湖里的鱼。因为距离稍远，我举起望远镜。果然，湖岸上有个银点跳跳烁烁，应该是条很大的鱼。

那猞猁围着鱼轻盈打转，一会儿高抬前腿踏小碎步，一会儿连连蹿跳躲闪，仿佛四肢踩在了滚烫的铁板上。它徒劳地做出各种抓取的动作，却怎么也够不到鱼。在它与鱼之间，似乎隔着一道看不见的墙。我注意到在它的面前的湖中，水开了锅似的咕嘟嘟翻涌白花，两条黑影轮番从湖中跃起，发狂般攻击岸上的强大对手。是它们，那对水獭。这一对的战法很特殊：它俩径直攻击敌手的前脚掌和小腿，逼得猞猁只好不停地蹦跳躲闪。我将镜头下移，牢牢套住它俩。透过镜头，它们湿淋淋的毛皮泛出铁青色光亮，圆睁的怒眼，奓起的胡须，雪白的犬齿都历历在目。水面上远远传来它们的嘶吼，其中犹以雄水獭的愤愤怒叫具威吓力，它短促嘶哑，夹杂有喷射声。处在发情期中的雄水獭异常暴躁好斗，老于世故的大型食肉类动物都不敢招惹它。唉，这只猞猁大概太年轻，缺少经验，竟惹上了这头小煞星。估计刚才两只水獭在合力兜捕一条大鱼，将它逼入绝境，大鱼竭力一跳，跳到了岸上，猞猁恰巧在附近觅食，见到鱼想换换口味，从而引发了这场战斗。从体形上看，猞猁至少比水獭大上4倍，但它们毫无惧色，像小疯子似的猛冲猛咬，干脆从水里攻打到岸上。猞猁显然不适应这种专攻下三路的打法，有些惊慌失措，但又舍不得美食，仍在兜圈子伺机反攻。水獭夫妇似乎商量出了取胜之

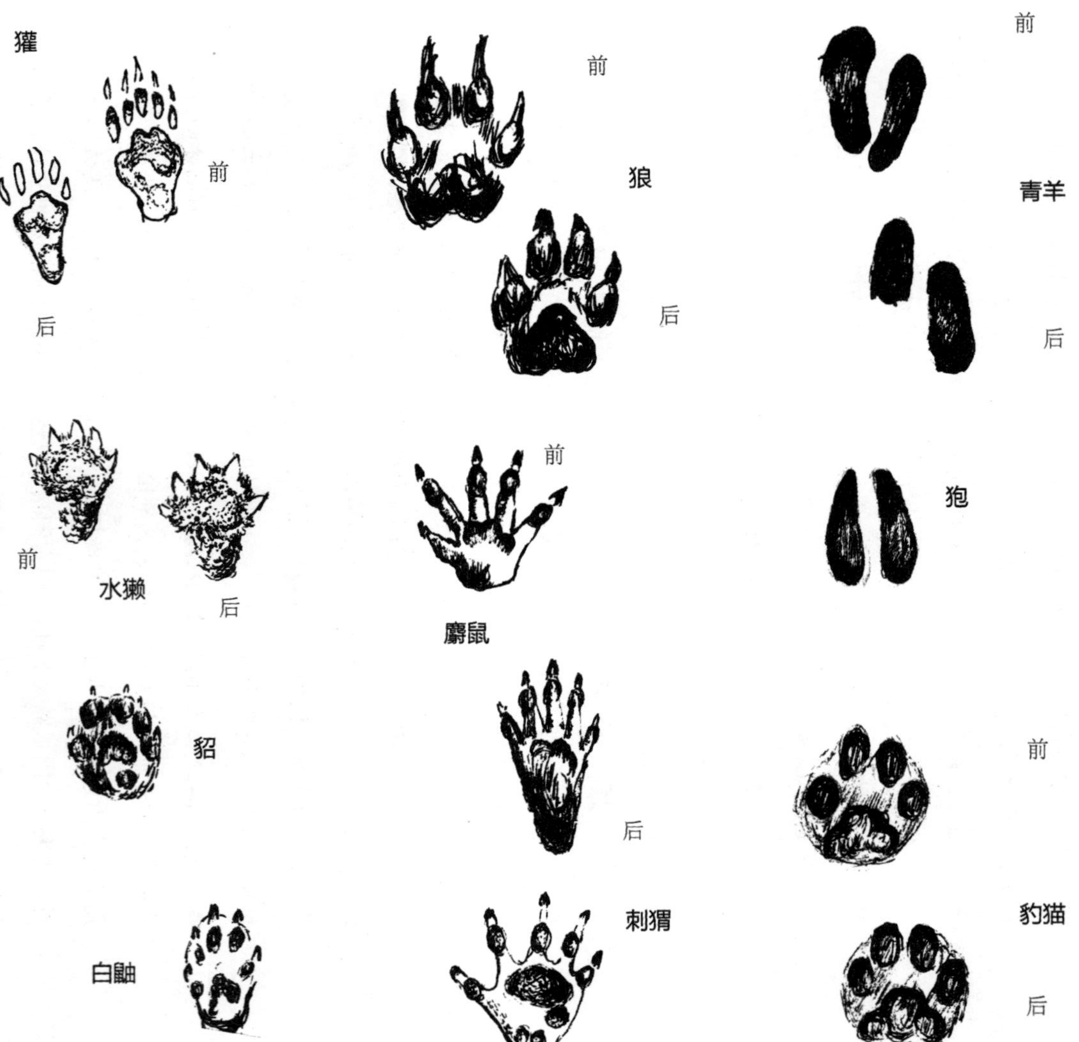

獾
前
后
狼
前
后
青羊
前
后
水獭
前
后
麝鼠
前
后
狍
貂
刺猬
豹猫
前
后
白鼬

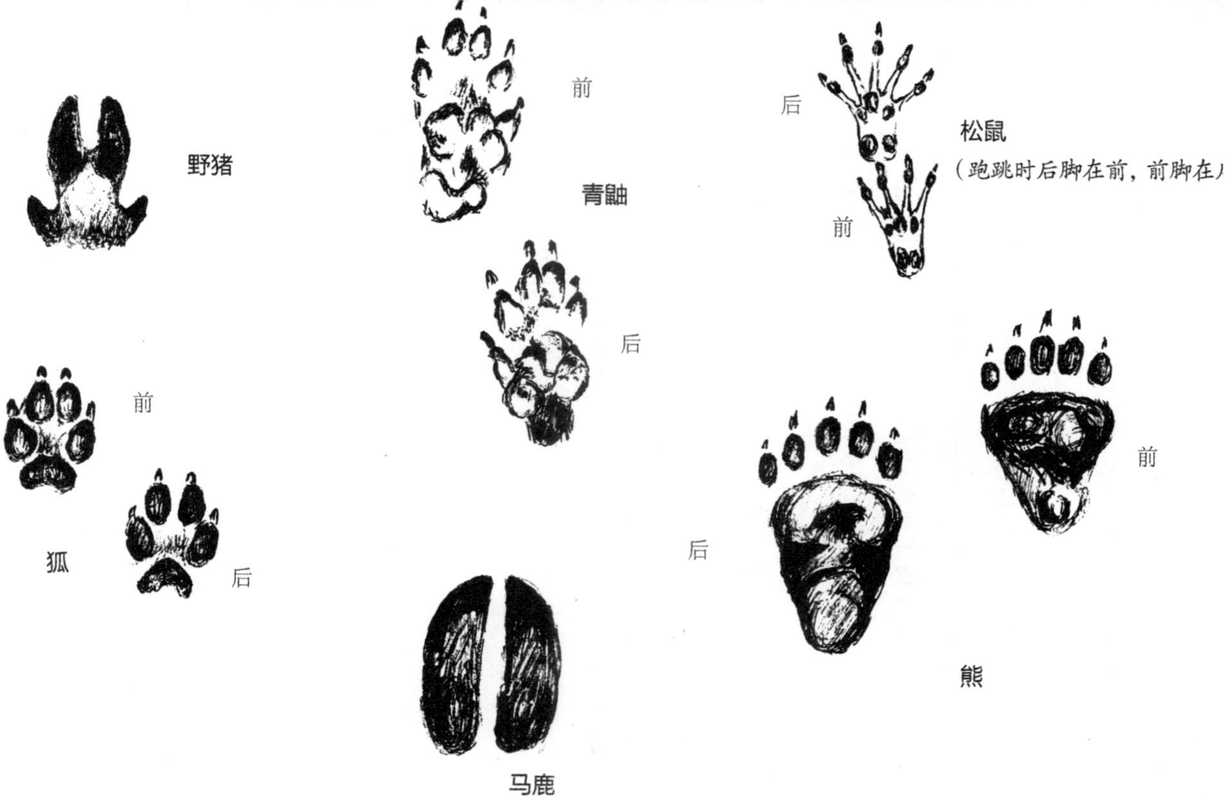

野猪

前

青鼬

后

前

狐

后

马鹿

后

松鼠

（跑跳时后脚在前，前脚在）

前

后

前

熊

我写过的或正在写的动物足迹

道，雄水獭突然挺起上身，吼叫着向前冲杀，强逼对手后退，雌水獭乘机跟进，按住大鱼，在它后脑狠咬一口，然后迅速把鱼拖进水中。见肥鱼已被夺走，又面对气势上凶悍如虎的对手的阻击，猞猁露出怯意，匆匆逃离战场，头也不回地消失在浓密的树荫里。

我忍不住笑起来，须知猞猁猎杀的草食动物都比它自身体形大身体重，常见的有狍、獐、鹿等，有时它还敢攻击更大型的马鹿，今天它却吃了个哑巴亏。

我把它们度蜜月的日期和表现做了观察记录，总共是13天。从人类的角度看，这称不上是蜜月，但与水獭的短短一生相比，这13天比得上人一生中度过的十几个欢聚的蜜月时光。发情期过后，它们悄悄退出了我的视野，在暖湖下游的一个隐秘处建起一个新家。生儿育女是它们一生中的大事，必须小心谨慎地选择秘密产房，安度生育和哺乳期。雌水獭的妊娠期为55天左右，一年可生育两次，灰妞第一次当妈妈，有那头勇敢的雄水獭相伴，我很放心。还有就是它的哺乳期约45天左右，我得耐心等待它和它的儿女出巢玩耍的那一天，我真想远远地看看灰妞的儿女们长什么样儿？这一家子是怎么开始新生活的。

唉，没想到，这两个多月的等待是那么漫长。

（2001年12月23日12时许）

“松鼠，松鼠！”一眼瞥见头顶的高树杈上，有个灰色的小动物正在攀缘，顾不得仔细辨认，我欣喜地大叫。

这小松鼠快爬到梢头了，它根本不理会我的叫喊，在枝干上转了个圈，似在搜寻什么。高处的风很大，吹得它浑身皮毛乱蓬蓬的，泛出发白的石板灰色，被太阳照耀得明晃晃，像个银灰色小毛球。

从早晨到现在，一只哺乳类动物都没有看到，我很不甘心，一直在四下搜寻。所以，看到这小松鼠，我格外兴奋，紧紧盯住它，生怕它消失掉。当地人把本地松鼠叫灰鼠子，原因是它长了一身色泽雅致的灰皮毛……且慢，它的毛怎么有点长？尾巴又在哪里？

“是啄木鸟，小星头啄木鸟。”老卜一开口，羞得我满脸发热。细细端详，真的是啄木鸟。我太心急了，愣把它看成了松鼠。

仿佛在证明我犯的错，它马上露出啄木鸟的本色，灵巧地在树枝上旋转身体，几乎倒悬在枝干上，头顶上那片猩红色的小红缨活跳跳的，在阳光的照射下宛如抖动的小火苗。它找准了一个地方，笃笃笃——在树干上连续敲击，声音快似冲锋枪短促连射。

老卜提醒我看它的尾巴。我听懂了，这是辨别啄木鸟最简单的方法：它在树干上活动时，尾巴永远贴压在树干上，就像它的第三只脚掌支撑它的身体，并与另一对足爪形成三角支撑，使它在树上活动自如，还承担起它大力啄击树木时带来的反作用力。老卜说，啄木鸟喜欢历史悠久的大森林，这里的枯木多，枯木上的虫子也多，它们是啄木鸟等食虫鸟类的衣食父母，供鸟儿们觅食筑巢。这使我想起刚才在路边看到的一棵枯木，整棵木头上被挖出许多橡实大小圆圆的小凹洞，有的排列整齐，有的错落有致，总有上百个吧，让人觉得那是一位林中隐士闲暇时镂刻的神秘图案。它很吸引人，无论怎么看，这棵枯树都具有一种浮雕般的美感。其实这是啄木鸟干的活，它和松鼠一样，有储存食物的习惯，没有虫子可吃时也吃松子、榛子、橡实等坚果食物。不过松鼠在地面埋藏食物，啄木鸟在枯树上凿出小圆洞，再把橡实嵌入小圆洞内，一个圆洞放一颗，把整棵枯树变成了一个大大的立体贮藏室，等到冬季大雪封山后的饥荒季节，它会来到这里守着这个大粮仓吃个够。单从这一点来看，原始森林才是各种林栖鸟真正的家园。

有人形容啄木鸟是快活的小鼓手，但我觉得这种敲击更像敲梆子。长

雌性大斑啄木鸟

白山的硬杂木品种多，枯干后变成了啄木鸟敲敲打打的“响木”，梆子不也是用响木做成的吗……正思想间，木梆声忽停，它似乎被什么东西打扰，扑噜噜抖动翅膀，半飞半跳绕树奔走。我仔细搜寻，噢，原来又飞来一只啄木鸟。它像个木瘤似的伏在树干上一动不动，但身上那黑白相间的花斑十分醒目，偶尔一动，爪根和侧翼间亮出一抹橘红，根本藏不住，那是只大斑啄木鸟。啄木鸟是有领地的，看来，这个外来者搅得主人心神不宁。

“啾啾啾啾——”小星头啄木鸟发出一串又脆又快的清丽鸣叫，这鸣叫声酷似吹笛，不同的是它不是曲子，而是一组颤音，就像吹笛人的手指在音孔上快速抖动奏出欢快急促的音符。我心里一动，这定是一支好歌的首句，且听第二句是怎样的曲调？谁知这鸣叫竟是战斗的号角。小主人随即全身绷紧，犹如一颗旋转的弹头向入侵者疾射而去。大斑啄木鸟怯了，小贼样向树后疾闪，然后跃入空中，闪动着花翅膀飞蹿。主人马上乘胜追击，两只鸟一前一后，忽高忽低，在空中划出一花一灰两条色彩不同的波浪线，投入远处苍郁的针叶林中。

一天傍晚，我正在后院收拾刚钓到的两条鱼，忽然听见前边的草丛中传来一片唧唧哝哝的细语。那声音嫩生生的，很像小鸟初始学唱的啁啾，却又比鸟声稍显厚实。抬头看去，草梢摇晃，草丛一行行缓缓分开。这不是蛇行的路数，也不是鼠走的规矩，倒像一群小野鸭崽在草丛中东闯西荡，可野鸭崽总该叮叮叮鸣叫啊。

正诧异间，咕嘟——草丛中冒出一朵小灰烟；还没等我看清楚，咕嘟——又冒出一朵；随后咕嘟、咕嘟、咕嘟——总共冒出5朵小灰烟团。起初我以为是小石兔（高山鼠兔幼崽），可仔细一瞧，哎呀，原来是5只胖乎乎的小水獭，是灰妞的儿女！

小家伙们可爱极了，娃娃脸上一副好奇相，浑身长着烟灰色的柔毛，小额头圆鼓鼓的，小嘴巴两边已长出硬硬的小胡须，一双双亮晶晶的黑眼珠单纯无邪，有一股婴儿般的率真劲儿。它们好奇地望望我，随后便齐齐向我脚边凑来，馋猫似的直扒菜墩上的鱼肉，胆大点儿的开始撕扯鱼肉，嚼得啧啧作响。

当动物幼崽出现在你身边时，你一定要及早逃避，因为它们的母亲肯定就在附近。它看见你的第一反应，就是认定你要伤害它的子女，因而会对你表示出极大的敌意，经常不发出任何警告便直接发动进攻，这是发生野生动物伤人事件的首要原因。当偶尔发生这类事件时，我认为人类的责任更大，你可能过于接近它们，也太不了解动物行为了，它们的行为单纯且目的性极强，与人类一样，保护后代是它们的第一天性。

灰妞在哪儿呢？我悄悄向后退去，我可不想惹这个老邻居发火。这时，旁边传来低低的咆哮，灰妞来了。它从一丛矮娟柳中探出身来，口中叼着大半只红肚皮的林蛙，估计它是为了捕捉和贪吃这只林蛙，才跟孩子们分开了一会儿。

它的低吼我听见过，那是开战的信号。它挺颈昂头，嘶嘶吼叫，食物从口中落下，嘴里两排尖牙齿锋毕露，黑眼珠里跳跃着两点凌厉的寒光。面对这陌生可怕的神态，我的后脑勺刷的一阵发麻，仿佛被谁拍了一掌，禁不住连退几步。还好，它在陆地上追不上我。这时它身形前高后低，略略下蹲，攻击姿态犹如一门缩小了几十倍的野战炮。它的突然攻击是全身向前猛地一耸，攻城槌般直撞过来，咬空的齿尖在空气中发出嗒的一声脆响，紧接着它俯低头颈，头部左右摆动，如同拳击手在寻找对手空当，伺机再发一击。

“灰妞，好闺女，是我……”我心惊胆战开口道，同时觉得腿有点发软。当时我不知道为什么要对它说话，那是我身处险境时唯一的也是发自本能的反应。奇怪的是，我压根没想到逃跑。

后来我想过：也许我在潜意识里把它当成了朋友或熟人，而朋友或熟人之间发生误会时不能动武，只能耐心解释。

听到我的语音，它好像触到一股弱电流，身体微微一震，随即僵在原地。少顷，它翕动鼻翼，深深嗅嗅空气，瞪圆眼珠注视我。

我避开它的目光，马上调整语气，像上次救它时那样用哄女儿的口气喃喃道：“灰妞好灰妞，听话懂事的小乖乖……咱们不打架，噢……”我边说边退，同时用余光找寻那群小水獭。咦？它们不见了。这些机灵的小家伙听到妈妈的警告，马上全都躲了起来。

“好妞妞，咱们不是老朋友、老邻居吗？有事好商量，对吧……君子动口不动手嘛。”当时胡言乱语些什么，我没记住多少，它也听不懂我的话。那时，我只想用温和知心的语气感化它、抚慰它。灰妞歪歪脑袋，瞟了我一眼，全身放松下来，眼睛里凶光消失了，变得十分平和。显然，它认出了我这个老邻居。

两个月不见，它模样大变。从前油亮亮的毛色暗淡了许多，曾经圆滚滚的肚皮干瘪瘪的，一根根肋骨的轮廓显现出来。我心里有些难受，水獭一般产1~4仔，它却是个“超生妈妈”，身边又没有雄水獭帮助（这个浪荡子失踪了）。断奶后的小水獭正是长身体的时候，食量很大，全靠妈妈单独捕鱼喂养，它快要累垮了。

“来，灰妞，我这儿有鱼吃……”我依旧喃喃道，“把孩子们也叫过来，叫大家来吃鱼，刚出水的鳌花，香极了。”我刚开口，它已经扭呀扭地走到放鱼的菜墩旁，回头冲草丛方向吱——吱——叫了两声。咕嘟嘟一下子，小水獭们从草丛里比赛似的冲了出来，把食物团团围住，马上响起一片咂咂大嚼声，看它们那贪婪的样子，活像一群小狼崽。

“灰妞，你也吃啊，这些天你可累瘦了……”见它趴在旁边不动口，我忍不住又说了一句。我深知自己已打破了互不干涉的规则，但我无法控制自己，我们都是动物，只是不同类，但我们都有同样的舐犊之情。就在那一刻，我决定当一回水獭爸爸，和灰妞一块儿把孩子养大。

听到我的声音，灰妞侧转头，斜睇我一眼，嘴角上翘（我觉得那是会意的浅笑），哽哽哽，它口里发出哼声。我听不懂，但我猜它或是催促子女们快点吃，或是怕我去争食发出的一点小警告。

我静静地转身离去。

这次是我一生中第二次与野生动物说话，今后我再也不想这么做，聪灵的灰妞早已熟悉我的气味和声音，它今天的表现更令我吃惊。现在它有了子女，它们是这一带自然生态中最宝贵的财富，是美丽多姿的响水溪的象征。这里应该建立保护区，让它们不受任何打扰的生活，更多地繁衍后代。同时，我应当远离这一家子，绝不能再让灰妞的后代跟人有任何接触。然而，我却没有想到，后来在一个极其特殊的情况下，灰妞做出了一个罕见的行为：它以它的方式主动来找我，使我破例第三次跟它说话。

（2001年12月23日13时许）

透过稀疏的林木，前方隐隐现出一块很大的林中空地。老卜停下脚步，提醒我不要发出任何声响。原来，空地上静静地矗立着一个大型营帐的屋顶框架，这是我们今天遇到的第五座也是最大的一座采松子人废弃的营帐，估计可居住30~50人。我跟着老卜蹑手蹑脚向营地旁边堆积如山的松子皮壳堆摸过去。按一般经验，这种皮壳堆会招引野猪、松鼠和几种留鸟来翻寻食物。此行的目的是看水獭，但我俩还想看看野猪。入冬后，老卜曾在林子里看到过十几头野猪组成的族群，这也勾起了我的好奇心。但是在前面的几个营帐边，我们都扑空了，只在上午看到过一头孤猪的脚印，后边还跟着一个人的脚印。野猪和人的足印都很新鲜，是今天早晨留下的。又过了一个小时左右，远远传来一声清脆的枪响。老卜叹口气，唉，那只孤猪没命了。

尽管我俩十分小心，空地上还是响起一阵扑噜噜的振翅声，十几只暗棕色的鸟影在空地上方一哄而散，看不清是哪种鸟，估计是煤山雀、褐头山雀、旋木雀那类机警的雀类。再靠近些，眼前忽然跳出两条蓝莹莹的光线，同时伴随着细微的扑——飞、扑——飞的扑翼声，两只辉蓝色小鸟忽闪忽闪地落在不远处的树干上。这是林区人都熟悉的胆子最大的一种小型攀禽，俗名叫蓝大胆儿。这两只蓝色羽翼的小鸟落在暗红棕色的树干上，被从针叶林冠筛下的一道道夕阳照耀着，像两颗晶莹的蓝宝石，或者说是两个活泼好动的蓝精灵。它们丝毫不理睬我们，一会儿贴着树皮嗖嗖飞跑，一会儿绕着树干滴溜溜打转……我向前凑了两步，想仔细瞧瞧小鸟身上的花纹。两只鸟允许我靠近到3米左右距离，然后用米粒大、黑亮亮的小眼珠盯住我看看，扑噜一声飞开去。

唉，连这么胆大妄为的小鸟都惊飞了，还能看见什么哺乳动物呢？在这片猎人经常出没的荒野中，它们已经变得无比灵敏机警。我心头掠过一阵失望的情绪，转头打量空荡荡的营地。这里一片狼藉，到处丢弃着旧衣物和破损的盆盆罐罐……我随老卜来到小山似的松子皮壳堆旁边，即使是从未进过山的人也看得出来，一群野猪曾来过这里。老卜说：它们约12头，是一大家子。这一家子把松子堆通通翻拱了一遍，像用那种专用的深耕犁铧翻过的一样。我当过知青，曾经干过一年猪倌，见过太多太多猪们在收获后的庄稼地里翻拱食物的场面，那股子专注卖力的劲头，那种近乎半疯的吃相，着实让它们的主人心里乐开花。所以，我完全能想象得出，这群野猪在寻找松子碎屑时是何等模样。

可悲的是，我在两处十几平方米的松子壳堆上竟没见到一摊野猪粪，连它们便溺的痕迹也没找到。

野猪群有固定的领地，但在冬季会四处游荡寻食，活动范围相当大，在它们的食谱中，松子占50%的分量，但愿它们能找到木贼属植物，干蘑菇、榛实、过冬的昆虫、虫蛹等其他食物充饥。对它们及其后代们来说，想再品尝到美味的松子，恐怕是再也无法实现的奢望。

小水獭们初次下水有点儿像小鸟学飞，笨笨的，毫无主见，它们浮在水面漂漂荡荡，像5只小毛毡袜。但不久便显出天生好手的本领，学会了潜水、跳水和滑浪。它们把暖湖的东南角当成了游乐场，那里有临水的礁石当它们跳水的跳台，还有湿滑的泥岸供它们打滑梯。这回暖湖可热闹啦，每当黄昏时分，这一家子都出来游玩，扑通啪嚓搅得水声四起，敲鼓击镲一样响个不停。小水獭与大水獭的溅水声不同，就像大鱼和小鱼的溅水声不同一样，水声轻且脆，密且急，欢腾悦耳，任性妄为，精力旺盛得像泉水，咕咚咚不停冒水翻花。

这群小家伙可爱极了。我每天都躲在湖对岸的大树桩后面，举着望远镜，长时间兴趣盎然地观看它们玩耍。才两三个月，这些小家伙的脾气秉性已显露出来。我给小水獭们起了名儿，一只颈项第一个长出白花斑块，浮在水面像棕壳白底小船的叫白肚皮；一只毛皮总是乱蓬蓬是叫狗尾巴草；一只最淘气总喜欢从礁石上跳水的叫咕咚；还有贪吃的吃不够和爱梳理打扮的小美丽。

为了让这群孩子吃饱，我每天把钓来的鱼放在固定地点，然后赶快离开，让灰妞大大方方带它们来取食，但我又不能喂饱它们，提前学习捕猎会使它们早点长大，尤其是狗尾巴草、咕咚和吃不够，这三兄弟爱冒险、贪玩，还总打架，常干出胆大妄为的事来。雄水獭长大后迟早要离开家庭，寻找一处新水域自立门户。人类已越来越逼近原始森林，鱼荒年开始增多，挖参人、采药人和猎人的身影经常在附近出现，伐木的斧锯声很可能数年后就在这里出现，它们走得越早越远越好。

水獭与陆地动物不同，它们的生存环境更特殊也更脆弱，相关的食物链并不复杂，因此特别容易被破坏。

灰妞经常带孩子们到下游去追寻鱼群和螯虾，带它们去各种窄溪、急流、险滩、水潭磨炼本领，每天很晚才回来，到我开办的水獭食堂吃晚饭。我每次投放鱼肉时，都想尽一切办法消除我的气味，不让小家伙们熟悉人类的气味。然而，自然界中什么奇特的事情都可能发生，有些是你根本无法想象的。

夏季的一天，我午睡刚醒，忽听窗外传来一种不寻常的叫声：吱沙——吱沙——这叫声又哑又急，中间还夹杂着哽咽，一声高似一声。这叫声很奇怪，有点儿像哀鸣，又像在报警，听上去令人不安。

是灰妞在叫，难道它出什么意外了？

刚出门，腿肚子就被什么东西撞了一下。我低头一看，不由得大吃一惊，原来灰妞守在门口。它一反常态，像个讨食吃的小狗在我脚边打转，连拱带撞，嘴里不停嘶叫呜咽。

野生水獭的天性是见人就躲，它这次竟找上门来，不到万不得已，它是不会打破规矩，做出这种令人惊异的举动的。

“咦？你的孩子们呢？”我脱口而出，向它发问。

我蹲下去，盯住它的眼睛。嘀嗒，一秒钟，我旋即移开目光。不是怕它发难，而是看懂了它的眼神和表情传递出的信号：十万火急！

这时候，它行动了，头颈蛇一样倏忽弹出。我只觉得眼前一暗，根本来不及躲闪，手上拎的鞋已被它叼走一只。它叼着鞋转身跑出几步，又把它丢在地上，直勾勾看我一眼，转身往下游方向跑去。我立即穿上鞋跟了上去，还顺手从门边抄起一把开山斧。

它的意思再明白不过：孩子们有难，要我去帮助营救。

看得出来，灰妞在拼命奔跑。它喷出鼻息，身体大幅度摇摆，四条腿脱了臼似的晃动，在地面上留下两行深深的足印。平时水獭的奔走速度绝不会这么快，我气喘吁吁地跟随它跑到下游的一处缓水边。它停下脚步，直盯着前方的水面，却不下水，而是伸长脖子，吱喳——吱喳——啼号不已。

这声音与刚才的求救声不同，紧张急迫，又响又尖，似乎流露出一股怒气，又显得无可奈何。我心头一动，它在试图告诉我什么？

对，它是在报警，在告诉我一个大恐惧！

动物界的报警声是一种再清楚不过的语言，含有某种世界语的性质，一种动物发出警报或绝叫，附近的各种动物都听得懂，会立即纷纷躲藏或逃跑。我听过许多鸟类、啮齿类动物和草食动物发出的警报，它们大多处在食物链的下层，在生态位上又处在相关位置，相互间必须有一种默契：即利用各自拥有的不同的灵敏器官，提前觉察异动，发现天敌，然后以彼此都能听懂的语言、声音、调式交换情报或马上报警。

这是我头一次听到肉食动物的报警声，而且是出了名的凶悍好战的水中霸主。这一回，灰妞肯定是遇上了强敌。

我把手罩在眼睛上，迎着阳光向水面望去。前方地势开阔，溪流在这里形成一个河湾，水流缓慢，水面大，周围长满各种茂盛的植物，水草也很丰美，是鱼群喜欢聚集的地方。水面很平静，没有异常情况，那灰妞为什么这样呢？

我看看灰妞，它目不斜视，仍冲着河中心长叫。

忽然，水面上陡地闪过一道刺眼的亮光。我仔细观看，发现水中隐隐浮现出一条长长的黑黝黝的石梁。流水一波波漫过石梁，经阳光折射，不时发出一道道亮光。咦？不对啊，那是一片浅水滩，从哪儿冒出那么大一条石梁啊？我对这一带水域了如指掌，那儿绝对没有石梁。

我死死盯住那“奇怪”的石梁，发觉它正在微微晃动。晃着晃着，它忽地扭动一下，背部折射出一道银箭般耀眼的光亮，它竟是活的！再细看它浸在水下的部分，在光线变幻不定的水影中，隐约浮现出一片鱼鳍样的东西，正在缓缓扇动。

啊呀，那分明是条大鱼，一条罕见的大哲罗鲑。

这是种食肉性冷水鱼，性情凶猛，攻击性极强并非常贪食。它以捕食鱼骨类幼鱼为主，经常从深水区扑到浅水中横冲直撞，追击其他鱼群，常撵得小鱼成群跃出水面。它还有个绝技，能像鳄鱼一样在近岸的水中逡巡。窥探在岸上觅食或饮水的小型鸟类和哺乳类动物，一有机会就突然从水中猛扑上去，将猎物拖入水中吞食。我曾见过一条六七斤重的哲罗鲑猛地从水中跃出，将岸边一只毫无戒备的大田鼠一口吞进嘴里，那田鼠只惨叫了一声便被它咬死吃下。它们在春末夏初会成群结队溯流而上，到河溪上游产卵，产卵后再返回江中。它们在产卵期间仍不停捕食，而不是像大马哈鱼那样数十天不进食，产卵后力竭而死。据说，哲罗鲑最大的体长两米，重百余斤，但从来没有人亲眼见过。俗话说，多大的水养多大的鱼。现在的江河溪流水越来越少，那样的大鱼只能存在于传说里。

我揉揉眼睛再看，真的，这回真遇上条大鱼。单看它露出的脊梁，就比一头狗獾还大，这么大的鱼，能活活吞下一头小猪崽子。它肯定是发现了正在玩耍的小水獭，穷追不舍，从深水中追到浅滩上，因冲势过猛，搁浅了。

聪明的灰妞知道自己斗不过它，但这个大患直接威胁孩子们的生命，不能不除，便找到我这个老邻居来帮忙消灭它。灰妞肯定多次偷看我叉鱼、钓鱼、撒网捕鱼，知道我是个行家，还拥有称手的工具，这一切在它的脑海留下了深刻印象。过去有些专家认为，动物行为多来自遗传。然而，有些动物物种尤其是哺乳动物，生命个体在成长中获得的生存经验常常大大超过遗传本能，使它们更好地适应严酷的自然环境。它们中的首领和母亲（母亲往往也是首领）表现最为突出，特别在危难时刻，脑海中会闪现灵感的火花，做出惊人的意外之举。灰妞的这种行为，就是在强烈母爱激发下的灵光一现，这已经与人没有多大的区别。

当时，我被水獭妈妈的行为深深震撼，立即挽起裤脚，拎着开山斧走进水里，悄悄向大鱼尾部靠近。嚯，它真是个大家伙，若是立起来怕有一人高，厚脊梁泛出花青色，圆滚滚的似一根原木；蒲扇大小的鱼鳍微微摆动，随时都会发力拍水；墨绿色的鱼头隐没在绿微微的水中，依稀可辨，让人觉得高深莫测。鱼类身体两边各有一条侧线，能感知侧面的物体、水流及水中各种细微的变化，它肯定知道我正在逼近，也会感觉到致命的危险。小心点，我警告自己，它极可能正蓄势待发。潜伏得越平静，爆发得越强烈。

七八斤重的鱼力气大得很，一个人在水里很难摁住。这么大的哲罗鲑估计有五六十斤，力量大得赛毛驴。过去我曾听说过有这么大的鱼，现在，独自一人真正面对它，心头不由得生出一团寒意，全身都微微战栗。但是，它也有致命弱点，渔夫都知道鱼头怕敲。只要重击天灵盖，就能破去它的全身蛮力。

水已过膝，我双手持斧，小心翼翼接近鱼头侧面，缓缓进入最佳打击角度。忽然，在漉漉水声中，隐隐约约传来一种声音：怦、怦、怦……声不大，若隐若现的。我侧耳细听，声音又来了，这次清楚一些，像有人用小槌轻敲鼓面。哪儿来的声音？竟有点儿像心跳声，绝对不是我的心跳啊。大敌当前，不管它。我又往前蹚了两步，距离角度正合适……咦？它又来了，并

水獭一家

且声音明显扩大：轰、轰、轰……像有人用拳头缓缓敲大鼓，力度控制得很均匀。不过，这声音要比鼓声沉郁闷钝，仿佛声波在传导过程中被一层厚实的物质阻隔，音质发生改变。这到底是什么声音，从哪儿来的？我静静地站着，一动不动。啊，听出来了，这声音是从水下传来的！

我突然明白：这是惊心，是从水下大鱼胸膛中发出的惊心之音。奇怪的是，这冰冷陌生的心音竟然跟我的心跳节律重叠在一起，所以越来越响，而且越来越急。

我迟疑不定，难道这是浸在水中的那头沉默无声、充满敌意、力大无比的大鱼发出的警告吗……突然间，呼隆一声水响，它骤然发难，猛地扭头甩尾向上跃起，激起一人多高的水墙。刹那间，我全身被水浇透，惊得呆立原地，来不及做出任何反应，只听到耳边响起哗哗水声和鱼腹刮擦河底石砾发出的咯咯怪响。一轮巨大的漩涡在眼前绽开，硕大的鱼头砰然冒出水面。我一眼就看清了对手的真面目：它那暗绿色的头壳上布满斑斑驳驳的铁锈色，在阳光水影中宛若遍布锈迹的青铜头盔，大如铜盘的腮盖青中透紫，挂满了一层层墨痕般的水渍，鱼眼深陷在瘢痕似的褶缝里，被银白色泡沫覆盖，仍能瞥见乌溜溜迸出凶光的瞳仁，最可怕的是它那小盆般的大嘴，上颌如钩，口中两列雪亮尖牙寒光凛凛，犹如咆哮的虎口。

然而，它毕竟被困在浅水滩，发狂之后只能重重跌回原地。

“嘿——”等它像大石头似的砸向河底，落势甫定，我双膀叫劲，呜的一声，开山斧带着劲风悠至半空。下放当过几年木把，还常年砍柴劈子，我自信，劈砍的准头和力道应该丝毫不差。

动荡的水面倒映出悬在空中的镜面大斧，一晃一晃熠熠生辉。

我吸足一口气，稳稳瞄准鱼头。它的头盖中部有两条交叉的粗纹理，呈人字形，一撇一捺间的空当是靶心，须一击必中。

但是，我的大斧却在空中突然僵住，双臂像被打上石膏，根本动弹不得。

在那一瞬，我忽觉眼前一花，满目碧绿的秋水变成了红色，水面像着了火一样闪动着一层晚霞般的光焰，它红得浓烈耀眼，从水底到水面都被映透。

奇怪，哪儿来的红颜色？

我定定神，放眼望去。啊，水中浮现出一条巨大的红色鱼影。那大鱼仿佛施出一道魔法，转眼间遍体生辉，全身红彻。原来，它已筋疲力尽，再也支持不住，在我下手之前翻转身体，横卧水中。那是个异常美丽的景象：阳光照透清湛湛的溪水，将它身上大片大片玫瑰紫反射到水面，变幻成浓浓的胭脂红。在这片深重的红色上，撒满了密密麻麻的棕黑色圆斑，这圆斑有的大似铜钱，有的小如粟粒，在水流中微微跳动，像极了随风摇摆的花蕊。乍看上去，水中仿佛遍开灼灼怒放的桃花，一片瑰丽灿烂。

我恍然大悟，它身上的艳丽色彩叫婚姻色。每逢产卵季节，冷水鱼类身上会泛出这种漂亮的颜色。眼下，这鱼肚腹已明显隆起，里面肯定孕育着成千上万颗珍珠般光润的鱼籽，正等待母亲把它们播撒到河床上。可是，这条母鱼的状况很糟糕，必须马上帮它脱离困境。

我回到岸上，砍来一根倒木上的粗枝丫，用斧子加工成简易木叉，又回到大鱼身边。我把木叉悄悄插进鱼胸鳍下方，猛地往上一撬，它突然受惊，顺势向上跃起，蹿出两米多远。我紧跟上去撬起鱼尾部，大力往前推送。大鱼连惊带吓，竟然抖擞精神，尾巴拍得啪啪山响，同时身子左右急冲，扑通一声，它一头扎入绿得发黑的深水汀，尾梢摇了两摇，转眼不见踪影。

回到岸边，小水獭们一个个从柳树洞里冒了出来，聚集到妈妈身旁。我一只一只地数：白肚皮、咕咚、吃不够、小美丽……咦，淘气的狗尾巴草呢？

嗵，我身后传来一声干净利落的入水声。哈，这淘小子偷偷爬到斜伸向河中的柳树杈上，又玩起跳水游戏。听到水声，岸上小水獭们你推我挤，扑通，全部蹿进水里。

河岸上，只剩下灰妞一动不动，它昂着头，眼巴巴望着我。它肯定看见了刚才的一切，如果以它的天性衡量这件事，我绝对不该放掉到手的大鱼，那是一条多么肥多么大的鱼啊。无论它还是我——两个从未失手的捕鱼高手，今生今世恐怕再也见不到这样的大鱼了。

“灰妞，小机灵，别生我的气……”我觉得有必要再一次对它说话，“那条鱼和你三个月前一样，也快当妈妈啦，不能伤它。再说，咱们都得为子孙后代想想啊。水里要是没有鱼，就没有了活气，小水獭吃什么啊？你放心吧，那大鱼受了这场惊吓，再不会到这儿来了。”说这话时我眼睛盯着地下，不想过多和它对视。但是我感觉得到，它一直在听。

我曾在桦树皮上抄下过一首因纽特人的歌谣：

在远古时候，
人高兴变成动物就能变成，
动物要高兴也能变成人。
那时候我们曾共用同样的话语，
只因为
那时人和动物讲同样的话。

（2001年12月23日15时15分）

“那天是我与灰妞分开的日子，我们绝不能再交往下去，它太聪明，已经懂得依赖我的诸多好处……”老卜拨动着篝火，声调低沉。尽管已过去7年，他还是忘不了那清亮亮的溅水声和水獭那尖细快乐的欢叫……我们决定今晚在山中宿营，住处是几个采松塔的人用草垡子搭的窝棚。那几个人是老山里人，把窝棚搭得既结实又实用，再燃起一堆篝火，度过一个-18℃左右的冬夜不成问题。

窝棚后面就是响水溪的支流，这一段没有封冻，整夜都能听见音乐般的流水声。

老卜说，这段溪流附近有一个水獭的洞穴，秋天时他曾远远地看到一只水獭，他非常高兴，它肯定是灰妞的后代之一……为了让我亲眼见识一下野生水獭（我一路上曾多次恳求），他决定在此地宿营，估计明天凌晨三四点钟，那只水獭会出来觅食。

正在睡梦中，老卜捅醒了我：“水獭出来了。”一句话打消了我浓浓的睡意。从一扇小窗向外望，天还没亮，他怎么知道水獭出来了？

“你听听。”老卜推开小窗，“仔细听水声。”

窗外的夜是一个淙淙水声的世界，山上的一切都笼罩在黑暗中，因为视野太窄，连残雪的微弱反光都看不到。寒冽新鲜的空气扑在脸上，仿佛被冷水兜头浇下，全身顿时凉透。听过老卜讲述的细致感受，我知道了一点听水声的要领：心要静，要用心听，要细细品味……正在归纳心得，老卜捅我一下，它出来了。

哗啰啰——哗啰啰——哗啰啰——

在流水的固定韵律中，出现几缕微小的弹拨音，声不大，却清纯悦耳，感觉像有一只轻软的猫掌正在探摸琴弦。不，不对。这是一头水獭在弄水，才会发出这种水灵灵的响声。

我回头看老卜，他点头。我顿时有一种满足感，这故事使我整天着迷，现在我终于听到了故事里的真实音响。同时我又有一丝遗憾，天太黑，无法看到那只水獭。我们有强光手电筒，也可以等到曙光初现时去找它，但还是不打扰它为好。故事中的灵獭灰妞，在我心里已成为一个无法替代的形象，现在耳畔又不停传来它的后代搅水捕食的真实声音，这已经足够。

我摸到老卜的手，紧紧握了握，他也攥住我的手。一片静默中，窗外的拍溅声消失片刻，随即又响起来，听着比刚才清晰很多，它正向我们这边移动……

（2001年12月23日18时至24日凌晨）

（2003年4月成稿）

注：2012年8月29日，日本宣布日本水獭已在日本全境灭绝。

原始森林手记

原始林中的写字台

三宝鸟嘎——叫了一声，粗粝响亮，吓我一跳。随即惊喜：平生第一次看见这种鸟！

它俗称老鸹翠，国外叫佛法僧。个头比松鸦略大，一身绿莹莹的羽衣，像个小胖墩坐在高高的枯树枝上，展翅飞翔时喜欢兜圈子，飞行轨迹上下起伏颠荡，兜抄捕捉蚱蜢、金龟子、蜻蜓等大型飞行昆虫。这时，可看到它的双翼下面各有一个鲜明的半月形雪白羽斑。

在河边长大的孩子会在那里找到无尽的童年乐趣。已经不年轻的我也一样，在原始森林里这条清澈见底的小河边，经历了许多人生中的“第一次”：

采摘山野菜季节，在鸟鸣阵阵的河边找柳蒿芽，第一次见一只柳串（黄腰柳莺）狂追另一只（男追女）。两只小鸟在树丛间闪电般穿梭，那种快闪疾掠令人眼花缭乱。女柳串被追急了，不辨东西南北，突然从我的两腿间嗖地掠过。狂热的男柳串衔尾疾追，欲火攻心，当然也紧跟着穿裆而过。年轻时踢足球曾被对方前锋带球穿裆，哄笑声中登时羞怒交加。这回被小鸟穿裆，唯有傻乐。

休憩中的绿头鸭夫妇

绿头鸭夫妇

花尾榛鸡

还有一天，跟踪拍摄一对绿头鸭，被这小两口引到鸳鸯的地盘，第一次近距离看见长着弯弯的白色过眼线、总是笑眯眯的鸳鸯妈妈，带领一群黄茸茸的小毛团，欢快地觅食嬉戏。

一连三天等在老倒木旁边，第一次等来包网鬼笔戴着盔形帽的菌柄，从土豆似的“卵”里慢慢拱出，一袭白绉纱般菌网裙怯怯颤颤展开，精致娇美得令人惊叹。

藏在灌木丛中吹树鸡叫叫[①]，第一次把对岸保护妻小的雄性花尾榛鸡（俗名树鸡）激怒，它长距离滑翔过河，落在我身边的树上，梗脖侧目，颏下有一撮小黑胡，像个气鼓鼓的小拳击手，四处搜寻前来挑衅的对手。

在蛇谷入口，第一次被一条胳膊那么粗的棕黑绵蛇吓得不轻，它刚出蜇不久，正在石头上晒太阳。相处一段时间，发现这种无毒蛇性情和善，甚至允许我轻轻抚摸。它眼睛覆盖一层蓝薄膜，

①树鸡叫叫，一种树鸡鸟笛。

透过这层膜，可看见大而黑的瞳孔周围，环绕一圈细密小金点组成的金环。

细雨中在河畔漫步，对岸的原始林中突然响起刚——刚——的可怖恶声，是大公狍的恫吓声：快滚开！我亦吼叫作答，它马上回应。于是，第一次和狍子你一声我一声地对吼，最后我羞愧地败下阵来。

秋雨过后，第一次在一棵椴树倒木上采到二十余斤冻蘑（亚侧耳），老大一堆。跑到路边向一伙采蘑人借个背篓，才把这堆蘑菇背回家。

有一天正骑在大倒木上吃午饭，忽然一只巴掌大的小猫头鹰悄无声息地飞来，落在面前的小树上，瞪着一双圆溜溜的大眼睛盯着我看。天哪，棒槌鸟（红角鸮）！我麻溜放下保温杯抓起相机，哆哆嗦嗦调准焦距正欲按快门，人家却倏忽而去。放下相机刚端起保温杯，又一只棒槌鸟飞来落在小树上；放下保温杯又抓起相机，人家又倏忽而去。

小飞鼠粪便（五灵脂米）

冬天在大雪中跋涉5小时，在一棵老树上的树洞口，第一次发现一小堆黄澄澄油亮亮的五灵脂米，这是一种稀有的中药材，也是我苦苦寻找两年的鼯鼠科小飞鼠的粪便……

还有，还有第一次：第一次在大冬天，目睹长尾粉红雀把身子浸在浅水中溅水洗浴；第一次认识山芍药鲜红欲滴的果实；第一次听到小杜鹃悠扬如箫、富于音韵的歌鸣；第一次抓起紫貂臭得要命的新鲜粪便用鼻子闻味，判断它过去多久；第一次认识比黄豆粒还小的隆纹黑蛋巢菌，巢中还有蛋（孢子），我情不自禁地趴在地上，长久地欣赏它们的精巧之美；第一次屏住呼吸观看一窝白鹡鸰的蛋，然后轻手轻脚离去；第一次凌晨两点多起床，到大树下偷听头顶上一只灰背

鸫如醉如痴的歌唱，歌声终于打动了一位“小美女”，两只鸫开始追逐交配……

还有，还有第一次：第一次在河边的原始林中，找到一张生平最满意的写字台。一棵直径1.5米的大青杨的旧伐根圆盘当桌面，4截短原木轱辘摆在四周当凳子，旁边立一根4尺高的原木，绑上一把灰色遮阳伞，短树杈上挂着我心爱的望远镜和数码相机。曾有几个山里人把这里当成打尖的地方（有丢弃的垃圾），他们离开后，我找到了这里。每次来到这儿，都心存幸运和感激之情：这里有世界上最纯净的蓝天与星空，空气与河流；有时百鸟合唱，有时万籁无声；有时花香扑鼻，有时落叶纷纷；夏天有花栗鼠在旁边偷看我写字，冬天有紫貂在桌面的积雪中打转……

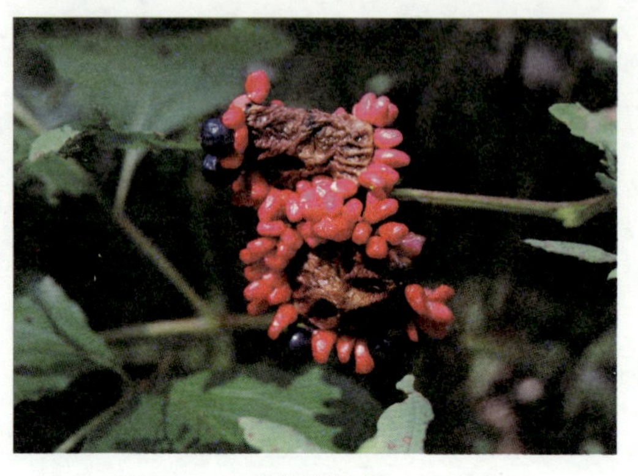

山芍药籽实

多少人曾幻想在一座小岛或湖畔或海边或野外独处思考写作，寻找一份脱俗的安宁。写《无界之地》的美国女作家玛丽·奥斯汀拥有一个树上工作台。我想，在中国作家们当中，我拥有一张最牛的原始林写字台。

我的近邻就是那只三宝鸟。每天早上它瞥见我沿小河匆匆走来，便以鸟类的方式气恼而无奈地跟我打个招呼：嘎——它谈情说爱肯定不是这种声音，鸟儿们都这样，拥有两种或两种以上的发声方法。不过我也回报了它：一天中午，它在西边发出极不寻常的叫声，和母鸡下蛋的调门一模一样，嘎嘎嘎——嘎！急切不安并不断重复，传达出愤怒和驱赶之意。稍顷，从东、南两个方向，也响起同样的大叫，它把同伙都招来了。我四处张望，原来，在它领地中央的一棵大枯树上，落着一只灰脸鵟鹰。这家伙是鸟世界中的顶级捕猎者，没有天敌。难怪它稳稳当当端坐在枯枝上，根本没把领地主人的抗议当回事儿。

三宝鸟产蛋迟，亦属晚成鸟，这只鹰八成惦记正在孵卵的雌鸟或刚出壳的雏鸟呢。人进入自然界本应奉行不打扰和不干涉原则，但我欠三宝鸟一个大人情，人家已经容忍我进入它的地盘，现在邻居有难，这个忙不能不帮。于是我站起身，也学着母鸡下蛋的调门嘎嘎大叫。四面楚歌的灰脸鵟鹰马上升空，直线飞离。

鹰的眼风何等犀利，早已瞟见人影。短短30年间，长白山猛禽数量比过去下降一半，人最可怕，啥坏事都干。这个印记已深深镂刻在它们的遗传基因当中，代代相传。

林中写字台

我的林中写字台附近还有哪些远亲近邻呢？

5月的一天，我带着帐篷，从写字台处上行200步，在我最喜爱的散步小道旁边的林中湖畔，隐蔽观察了一天。

刚到湖边，立刻瞥见水中有鸟影，举起望远镜看去，天哪，竟然是一只雌性中华秋沙鸭！这种野鸭在全球约1100对，我国约250对，在长白山约100对，实属王冠顶尖上的宝贝疙瘩。

在保护区内外有11处中华秋沙鸭的繁殖地（没有一处得到保护）。没想到，今年有一对在蛇谷中筑巢安家。此鸭极机警，我刚露头，它已转身往河曲隐蔽处游去。15时许，它带领一群幼鸭出来，噗噗噗搅水觅食。它的子女应该是长白山所有的鸭类子女中最早出壳的。此种野鸭和鸳鸯一样，在距地近十米高的枯树洞中筑巢。幼鸭属早成鸟，出壳后在亲鸟的殷殷呼唤中，从高高的树洞边纵身跳下。

我根本不敢拍照，只伸头看一眼便缩回来，生怕打扰这户人家。不巧的是，天上出现三只大鵟，两雄一雌，在空中久久盘旋翻飞，纠缠相斗，还叽叽叽怒叫。立刻压得百鸟无声，纷纷躲藏。人家根本没把我放在眼里，我也

鸳鸯

雄绿头鸭

乐得观赏它们的空中表演。

顺便说一句，我的写字台北边的悬崖上，有一处黑鹳的旧巢残迹。20年前，我在赵正阶先生的《长白山鸟类志》中，曾读到过对这个黑鹳巢的描述，早就心向往之。等到2005年第一次看见这个旧巢时，由于当地在悬崖下修电站引水渠，黑鹳早已在25年前受惊吓离去……

一对鸳鸯和4只雄绿头鸭先后现身；蓝色的三宝鸟在大树顶尖上呆坐；两三只白腰草鹬整日忙碌；三五只高山鼠兔出来嚼青草，其中有一只发现了我，马上嘌嘌嘌大叫，发出斥骂声；棕黑绵蛇和极北蝰9点钟出来晒太阳，都是老熟人，前者有蜕皮征兆；四声杜鹃到处流窜；各种小鸟都在忙碌，午后14点左右开始大声鸣叫。

湖中三种水禽的叫声各有特点，绿头鸭清脆响亮，有股子狂野不羁的味道；秋沙鸭粗浊喑哑一些，亦显出十足的野性；鸳鸯怕羞似的哦儿——哦儿——发声，声音柔弱而娇怯，音量也低。有只公绿头鸭胆大，竟然在午后逆光条件下，从我面前顺流而下，还扭颈侧头一直盯着我看，呷呷呷大叫，似在告诉同伴：这儿有绿色的大怪物！它是去年出生的一岁小公鸭，每只公鸭都有个性，连沼泽山雀都如此。它不是眼神不济而是胆大包天，距我只有5米左右，双目鼓凸晶亮，闪闪发光。

秋沙鸭一家黄昏前又出来觅食，显然在湖对岸的草丛中有藏身处。母鸳鸯胆子比公鸳鸯大，径直往我这边游过来，好奇地观察我。公鸳鸯是个尽职的护花使者，一直用身体遮挡妻子。从上游漂来一个白色物体，它马上护送妻子藏在树荫下，自己大胆地游过去，试探性地啄上两啄。确定无危险后，才给妻子发信号，叫它出来一起觅食。少顷，那白色物体漂到我面前，原来是只白色塑料袋。25年前，我在苏州园林第一次看见圈养的鸳鸯，脏兮兮的个头不大。4年前，在鸭绿江的碧水中第二次看见它，由于未调好焦距，望远镜中出现一团金煌煌的物体……待调好焦距后，一只绝顶美丽的雄鸳鸯在阳光绿波的衬映下，雪白、橙红、炭黑、紫栗、铜绿、金黄、亮褐七彩生辉，三根初级飞羽撑开一扇金帆，形似古希腊竖琴。冷眼看去，还以为一片彩虹落在碧波之上。我当即被这绝美造物震撼得目瞪口呆，刹那间热泪盈眶……

没想到一泓碧水养育了这么多鲜活美妙的生物。唉，有一伙人在此搞承包，名曰原始林漂流，可这里是保护区呀！这种一家发财，众多野生动物遭殃的日子从6月1日即将开始。去年，在这一带密林中生活的一只大雕鸮，被喧闹的漂流人群吓跑，被迫迁往下游居民区附近。它夜出捕食时翅膀刮在电线上，伤重身亡。它是森林中最大的鸮类之一，体长近70厘米。猫头鹰是夜

赤麻鸭

行性鸟类，可是它再怎么耳聪目明，也无法适应居民区架设的各种空中设施。今年重回此地，在附近生活的三只狍子、六只以上的花尾榛鸡已杳无踪影，昨天还发现一只松鸦的尸体，它们都被盗猎者杀害了。去年12月底，我发现过一个捕捉花尾榛鸡的陷阱，还迎头撞见两个怀里明显揣着猎物的人。街里的许多饭店可以点清炖榛鸡，180元一大盘。我亲眼见过，盘中盛放着两只国家二级保护动物。名扬全国的吉菜中也列入了飞龙（花尾榛鸡）菜肴。哈尔滨至少有5家大酒店，在上世纪80年代专烹飞龙宴，冷热菜肴13道，其中热菜赫然有飞龙酒锅、扒熊掌松仁、红烧犴鼻、松茸，冷盘有鲑鱼籽、鹿丝冬笋、银耳冰糖雪蛤，一共六道用受保护的珍稀野生动物烹制的菜肴。

飞龙，由满语裴耶楞古转音而来。14世纪初即为岁贡之特产，现在已成有钱人的口中美食。在长白山的这两年，我耳闻目睹很多人把长白山保护区当成摇钱树，大搞所谓的旅游开发，在保护区砍倒1400棵大树盖五星级别墅；铲光珍稀的温泉瓶尔小草建温泉广场；在小天池放鱼苗，想把小天池变成养鱼池。这些鱼苗大吃珍稀的两栖动物极北小鲵、爪鲵和东北小鲵的卵，竟长到2~4斤重；砍光近500亩人工林，兴建占用1500亩以上林地的国家早已明令禁止兴建的高尔夫球场；当地还屡屡发生猎熊事件，每年吃掉和贩卖成吨的熊掌……

我只是一介书生，除了向有关部门举报之外，只能祈愿我写长白山原始林的文章不会成为最后的绝唱。

大熊出蛰（一）

向导小陈在前面带路，惊起了一只花栗鼠。它有些消瘦，远不如秋天圆肥，跑起来轻盈利落，速度非常快。看来，近几天是具有冬眠习性的花栗鼠的出蛰日。三月底，它们该进入喧闹的发情期了。花栗鼠又叫金花鼠、花鼠，俗名有五道眉、花狸棒子、豹鼠、臊闹子。最后一个俗名是缘自它们在发情期互相尖叫追逐，在林子里闹闹吵吵而得名。这个来自民间的土名形象生动，令人叹服。不过，花栗鼠在秋天时的鸣叫真好听，溜溜溜溜——圆润、平和，透出一种丰衣足食的满足感，宛如一曲美妙的鸟歌。每次听见这种歌鸣，我都会上当，不由得到处撒目，寻找唱歌鸟影，结果总能看到一只花栗鼠安安稳稳蹲坐在大树下，气定神闲地高唱那首告别秋天的歌子。

远处矗立着灰蒙蒙的摩天岭，它是吉林地区的最高山峰，海拔1300米。再过几天，冬眠的熊也该醒来了。我知道，在这个地区的偏僻山林里，零零星星残存着十几头熊。便问向导，过去此地有没有棕熊？向导小陈指着高大的摩天岭说，20年前的一个五一节，爷爷带着全家七口人登上了摩天岭峰顶。在顶峰的一处悬崖下面，他们碰见了一头大熊。它的冬巢是个石仓，在悬崖的宽大石缝里。由于地处林线以上，温度很低，它醒得相当晚，5月初才出蛰。观察熊留下的痕迹，看见这家伙使出蛮力扳倒了一棵足有小缸粗的百年老桦树留下的断桩，当时正美滋滋地大喝甘美清凉的桦树汁，结果被喧闹的人声给吓跑了。

花栗鼠

爷爷年轻时曾经是个猎手，

伸手量了量地上宽大的新鲜熊掌印，竟有小盆那么大！他脸色都变了，这么大的脚印，这熊至少有700斤，肯定是个十分危险的公棕熊。他急忙带着全家人从另一条小路慌慌张张跑下山。

小陈至今仍记得爷爷当时说的话：幸亏熊先看见人，这时候一般没危险，要是人先看见熊，就可能要出大事。

熊冬眠前自动清空肠道，整个冬天肠子都瘪瘪的，只在直肠末端留一截干粪条堵住肛门口，防止冬天寒气从肛门袭入。这有点儿像古人死后入殓前在肛门处堵上一个“屁塞”，防止人的真魂从此洞溜走。不过熊的屁塞比人的屁塞更实用。因此，熊冬眠苏醒后干的第一件事，必定要痛饮一顿泉水或春正液旺的鲜桦树汁，通润肠道并顺便把那截堵门一冬天的屁塞泡软排出。在针叶林深处冬眠的熊，醒来找不到泉水或桦树，就去找粗壮的高龄冷杉。春天的冷杉树脂分泌旺盛，在树干表皮流动时，常常形成一个个充满树脂的包瘤，有的树脂包大如脸盆。熊喜欢拍开这种树脂包，舔食松香扑鼻的黏树脂。有人见过母熊出蛰后，带领幼仔一起来舔食松树油脂。完成了通润肠道这个必要过程，熊的整个消化道功能即可恢复正常。然后它再去采挖山胡萝卜、桔梗、毛卷莲、白马肉和百合属植物等新鲜多汁的根部块茎大吃一顿。

熊的冬眠期从11月上旬开始，来年4月中下旬结束，约五个半月左右。摩天岭的这头大棕熊，为了防备在冬眠中被猎人掏仓，真是费尽了心机，特意把冬眠的巢穴选在了当地最高峰的悬崖间，安安稳稳大睡近五个多月才醒来。熊冬眠的巢穴叫“仓”，土话把熊冬眠叫“蹲仓”。有树仓、地仓、石仓等各种巢穴。熊大都利用大空筒子树蹲仓，石仓较少见，跑到林线以上的山顶蹲仓的更少见。足见当年的酷猎把熊逼到了什么份儿上！

棕熊在东北属珍稀动物，数量远比黑熊少得多，一个地区平均有8到10头黑熊才有一头棕熊。长白山保护区及周边的林场约有30头黑熊，棕熊不足3

旧熊仓

头。由于少年时在山上看见过小棕熊崽子，我心里一直深藏着一份对棕熊的牵挂。二十多年来，只要有机会，便到处打听棕熊的消息。然而，听到的大多是猎杀故事。今天听到的这段棕熊旧事，好歹是一次人与熊的偶然遭遇，不是猎事。使我一整天都感到情绪振奋，格外高兴。然而，野生棕熊在东北地区灭绝乃至在我国灭绝，只是个时间问题。主要原因有两个：一个是猎杀屡禁不止；另一个是持续不断地开发，人为干扰日益加重，导致它们的栖息地大面积消失。更何况由于棕熊数量太少，它们找不到配偶或已经开始近亲交配，棕熊正一步步走向穷途末路。

时间：2006年3月4日

向导：旺起林场林政员陈龙和

地点：吉林市丰满区旺起林场黑瞎子圈

大熊出蛰（二）

如果森林中偶遇一个山里人，我一定想尽办法跟他聊天。递烟是免不了的，有时还为这种偶遇处心积虑地准备一两听啤酒。本人不喝酒，但山里人大都嗜酒如命，根本抵挡不住罐装啤酒的诱惑。

为什么呢？

因为置身于山林中，人格外单纯和坦诚；因为两个人搭伴走山路不觉累；因为山里人会骄傲地向城里人讲述森林里的种种神奇事情……依我的经验，山里人将从他一生行走山林所亲身经历的众多故事中，挑选出最精彩的那个，毫无保留地讲给你听。这类故事属蕴藏在民间的故事精品，往往可直接写进作品里头。

今天在寒葱沟见5只灰腹灰雀，个个吃得圆滚滚的准备过冬。有一年没见到灰雀了，正在用望远镜观察时，听见嘎嘎嘎嘎——清脆嘹亮的黑啄木鸟叫声，它在招呼同伴呢。沿小路继续前行，忽听有动物踩踏落叶的声响。扭头去看，一头大公狍正在斜坡上大步奔蹿，直入下面的灌木丛中。这声响与松鼠在落叶层上迅跑的声音不同；和人踩踏落叶行走的声音也不同。松鼠的奔蹿哗哗哗一路急响，而人太笨拙且脚步重，不但踩得落叶哗哗响，还嘁哧咔嚓刮碰树木枝条，有时还磕磕绊绊踢在树茬子上。狍子不愧山林中的疾行者，声音不大，只刷啦啦一声启动声响，接着四蹄利利索索踩在落叶层上，大步流星，发出一串嚓嚓嚓的轻响，同时伴有轻微的枝条刮掠拂过身体皮毛的声音。它跑动的声儿不大却快捷如风，出现得突然，消失得迅速。等我想起身上挂着相机这回事时，人家已成功地隐身于树林深处。

说来可怜，来长白山两年，几乎天天上山，这是第三次看见狍子的身影。保护区现在只剩下二十余只马鹿，被保护区内开展旅游、搞原始林漂流、林下参养殖、养林蛙创收、打松子、采野菜、采蘑菇、抓蛤蟆等人类活动压缩到只有1/6的一小块区域。狍子的命运更惨，一直有盗猎者猎杀它们。这几天我在寒葱沟保护区一侧已经听到三声枪响，不是打狍子就是打野猪。

归途中，忽然从路边树林里走出一人，看打扮听谈吐，知道是个老跑山的。主动递烟并邀他结伴同行。此人果然如我所愿，刚把话题扯到熊身上，他马上讲出一个与熊遭遇的故事：

今年春天采牛毛广（桂皮紫萁）的时候，他独自一人沿寒葱沟坡上那条道往山里走，走了有10里路的时候，迎面来了一头黑熊，人和熊走了个顶头碰。熊发现前面有人，仰脖朝天，用鼻子在空中晃来晃去闻味儿。

“谁在下风头？”我插话。

“熊在下风头。”他答。

“你带饭了吗？”我又问。

“带了，带的面包和火腿肠。”

“熊闻着香东西了。后来呢？”

一对狍

后来，后来熊人立而起，盯着人一个劲儿张望。而后四肢着地，发出喝哧喝哧的喘息声，向人步步靠近。这是个三百来斤的黑大汉，十分雄悍，走路却悄无声息。

人只好往回走，有熊拦路，只有自认倒霉，空着两手回家转。没想到，熊一步一颠地跟了上来。

见熊在身后紧跟不放，他不由得加快脚步疾走。回头看看熊，它也加快速度，步步紧跟。疾行十多分钟，熊始终跟在他身后不到20步的地方，既不加速撵上来，也没有落后一步。老跑山的身上都带刀，而且研磨得锋利无比。他从腰间挂着的刀鞘里抽出那柄尺把长的利刃并放慢脚步。奇怪的是，熊抬头看了看人，也犹犹豫豫放缓脚步，而且眼睛一直看着人。人快它也快，人慢它也慢，人若停下它也不动。就这样，这头熊一直在人身后跟随走了大约一小时。

我们住的镇子海拔780米，进寒葱沟一路上坡，估计他走到海拔1000米处遇熊。熊冬眠要进入密林深处安身，大概在海拔千米处，睡到4月中下旬或5月初才结束冬眠。采牛毛广的季节是5月上旬。所以，这头熊刚从休眠中醒来没多久，正饥肠辘辘四处觅食，急欲填饱肚子。嗅到面包和火腿肠香喷喷的气味，饥饿的人都会垂涎三尺，更别说熊了。熊的嗅觉灵敏度超过狗6倍之多，它感受到的美味刺激该有多么强烈啊！

熊跟人一样，各具不同性格。我敢说，这头熊绝不是个愣头青，而是一个行事小心，甚至有些胆小，年龄不大、阅历尚浅，大约三四岁的熊。这个岁数的熊，相当于人类10岁左右（熊的寿命约25岁），虽然个头不小，却还是个年少懵懂、刚离开妈妈照料、独自谋生的小儿郎。

熊在用长久跟随的行为方式向人乞食。这位老兄只消把食品留给熊，一切麻烦顷刻化解。但他不了解熊的意图，只想逃跑，而且连吓带累，浑身大汗淋漓，把厚绒衣都溻透了。

身后的熊仍旧不依不饶，步步紧逼，口中还发出昂——昂——的低吼。看样子，它有些不耐烦或不高兴了。

跑山人精神高度紧张，觉得浑身无力，几乎迈不动步。死逼无奈之下，他想出了一个不是办法的办法。

他从背包里掏出一个空塑料袋子，双手哆嗦着把塑料袋绑在路边的树枝上。

一阵微风拂过，干瘪的塑料袋里灌满空气，鼓胀如球，在风中左右摇摆。

熊走到塑料袋跟前停下脚步，一动不动地盯着这个十分古怪、挡住自己去路的东西。

塑料袋随风摇晃着，发出刺鼻的陌生气味。

这是一头生活在深山里的熊，从未见过人类社会制造和丢弃的各种垃圾。它害怕了，深深地呼吸，颈后鬃毛耸起，双耳向后贴伏，摆开戒备架势。

吐噜噜——打一个愤懑的、颇具威胁意味的响鼻。

那圆滚滚的白东西满不在乎，依然摇摇摆摆，只不过幅度稍微大了一点。

熊用力跺脚低吼，试探着向前迈步。

那东西还是老样子，依旧在那里摇摆，没有一丁点儿退却的意思。

万般无奈，熊调头离去。

时间：2008年10月31日

讲述人：捡松塔老人

地点：长白山保护区北坡寒葱沟

春歌

早春三月，河柳已绽出银白色茸芽，冰凌花（侧金盏花）顶着雪粒盛开，一群银喉长尾山雀嗞嗞嗞欢叫着，在高高的大树顶端盘旋飞舞，一会儿发出吱吱吱的联络音，一会儿发出嗒嗒嗒的清脆歌鸣。远远听去，仿佛在树顶拨动一串串玻璃球串成的小算盘珠。它们和蓝大胆（普通䴓）都已进入求偶季。灰腹灰雀和长尾雀已经占据巢区，在各自选定的巢址上卖力歌唱，用最美妙的歌声吸引雌鸟们飞来相亲，即使受到其他动物的惊扰也不远离。一路上到处都能听到小鸟欢快的鸣叫。冬候鸟苏雀（白腰朱顶雀）即将集群离去，红隼在天际表演杂耍般的婚飞炫舞。

昨天在江密峰的大湾，看见百余只田鹀群沿大河川地飞来，那条河川显然是它们的迁徙通道。用望远镜细看，田鹀长得很像麻雀，只是身上的花纹呈淡黄褐色，头部有三道醒目的纹线，头顶有一撮帽缨缨似的冠羽，和云雀的冠羽有些相似。鸣叫声羞怯尖细，吱吱作声。它们紧贴着农田飞十几米便落下来，寻些隔年的谷粒、草籽填饱肚子，边觅食边移动。田鹀在河北一带越冬，早春时途经此地，前往挪威和芬兰度过繁殖季节。那是两个我一直心向往之的国度，多山、多湖、多雪，地广人稀，拥有大片保存完整的寒温带原始林，动植物分布与黑龙江东部相近，至今萨满教古风犹存。

冰凌花

戴菊莺

今天到五大瓮前沟，这里有一片整齐的红松林。第一次看见戴菊莺。由于我事先做足了功课，乍看头一眼，马上脱口而出：“戴菊，小戴菊！”

它是体型最小的鸟类，身长不到10厘米，和黄腰柳莺一样大。这种小鸟全身橄榄绿色，腹面浅灰白，头顶有柠檬黄色冠羽，头后染一小抹橙红色。由于尾巴短小，显得身体圆胖，再加上一对圆圆的大眼睛，如果照它的模样做成玩具小鸟，小孩子一定十分喜欢。喊——依，喊——依，喊——依，它的叫声轻而细，怯生生的。戴菊莺有一个极佳的绝技，能像蜂鸟那样在空中紧急悬停，这是北方其他鸟类都无法做到的。

嘟——啷啷啷啷——又听见雄性白背啄木鸟敲击响木的情歌，圆润嘹亮厚重，声音大得惊人，响彻群山，回声阵阵。

这种啄木鸟求偶弄歌时有自己偏爱的响木，跟成名的钢琴家喜爱某个品牌的钢琴一样。为了使这种敲击声响亮好听、传送距离远、达到吸引和讨好异性的最佳效果，它在自己领地的众多枯立木中反复测试、精心挑选，树种是否属硬杂木，枯树的枯朽程度和干湿度，发出的音色如何，声音的大小，枯立木是否高大显眼，所处位置是否在阳坡的高处等诸方面都有讲究。民间称啄木鸟是敲梆子的，我认为它们是小鼓手。这些卓尔不凡的小鼓手有时拥有一只鼓还不满足，往往还会多找几只“鼓”反复轮番敲打。有专家测算过，啄木鸟在树干上凿啄虫眼的速度为每秒钟16次，它们奏响求爱的春歌，应该比啄虫的节奏更欢快更热烈更迫切。

今天最意外的是，竟然听到了四声杜鹃的鸣叫。

长白山有5种杜鹃：四声杜鹃、棕腹杜鹃、大杜鹃、中杜鹃和小杜鹃。

四声杜鹃叫声的汉语谐音即“布——布——布谷”。山里人拟音作“光棍好苦”。农人则拟音作“快快播谷”。人们比较熟悉这种鸟的叫声。

棕腹杜鹃因其雄性的胸腹部为棕橙色而得名，个体与四声杜鹃一样大，身长为31厘米。它的叫声也好记，“丽尔——丽尔——丽尔”。鸣声开始较弱，渐渐加快加强，至最高音处骤然止歇，暂停后重新开始下一轮鸣叫。只要听过一次，一般都不会忘记。

大杜鹃便是古今中外妇孺皆知的布谷鸟，也是历朝历代的诗人写进诗词次数最多的鸟，然后才是大雁。大杜鹃的叫声即“布谷——布谷——布谷——”。它是杜鹃中体型最大的，体长32厘米。

中杜鹃又叫郭公，体型、体色均似大杜鹃，但比它身长少1厘米。腹面的横斑纹比大杜鹃粗宽且稀疏，鸣声也好记，“啯——公，啯——公，啯——公”，粗壮而低沉。

小杜鹃体长26厘米，在5种杜鹃中体型最小，但它的叫声最为圆润悠扬，富于音韵。山里人把它的鸣声拟音作：“阴天打酒喝喝——”没亲耳听见它叫声的读者，可以打口哨模仿其叫声，打口哨时注意在“打酒”的“酒”字上骤然提高八度，在“喝喝”两个字下滑并重复，便有些像小杜鹃的鸣叫了。不过，真正的小杜鹃歌鸣远比打口哨的声音好听，我认为它的鸣叫比黑头蜡嘴雀、黑枕黄鹂的春日情歌都好听，而且嘹亮。

注意，以上5种杜鹃均属夏候鸟。在长白山，要到5月中旬才能听见它们

雌性小斑啄木鸟

雌性大斑啄木鸟

的歌鸣。运气好的话，在针阔混交林边缘的小路上走上小半天，能把这5种杜鹃的叫声全都听到。

啰啰唆唆讲杜鹃的叫声，意在引出一个鸟儿求偶的小故事：

我和老唐跟在向导后面，在山阴积雪中跋涉。这位向导有些瞧不起城里人，上来便走得飞快，使出全力爬山，想让我们吃点苦头。3月上旬，山里积雪既深且硬，一步一陷，十分累人。好歹劝向导停下来歇歇喘口气，忽听山梁那边传来四声杜鹃的叫声："布谷——布谷——布布布谷——"

老唐一愣，旋即说道："奇怪，太奇怪了。四声杜鹃5月份才来呀，怎么现在叫上了？"

是呀，我这才反应过来，这是咋回事？

老唐是省内著名的鸟类学家，10岁时开始养鸟，从小到大嗜好观鸟捕鸟养鸟，摸透了各种鸟的习性。现在是吉林市野生动物保护协会的副秘书长。这种自学成才的人物很可怕，底蕴深厚且自创套路，集歪才怪招于一身，出口便是经验之谈，往往把科班出身的专家杀得片甲不留，令学徒阶段的我佩服得五体投地。

此时，他大眼珠子一转："快跑，翻山过去看看，鸟飞可不等人！"

不容分说，撒腿便跑，嘀里当啷拎着望远镜和背包铆足劲儿往山上爬。爬到山顶，四下观望，老唐忽然摁下我的脖子："蹲下，往那儿看！"

我擎起望远镜，循着他手指的方向望去，哇，有只漂亮的大鸟落在一株松树的横杈上，细看，原来是一只松鸦。

"布谷——布谷——布布布谷！"

四声杜鹃的叫声又响起来。音色纯正，抑扬顿挫，字正腔圆。

可是，四周哪有杜鹃呀？看仔细喽，分明是那只松鸦张嘴鸣叫，声音也是从它那边传过来的。

天哪，是松鸦在叫！它在学四声杜鹃的叫声。

“还有一只，还有一只母的。”老唐低声道。

看见了。在那只色彩绚丽、正在巧语学舌的雄性松鸦下方的小树丛顶端，还有一只松鸦停在那里。它的体色略淡，色彩也不似上面那只鲜明醒目，是只雌松鸦。

明白了，雄松鸦在向雌松鸦求爱。

在求偶季，雄松鸦为了讨得雌性的欢心，除了展示漂亮的婚羽之外，还展示它的歌喉……不，松鸦哪里有什么歌喉？它在施展自己的另外一项才能，向异性显示自己的学舌本领，凭借自己的花舌子讨得异性的欢心。

毫无疑问，松鸦是一种多才多艺的鸟儿。

这有点像某些年轻男士，追求女性时千方百计展示自己的才能，有人作诗，有人歌唱，有人弹琴，有人打球，有人靠学识，有人靠武功，文学家靠写小说也能博得姑娘们的青睐。现在这些才能或禀赋全都斗不过好车好房，斗不过金钱和权势。松鸦当然不知道人类社会的变化，它仍采用亘古不变的方法追求异性。不过，它们学舌的对象正在发生变化，学汽车鸣笛、学手机彩铃，据说还有学会轿车报警声的。

老唐说，有的松鸦很会捉弄人，用各种学来的叫声跟人逗着玩，搞得你晕头转向，不知森林里藏着什么怪物。

我想，羞答答的雌松鸦听见追求者发出种种稀奇古怪的刺耳求爱声调，应该欣然接受，毕竟繁殖本能胜过一切。且雌松鸦和雄松鸦一样，一定听见过人类社会的各种噪音，以它们的适应能力早已见怪不怪了。可惜，廉价的噪音污染包围人类之后，正在抹去美妙的自然之声，连松鸦的情歌都不放过。

（2006年3月8日记）

第二次听见松鸦学舌

上次听见松鸦学舌是两年前的早春时节，这次听见它学舌却是在冬季。

呷呷，听见母野鸭低抑的叫声。我的心咯噔一下：被发现了。

眼巴巴目送野鸭们陆续升空，我愧悔万分，一个罕见的神奇景象因为我的鲁莽被打破。

嗖嗖嗖嗖——空中响起熟悉的野鸭拨风羽哨音，5只野鸭又兜了回来，从我面前低空掠过。它们想弄清潜行而来的到底是什么动物，还能否再安全地回到这里，这已成规律：偷偷靠近的捕食者由于把野鸭惊飞，十分沮丧，不再隐蔽身形，反倒被兜回来的野鸭看个清清楚楚。

刚才，我在柳树丛中穿行，向一个山中小湖边走去，忽然从湖面传来呷呷呷呷的絮语，还伴随着轻微的溅水声。我立刻猫下腰，小心翼翼分开繁密的柳条丛，悄悄向湖边靠拢。啊，在湖对岸，一幅自然奇景展现在我的眼前：

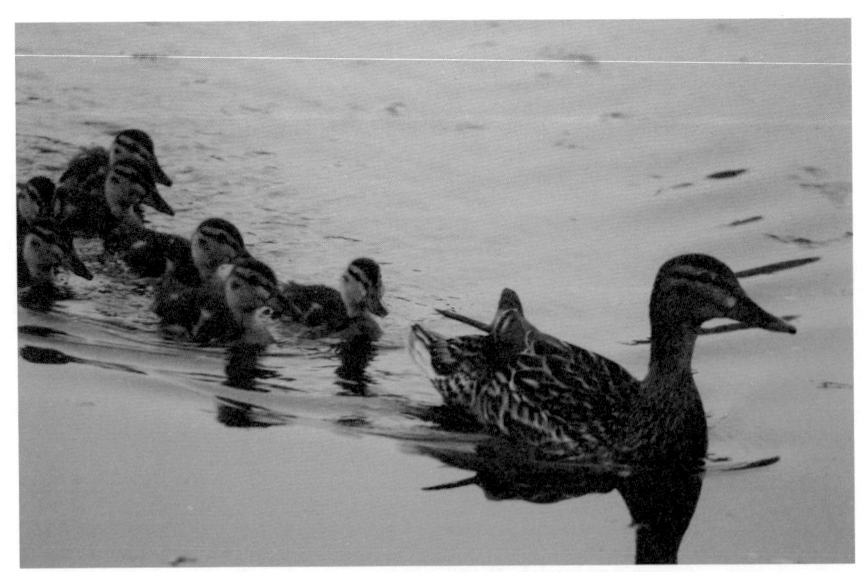

野鸭妈妈和子女们

岸边长着一株斜伸向湖面的垂柳，所有的柳枝都垂向水面，形成一片疏密有致的柳枝挂帘。4只半岁大的野鸭跟着鸭妈妈在柳梢下的浅水中觅食，把扁嘴巴伸到湖底的淤泥里，来来回回搅动搜寻小鱼小虾。

咦？在它们头顶的柳枝间，有一只花鸟在来回蹿跳。

我举起望远镜，哇噻，是一只极其美丽的松鸦。它仿佛猴子捞月一般，用双爪抓住柳枝末梢，几乎倒挂在水面上方，要杂技似的使出鸟类所有攀缘本领，一边在晃晃悠悠的柔韧柳梢间闪转腾挪，一边伸长脖子，从野鸭翻搅起来的浑水中捡食小鱼小虾，还不时扑扇一下翅膀维持平衡，怕身体沾上水。更奇特的是：当那几只小鸭呷呷呷提高声音表示不满，或者当鸭妈妈发出抱怨时，它竟然一面继续忙忙叨叨捡小便宜，一面呷呷呷学野鸭的叫声，极尽能事讨好安抚对方。

我简直不敢相信自己的耳朵，它发声像极了野鸭之间的私下昵语，婆婆妈妈、绵绵细细、絮絮叨叨、亲亲密密，活脱脱一个碎嘴子野鸭。

足足过去了5分钟，我才意识到脖子上挂着相机。距离稍远，于是跪地爬行，但最终还是没有躲过鸭妈妈的锐眼。

野鸭走后，松鸦飞到附近的一株小树上，抖翅挪步，侧头回望，流连不去，似在等野鸭返回，重拾嬉闹寻食乐趣。看来它们相互熟识或者交上了朋友，它已不止一次耍这类把戏。我小时候就认得这种鸟儿，也见过许多次。松鸦在长白山虽属稀少可还算常见，冬季它们喜欢来民居附近觅食。但是，碰见羽色如此绚烂的个体，还是头一次。

时值初冬，松鸦已换毕冬羽。乍看，它全身羽毛有红、蓝、白、黑四色，头颈部的酒红在午后的阳光中泛出丝丝金黄，胸腹至胁下似秋天的玫瑰葡萄，浓艳正熟；翼上覆羽横缀亮莹莹的冰蓝，炫目的蓝彩上点染成行白斑，在光线作用下宛如冰晶闪动；双翼扇动时翼下两端白羽翻飞，尾上及尾下亦现洁白绒羽，同仿佛被松烟熏黑的尾羽成鲜明对比。

松鸦胆大机灵，擅长利用树干隐身，这种本领胜过啄木鸟。可这次它却办不到，因为那是株小树。我放弃了拍照的打算，坐在地上安安稳稳看了个够。

拍摄野生动物讲究“无限接近”，肯定会侵扰人家的正常生活。先前它与野鸭对话耍宝被我打断但震撼犹在；它绚烂羽色给予我的惊叹，则为我今天的辛劳行走画上了一个完美的句号。

大森林往往随时随地展露她的奇迹，有时却吝啬得只偶尔给你个小惊喜，当后一种情景展现眼前，那是你艰辛跋涉所得到的一生难求的奖励。

（2007年11月6日）

金色虎影

那天向导陈龙和一连讲了三个故事，把其中的虎故事整理如下：

他13岁那年，跟爷爷在松花江下挂网捕鱼。至今他仍记得很清楚，那是个初秋的黄昏，下完网跟爷爷划船回家。挂网要在江里下一夜，夜里鱼游动时撞进网眼，挂住鱼鳃不得脱逃，第二天早上再来收网摘鱼。他们的小船顺流而下，他正喝喝咧咧地唱：“小小竹排江中游，巍巍群山两岸走……”

突然，爷爷猛扑上来，一把狠狠掐住他后脖梗，同时脚下使个绊，将他绊倒在船舱里。他一边惊恐地望向江边，一边用力摁住他，急迫而紧张地低声警告：“别起来呀，老虎，江边有个老虎！”

爷爷压在他身上的身体一直在发抖。不知为什么，淘小子陈龙和心里却一点不害怕，非要瞧一眼那威名赫赫的老虎不可。船缓缓顺水漂荡，他假装听话，趴着不动，小脑袋却拱呀拱，从爷爷的胳膊弯里拱出来，偷偷往江边张望。

啊，在江岸大片的酱褐色淤泥滩上，燃烧着一堆旺旺的篝火。不，它的形状似乎不太像篝火，再一看，哎呀！那是一头老虎，一头在橙红色火烧云映照下闪耀着灿灿光华的斑斓猛虎。它静静站在齐膝深的淤泥里，嘴边叼着一嘟噜蛇一样的黑东西。它似乎发现小船上有人偷看，双眼一直盯着这条船，盯着这个13岁的小男孩……

“你找死啊！”爷爷一把将他的头摁进船舱。

那一夜，男孩久久难眠，总有一团与夕阳相映的灿烂虎影在眼前晃动。他隐约觉得有什么不对劲，它为什么要下到淤泥滩里到江边喝水？为什么不绕过去……

第二天清晨，他跟爷爷驾船下江起网摘鱼，又经过那片淤泥滩。天刚破晓，远远的，爷孙俩望见那头虎黑黝黝的影子，它仍旧站在原地。

糟糕，出事了，男孩的心里一沉。

爷爷驾船在江中兜个大圈子，长时间地观察它，昨天在夕阳中燃烧的火光早已静悄悄熄灭。在淡青色熹微晨光中，它全身光彩褪尽，呈现毫无生气的暗灰，身上的黑色条纹像画上去的，黑得很不真实。站立姿势和昨天看见的一个样儿，没有一点活动过的迹象。

它死了。昨天黄昏里看到的绚烂光彩，只是它生命最后时刻与夕阳相映的回光返照。

老人把船靠近去，原来他们认为它嘴里叼着的东西，是死死勒进它脖颈根部的钢丝套索。不知它经过怎样的痛苦挣扎，才挣断了套索的拉绳，但它的喉咙也因此被勒断。断索的一端从腮后垂下，从伤口淌出的淤血凝结成紫黑色的血块，一嘟噜一嘟噜粘在钢索上……

从那天起，那个和天边夕阳同样灿烂的虎影，永远烙印在13岁少年的心底。

那可能是生活在松花江边的最后一只东北虎。

东北虎永远不会再现昔日雄风与辉煌。当我们面对一片原始森林时，不能问有没有老虎、青羊、棕熊、金钱豹、狼、原麝、大鸨、金雕、黑鹳、鲟鳇鱼等最后一代独领风骚的美丽动物，我们只能问有没有野猪。如果连最具生存适应能力的野猪也没有了，那片荒野注定已经死亡……

（2006年3月17日记及整理）

狂野柳莺

今天散步至蛇谷口处的湖畔下方，我的林中写字台。

看见成群的燕雀，它们路过长白山，飞往西伯利亚度夏繁殖。此鸟土名虎皮，缘于它身上橙黄花纹与黑条纹相间。

此地海拔800米。白头翁、深山毛茛、黄花堇菜、小银莲花、驴蹄草均已开花。生长在湿地四周路旁与河边的驴蹄草花最为惹眼，一片片、一行行闪耀着明亮艳丽的鲜黄。

昨天下午上车，一夜卧铺来到长白山。早饭后歇一会儿便兴冲冲上山。乍上山，和每次一样，最大的感受就是，这里有世界上最新鲜、最纯净的空气。从里到外，从上到下，五脏六腑乃至全身的每一根血管，都被这早春生气勃勃的空气清洗一遍。把从城市带来的浊气和杂质打扫一空，来了个彻彻底底大换气。在这次身体输入新空气的过程中，大脑的反应最强烈，竟然有些发晕。不是海拔高的事儿，连续5年来长白山，中山地带的海拔早已适应，看来是空气实在太新鲜了。3个多月泡在城市污浊的空气中，整个人冷丁被淹没在如此洁净清爽的空气里，仿佛经历了一次脑内清障爆炸，脑袋里太多被杂质阻滞的毛细血管，被大量涌来的新鲜氧气打通，哗哗哗畅通无阻，一下子把我冲晕了。

树上的长尾粉红雀格外惹眼，颏下多了些鲜红的顺水花纹，比冬日红得更加艳丽。树丛中不时闪动着银喉长尾山雀汤匙状的活泼身影，它们已开始到处捉虫，饲育早早破壳而出的小雏鸟。一只黄胸鹀落在我身边的树上，展示它美丽的婚羽。雄金翅雀双翅大起大落快速扇动，在穿透林冠的阳光下，宛如两扇半透明的金色光轮。它几乎悬停在空中，前后左右不断变换位置，向蹲坐在树杈上的雌鸟狂秀求爱舞蹈。灰山椒鸟成对成双地在空中兜着圈子相互追逐，发出一串串风铃般的歌唱：律律律律律——我的林中写字台四周，浮动着一阵阵小鸟求偶的热烈鸣叫，那是众多小柳莺的大合唱，一个赛一个引吭高歌。

忽然，在一片和谐的柳莺歌鸣中，响起尖厉的吵架一样的刺耳鸣声。两只柳莺一前一后快速追逐，它们拿出闪转腾挪的本事，忽儿这儿，忽儿那儿，在稠密的树丛间疾闪穿掠，灵巧飞动的纤小鸟影令人眼花缭乱。

在这个百鸟齐鸣的求偶月，它俩演出的应该是一场“男追女”的初欢闪婚，而不是蜜月缠绵。我呆在原地，目不转睛盯着这场疯狂的追逐。

长白山有8种柳莺：褐柳莺、巨嘴柳莺、黄眉柳莺、黄腰柳莺、极北柳莺、暗绿柳莺、灰脚柳莺和冕柳莺。各种柳莺的土名大都叫柳叶儿、树叶儿、柳串儿、槐串儿；只有褐柳莺叫嘎叭嘴，巨嘴柳莺叫大眉草串儿。还有一种棕眉柳莺分布于东北西南地区。

我对柳莺这种长白山最小的鸟类，一直心存深深的敬意：柳莺是夏候鸟，分布于欧亚大陆的广大地区，向东最远可达西伯利亚的达乌尔地区和远东的堪察加半岛。然而，它们的迁徙却异常遥远，翻看美国国家地理杂志绘制的《全球鸟类迁徙》图，众多在西伯利亚、大小兴安岭、长白山等地繁殖的柳莺们，要飞过整个欧亚大陆，飞越阿尔泰山脉或喜马拉雅山脉，亚非或欧非大沙漠，到非洲大陆越冬，全程近两万千米。而且，在漫长的迁徙中，它们能不吃不喝不休不眠一口气连续飞行3600千米。

那是何等漫长与壮丽、艰辛与勇敢的飞行!

我对柳莺怀有敬意的另一个原因，缘于它们对森林生态贡献巨大。以黄腰柳莺为例：这种小鸟小得令人吃惊，身长不到10厘米，体重仅5克。像一片小绿叶，可它们在长白山数量大分布广，属针叶林和针阔混交林的优势种。它们只吃昆虫，吃的基本是严重危害林木的鞘翅目和鳞翅目昆虫，所有柳莺都是森林小卫士。

眼下，这两只在高速飞行中疾转、上升、低掠、绕圈，施展出全部空中绝技的小鸟，正是黄腰柳莺。我必须承认，我的双眼盯得再怎么紧，也有跟不上的时候。小巧的柳莺已蹿入一丛密匝匝的绽放新叶的小花溲疏丛中，踪影皆无。我正在四下搜寻，它俩不知从什么地方飞蹿出来，前面疾飞的女柳莺以快得令人目眩的高速嗖的一声从我的两腿之间掠过。还没等我回过神来，后面急追的男柳莺也紧接着嗖——穿了过去。

我一怔，随即咧嘴大笑，却不敢笑出声，生怕惊扰了那对沉迷于爱情追逐的小鸟。

看样子，柳莺世界中的女跑男追，不似人类那种半真半假、你跑我追的调情戏耍，它们动真格的。女柳莺对男方占领的巢区、展示的歌喉和焕然一新的婚羽很满意，极可能还要通过这种体力、耐力、速度和灵活性等硬指标，考验它是否能当个合格的丈夫。

只见女柳莺绕着一株树又一次急转，然后在半空兜个小圈子，从右侧向我冲来，速度快得像颗弹弓射出的弹丸。男柳莺急欲得手，衔尾猛追。只听耳边噗噗两声轻响，女柳莺从我脖梗后打个转儿倏忽而过。瞬间感到它双翅扑打出一小股强劲气流，猛地袭上脸颊。霎时间又噗噗两声轻响，男柳莺紧随其后追了上去。两个小小的鸟影拐来绕去，扎进密林丛中没了踪影。

嗨，人家把我当成傻柱子了。片刻等待不见小小鸟影，估计男柳莺已通过考试，美梦成真。我打心眼儿里为这对正处在生命巅峰期的小夫妻高兴。

在圆木写字台旁坐下，我取出望远镜，对准另一只在枝头高唱的雄性柳莺。

它全身的橄榄绿在阳光下变成了绿金色，头部中央那条黄色纵纹在仰脖高歌时闪出一抹亮光。眉纹的颜色鲜明醒目，与翼上的两道横斑相映成趣，如同用黄色彩笔细细勾勒。腰部宽带由纯正的玉米黄转成泛出微光的柠檬黄，这块黄斑，便是黄腰柳莺名称的由来。

这小家伙仰脖昂首，小胸脯挺得老高，全神贯注地高唱：啼薇啼薇啼薇——声音清脆尖锐，犹如一串蝉鸣，富于穿透力。

我拿出笔记本想写点什么，忽然间，一段旧事浮上脑际：上初一时的我是个精力过剩的惹祸少年。当时随父亲下放农村，也是在这个季节，我正在村道上闲逛，忽然听见路边的矮树篱里传出细声细气的鸟鸣。搜寻半天，才看见那个小不点——柳叶般纤细小巧的绿柳莺。我感到一阵激动，立即被强烈的猎杀情绪控制，捡起一块大石头，全力向树篱掷去。嚓的一声，石头穿透厚厚的树篱，落在地上。石头前面，仰躺着一具小小的鸟儿尸体。

还真蒙上了！我欢叫着跳过树篱，把那个热乎乎的小尸体攥在手中，细细端详这只小猎物。

我打小就不是那种擅用巧劲的人，只知道使蛮力。所以无论用弹弓打鸟，还是用夹子捕鸟，从未有过猎获。倒是有几个小伙伴，无论扎滚笼还是用马尾套捉鸟，常常会逮到许多。那年头鸟多，苏雀和三道眉一群一群的，麻雀更是到处都有。这只小柳莺，是我长这么大第一次，也是最后一次打中的鸟。所以，当时对那只小鸟的印象十分深刻。现在回忆起来，它是一只黄腰柳莺。

奇怪的是，当时那只小柳莺竟然没死！

它那仰躺着的热乎乎的小小身体，一直在我手中轻轻地不停地悸颤……

石头袭来时，它已机警地振翅起飞，但由于逃跑方向与石头的抛物线重叠，顺着那股打击力被推送出去，外表看不出一点伤口，内脏已遭到重创，只是没有马上死去。

多年在春季的林区转悠，我早已得出一个真实的感受：在春天森林鸟类的大合唱中，由于黄腰柳莺数量最多，而且几乎从早到晚都在鸣叫，因此它们的歌鸣形成了整个大合唱最基础的底音，这也是春季森林奏响的基本音色，然后才是其他众多鸟类发出的各具特色的歌唱。

此刻，我坐在林中写字台旁边，沉浸在纯净和煦的微风中，沉浸在众多柳莺充满生机的齐鸣中。我伸出右手，虽然光阴流逝近40年，但掌心似乎仍旧有一个热乎乎的小生命，轻轻地、不停地发出濒死前的悸颤……

（2008年4月28日记）

林中池塘

蓝豆娘的体色属世上最纯粹的天蓝，比蓝翠鸟莹彻的蓝色还蓝，晶明冰洁，隐隐缭绕一团蓝微微的雾气。它们捉对在水面环舞，挑选一根水润润的泽泻的草茎落下，雌的牵着雄的沿斜茎缓缓入水，没入水中的纤细身体立刻裹上一领如同珍珠串成的贴身长袍，浑身细密的小水泡闪烁淡淡光亮。下至一定深度后，在水下静静产卵。它们的数量很多，不提在水面上飞的，有时一根独木桥般的三棱草狭叶上，竟栖着6对蓝莹莹的纤细舞者。池塘的另一个主角是翠绿油亮长有乌黑花纹的东方铃蟾，它的名称肯定由叫声而来，音色似轻薄软玉雕琢的小风铃，在和风中怯怯而歌，咯儿——咯儿——咯儿——带出一种悠悠回声。

树粉蝶

百合花与翠凤蝶

小亥蝶与雏菊

四周的空气花香阵阵，狭叶荨麻的穗状小花，还阳参耀眼的黄花，樱槐树冠上一柱柱雪青色花序正在开放。还有橘红色的金莲花、蓝紫色的山鸢尾和白色的潮风草花，纷纷从草丛中探出头来招蜂引蝶。由于天热，水边聚集众多取水的蜜蜂，有一只不小心掉入水中，被水下悄悄潜游的水虿钳了去，带到池底吮吸它腹中蜜汁。圆肥的大蝌蚪在嫩绿的萍叶下享受阴凉，有个长着四足的苗条暗影，曲曲弯弯游动着，牵去我的目光。仔细打量，天哪，竟是一只小鲵！长白山有极珍稀的东方小鲵、极北小鲵、爪鲵三种，孤陋寡闻的我虽辨不清它属哪一类，但曾反复观看过它们的图片，小鲵还是认识的。

每个人的内心深处或多或少都有个“池塘情结”。我属无法自拔一类，不然不会在池塘边坐这么久，连早晨被露水湿透的裤子和鞋都被太阳晒干了。

噗噗噗，耳边传来蝴蝶的扑翼声，一只绿带翠凤蝶轻轻飞过。哩哩哩，一只黄绿色的小蚂蚱在振翅短鸣，它趴在我的裤角上，估计把穿迷彩服的我当成了树桩。一只胆大的黄喉鹀扑棱一声，从茂密的东北溲疏树丛钻出来，直奔岸边，一小口一小口喝起水来。一小时后，从不远处的密林里，传出吱

大山雀

黄喉鹀

呦——吱呦——尖细宛转的鸣叫，如鸟啭似儿啼，原来狍子想来饮水，躲在树林里小心翼翼地观察动静……

这是一口野猪为泥浴挖掘的林中小池塘。

四万年至两万年前，亚洲东部的野猪种群同猛犸、披毛犀、洞熊、野牛、大角鹿以及早期的东北土著一道，跨过白令陆桥进入北美，成为美洲的原住民。又沿巴拿马陆桥经漫长迁移抵达南美雨林，演化成南美野猪——西猯。在那里，把小水洼改造成小池塘的圆胖可爱的西猯们，竟然同珍稀的泡沫蛙形成了共生关系。这种翠绿小蛙产卵时，要爬到池塘上空悬垂的树叶上，把卵产在自身分泌的泡液团中。不久，泡液团从树叶上坠落，掉进西猯池塘里，蛙卵在水里发育成熟，游出小蝌蚪。西猯为泡液蛙准备了一个天然的孵卵温床。温带森林的野猪也会造泥浴池塘，它们为在森林生活的两栖类动物如东方铃蟾、中华大蟾蜍、花背蟾蜍、无斑雨蛙、金线蛙、中国林蛙、黑龙江林蛙、北方狭口蛙及一批水生昆虫挖掘出卵床和生活居所。同时，小池塘也是森林鸟类和哺乳动物的饮水池和狩猎场。在一些有永久性进出水口的池塘里，珍稀的小鲵也可能光顾此地。

（2008年6月10日记）

小鸟斗大鸮

当一只山雀在头顶上方鸣啭时，仿佛世上的一切都消失了。

它是只白脸山雀（大山雀），从不远处飞来，直接落在我和妹妹藏身处旁边，我们本来是偷看白腹蓝鹟唱歌的。透过枝丫缝看去，它雪白的脸颊在朝阳下亮银般闪光，把炭黑色头冠和领带也涂上了一层稀薄的银粉。长尾巴活泼泼摆来摆去，发出极细微的噗噜噜噗噜噜的风声，差一点拂到我的发梢。甫一落定，便开口唱出一串比小山溪还无拘无束的野歌。先从高八度的嗞噼——嗞噼——数声试音，再转入急锐多变的嗞嗞啾——嗞嗞啾，嗞嗞啵噜嗞啾——的花腔。随心所欲反复数次，骤然爆出一片肆无忌惮的大笑，嘻嘻嘻嘻哈哈哈哈——几天前，我曾因误入其领地遭到过这只白脸山雀的斥骂，在我前后左右蹿来跳去，叽驾啾！叽驾啾！连连抗议。我知道，这是一只年轻健康、风头正盛的雄性山雀的晨歌。

倒木根盘上的白腹蓝鹟鸟巢

早上9点属一天最富朝气的时段，这支山雀的晨曲使人觉得头顶的蓝天更加明澈碧蓝，空气更加清新舒爽，连萦绕在树林间的淡淡薄雾，都在这歌鸣中慢慢散去。原本朦胧的草木渐渐清晰可辨，显出一副沉静的聆听姿态。有的鸟歌羞怯文静，如戴菊莺；有的鸟歌深沉并若有所思，如黑枕黄鹂；有的鸟歌火辣热情，如大苇莺；有的鸟歌轻灵娇俏，如北红尾鸲；有的鸟歌高昂洪亮，如短翅树莺……唯独这只白脸颊的大胆精灵的一曲放歌最为狂野，洋溢着欢天喜地之情，活脱脱一个初饮烈酒放开嗓门大叫大嚷的小顽童。

这是我最熟悉感情最深厚的山雀。11岁时，妈妈买回一只养在家里。整整一年，任由它在房间里飞来飞去，随处排便、寻食、休息和睡觉。当年，我捉过多少虫子喂给它呀，从小蚂蚱、小青虫到可怕多毛的大杨树毛虫和大黑蜘蛛，这个小勇士照单全收，连夹人很疼的巨型甲虫和力气很大的蝼蛄也通通拿下。记得有一次妹妹揪住它的尾巴，轻轻一下子给揪成个秃尾巴。后来还是妹妹，马虎大意没关严门，让它从门缝溜了出去，从此再也没有回来。我伤心得很，发动小伙伴们找了两三天，还是踪影全无……现在我知道了，那是个春天，强烈的求偶本能促使它逃进山林，追寻爱情去了。

自那以后，每当瞥见白脸山雀那忽高忽低的波浪状飞行的小巧身影，或是听到它那种富有特色的鸣叫，我都得到一份邂逅老友的欣喜。

在林中漫步，只要你驻足聆听或观望片刻，由于你的到来而遭到惊扰的林中安宁便会恢复正常。小鸣禽性急，往往是第一拨抛开不安情绪，重又忙碌起来的群体。倘若再耐心等待10分钟，更谨慎一些的小型啮齿动物也会一一现身，各干各的事情。而现在，眼前这个大胆的小东西摆明了是一群同伴的探子，因为山谷里住着一头大猫头鹰（长尾林鸮）。昨天在夕阳中，我瞥见它展开大蒲扇般花栗色宽翅，在玫瑰色的晚霞中扑扇两下，转眼消失在榛树丛中。小鸟们最讨厌的天敌除了人类之外，首推猛禽，其次有蛇、鼬科动物和乌鸦。这些小机灵鬼早就知道这一带是那头黑夜霸主的巢区。

长尾林鸮

这只长尾林鸮领地很大，大约10平方千米。沿寒葱沟进原始林，平均走5趟可看见两次，我已多次与它碰面。妹妹这次来小住4天，不知有没有看见它的福气。忽然间，左前方传来一小群鸟雀的喧噪，其中还夹杂着一声声粗犷喑沉的哼吼：呜——呜——呜！

出事了！我告诉妹妹。

话音未落，扑簌一声轻响，白脸山雀的飞离和来临同样突然。小小身影在空中飞快陡升陡降，画出一条急遽起伏的大波浪线，一头扎向谷底。嗖嗖嗖，与此同时，上下左右的树丛中放箭似的蹿出十几条鸟影。里面有桦木炭儿（黑头鳾）、蓝大胆（普通鳾）、唧唧鬼子（沼泽山雀）、黄豆瓣儿（黄喉鹀）、洋红儿（银喉长尾山雀）、爬树鸟（旋木雀）、树串儿（黄眉柳莺）、嘎叭嘴（褐柳莺）、煤山雀、戴菊等雀鸟。还有，在远处的树顶、高高的空中，山冈上、河床边，一只只小鸟救火似的从四面八方冲向出事的地方。

呜——呜——呜！透过众多鸟雀叽叽喳喳鼓噪，那奇怪的粗重嗓音又一次传来。

那是一种呜与汪的混声，明显是恫吓声。到底是什么东西？我自言自语。

“有点像狗叫。”妹妹发表意见。

这时候，由于众多鸟雀的加入，山谷里像炸了营，上百条尖细稚嫩的嗓子大吵大闹，仿佛一整连童子军亮开嗓门的冲锋呐喊，这沸滚的唧喳声令人联想到人类社会的抗议集会，愤怒的群众把腐败官员团团包围，发出震耳欲聋的尖叫、嘲骂甚至丢去唾沫和鸡蛋。

“是长尾林鸮。”我断定。这是自然界里不多见的联合驱赶行动。猫头鹰属典型的夜行猛禽，它在黑暗中拥有火眼神耳，是突袭夜宿小鸟和小鼠的高手。然而，它在大白天却处于半失明状态，在前来复仇的小鸟们面前毫无招架之力。只有从喉咙深处发出气愤的吼声，来震唬众雀鸟。

仿佛证实我的推断，那只长尾林鸮陡然从矮树丛中腾身而起，扇动着宽宽的翅翼向我们这边飞来。

“呀，一只小猫头鹰！”妹妹激动地叫道。

“什么小猫头鹰，它才不小哩！”这家伙身长半米，翼展约0.8米，圆滚滚的像颗大炸弹。

十几只快速灵巧的小鸟围绕着它，采取打了就跑的战术。在它的周围不断袭扰，闪电般冲上去蹬一脚或叨一嘴便转身疾走。在它身后，还有两只呀呀低叫的松鸦怒冲冲衔尾猛追。各种鸦类都是猛禽的死对头，它们是中型鸟类里的大力士，胆大机灵、团结对敌，且转弯快速灵活，空中缠斗的功夫了得，常常三五成群围攻凶猛的大鵟和苍鹰，打得它们落荒而逃。长尾林鸮自然惹不起这俩狠角色，只得匆匆逃命。

它从我们头顶飞过，钻入一片高大繁密的针叶林中。那是它的老根据地，今年第一次看见它，便在这片针叶林的边缘。当时它蹲坐在一棵老云杉低矮的横杈上，像一尊年深日久的老雕像。惊喜万分的我立即趴在地上，由于怕200的镜头拍不清楚，我像个大树獭慢吞吞爬行，打算每爬半米拍一

寻找树皮缝中昆虫的黑头鸸

长尾粉红山雀

银喉长尾山雀

沼泽山雀

煤山雀

捉虫回巢的大山雀

蓝大胆（普通鸸）

旋木雀

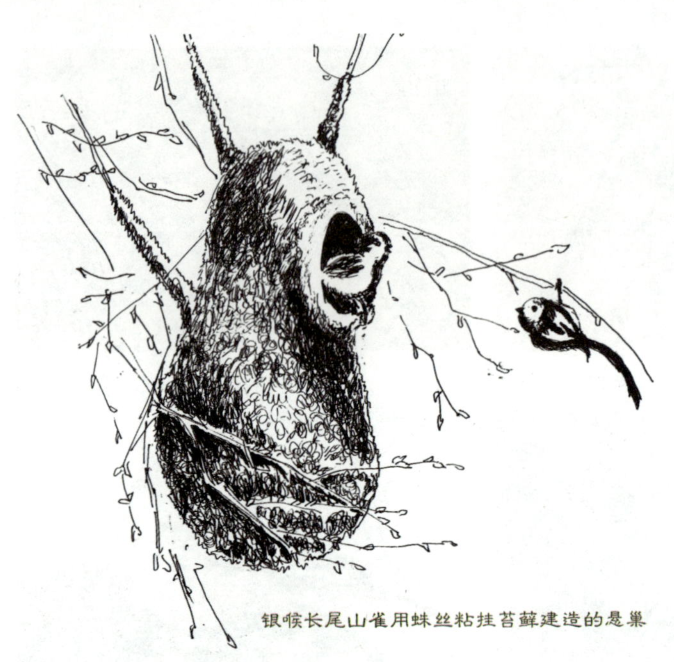

银喉长尾山雀用蛛丝粘挂苔藓建造的悬巢

张。可是再怎么小心也没用，它能听见快门的声音，第一响就让它听见了。结果只留下一张它像个腼腆的小姑娘那样半撩起低垂的眼皮，羞答答看人的照片。

松鸦没有跟进密林，大概怕对方有帮手。深春时节，鸟类都成双入对养育后代，况且那里是对方的洞巢家域。鸮类为捍卫巢中子女，对人也敢于凶猛攻击，而且猛攻头脸和眼睛。松鸦何等聪明（在这方面强于人类），早已把对方的一切了解得十分透彻。

我真傻，一心想看热闹，磕磕绊绊追过去，还踩进一个土坑摔了一跤。结果只看见松鸦双双落在树尖上，余怒未消地哑哑低叫，抖翅甩尾示威。而我很久以后才明白当时松鸦的顾虑，人家是森林居民，跟大鸮当邻居，当然知己知彼。

妹妹今天很幸运，不但看见了一幕少见的小鸟斗大鸮的场面，还在后面的行走中，听见了5种杜鹃的叫声。我在长白山两年，这两种幸运在同一天降临还是头一次。

9年前，我跟一个画家朋友去江密峰的碾子沟采风，曾远远地听见众鸟斗

沼泽山雀

银喉长尾山雀

三趾鸥

黄鹡鸰

大鸮的喧闹声。那头鸮个大，翅翼宽圆，我见过它匆匆飞过的身影，估计是长尾林鸮。

当时向导马小说，他去年从那只猫老头的窝里，掏出过4个像小鸡蛋似的白色鸟蛋……

马小曾因盗窃被判刑，掏猫头鹰的蛋我并不惊讶。他带我们找到那个大鸮去年的旧巢址，这是个粗树墩，靠近根部有一个半圆形深深凹进去的树洞。这是我第一次看见鸮的巢穴，巧妙地利用了天然树洞而且既隐蔽又舒适。这时，我想到一个古老的传说：古人认为猫头鹰懂咒语，有魔力。谁要是得罪它，他的家将变成凶宅，家人将得重病死去。

画家大卜马上在旁边证实见过这种记载。从马小的表情上看得出，他相信了。

至今仍信奉远古萨满教的日本土著阿伊努人非常尊重猫头鹰。他们的先祖给本地最大的岛鸮起了一个高贵的名称：树的守护神。我国东北及俄罗斯远东地区的古代少数民族部落也把鸮鸟尊奉为树神，并专设隆重的星祭大典。夜空中由无数星星组成的形似猫头鹰的巨大星座，是大萨满的主祭星神。

妹妹走后，我又遇见3次在寒葱沟安家的这只长尾林鸮，7月份还见它白天飞过公路进保护区，身后有只斑鸫正紧紧追赶。自那以后，我整个秋天都泡在寒葱沟观察一窝松鼠，天天穿过它的领地，却再也没有见到这个老朋友。

很久以来人们谣传，猫头鹰可治疗癌症，价格已从当年的40元涨到800元，这纯属毫无科学道理的愚昧说法！

今天黄昏，天刚擦黑，我从保护区出来，路过那棵与长尾林鸮初次见面的大云杉树。我停下脚步，气运丹田，一个字一个字很大声地把那个古老的诅咒吟诵了一遍……

（2008年10月30日记）

太平鸟

去年4月下旬去长白山，8个月后返回。新年第二天，第一次来熟悉的公园散步。新雪后，满园洁净新鲜的白雪，空气中飞舞着无数微小的冰晶。沿2500米的路线行走，一路走，一路留神倾听，今年是我们结识的第12个年头，你们还会如约而至么?

事先毫无征兆，蓦地，迎头传来一长串极为熟悉的轻细嘤鸣——

乍见那些沉静的鸟影，且惊且喜的我念叨一句：哦，太平鸟，太太平平……

太平鸟的鸣叫不见张嘴，鸟声似童子小解，律律律律律——直直尿进一尊薄胎玉磬当中，细弱轻柔，绵久不断。踏雪而行良久，耳畔满是咯吱咯吱的雪声，骤闻此声，被严寒冻麻的面颊上，仿佛吹来一缕融融春风，胸中荡起欣喜的浪花。

晚秋的羽扇豆在风中摇铃时，也发出这种声响。圆圆的小豆粒在荚窝里滴溜溜跳转，叩响薄薄的脆硬荚壳，轻轻的豆声与微风拂过的哨音相和，脆生生中滑入一缕笛声，嘤嘤而鸣。干旱季节，林中小溪常常钻进砾石河床底下躲起来。

坐在干涸小溪旁边的石头上，隐隐约约，一线流音从地下传来，格铃格铃格铃——连贯动听，幽邃清静，在黑暗的石罅间蜿蜿蜒蜒流淌。

太平鸟又叫十二黄，由于气候和栖息地变化不定，每年冬天迁来的群落数量有大有小。这群鸟个个像木雕似的一动不动，容忍我一直近至树下，数数，共140余只，是12年来最大的一群。它们夏天去东西伯利亚和乌苏里边区的寒带荒野繁殖，冬季来东北的丘陵地区和平原越冬，近些年普遍向居民区附近移动。鸟的尾羽大多12根，它的尾羽和初级飞羽末端有鲜黄色羽斑，故而得名。

日本有童谣：“小鸟小鸟，红色的小鸟。你为什么这样红？只因为贪吃红红的浆果。”此鸟还有一种小太平鸟（十二红），因尾端和初级飞羽末端呈红色而得名。两种太平鸟的头部均呈紫红色，体色现葡萄灰，在明亮的雪野映衬下全身绯红，十分艳丽。而且它黑色的贯眼纹与褐色羽冠特点鲜明，极易识别。它们在严冬结群游荡于低山带的多座山林之间，专门吃冬天悬挂在枝头的半干冻凝的浆果，金银花忍冬、鸡树条荚蒾、稠李子、蓝靛果忍冬、山荆子、笃斯越橘、刺玫果、接骨木果实，等等。这些浆果经整个秋季的干燥，充盈的浆汁已变得黏稠并浓缩成凝胶，紧紧把果核包裹住，远不如刚成熟时那么容易消化吸收。而鸟儿的胃又无法磨碎坚硬的果核，只好匆匆消化些果皮和果胶，然后排泄出来。这种冬季干浆果必须多吃才能充饥，故排泄出带有金银花忍冬果实颜色的粪便，把洁白的雪地都染红了。我凑近去用小棍拨拉拨拉细看，数不清的小果核均匀地撒落在雪地上，太平鸟无意中播撒了多少植物的种子呵！

鸡树条荚蒾果实

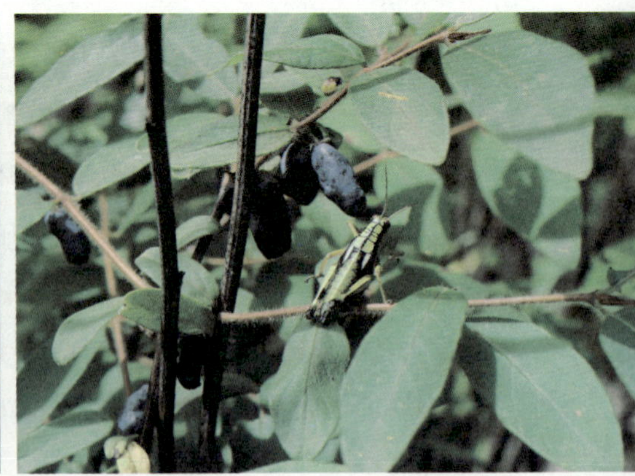

蓝靛果忍冬

达尔文撰写《物种起源》的那些年，曾经专门从鸟粪中收集各种植物种子搞播种培育试验，最早得出了鸟类可传播植物种子的科学结论。

初冬时我品尝过冬青（槲寄生）的黄色浆果，还有赖一只花栗鼠的帮忙，它在高高的树顶用小尖牙嗑断了一根冬青结满果实的枝条，被我捡了起来。尝过两粒之后，又把它放回原处，留给大费周章的小花栗鼠，它在为自己储藏过冬的存粮。

那根冬青枝条泛出绿金色的光泽，在万木凋零的深秋里显得尤为美丽。果实黏黏的，有甜味，味道很像带一点中药味的果冻。寒冬里冬青在大树顶上依旧泛出黄中带绿的颜色，在太阳下灿灿生光，蓬勃夺目。难怪弗雷泽的民俗巨著以《金枝》命名。他定下书名后，肯定非常得意。《诗经》有云“茑与女萝，施于松柏”。茑指桑寄生、槲寄生；女萝指松萝；施作寄生解。冬青属寄生植物，果肉似黏胶，鸟类食之粘住鸟嘴，它便在树枝上来回擦蹭，把种子留在树上；排泄时也有黏黏的粪便挂在树上，使粪便里的种子得以安身。食用冬青果实的鸟类有太平鸟、蜡嘴雀、北岭雀、绿啄木鸟及鸫科的鸟类。

第一次看见太平鸟，也是在冬天。那天下班步行穿过南湖公园，迎头传来它们律律律律的轻轻鸣声。抬头看，这些又大又胖的鸟儿落在高大的乌苏里鼠李树上，正在吃那些黑黑的小浆果。当时即被它们那沉静的姿态和美丽的色彩所吸引。以后每年冬季，我都跑遍市内各个公园、校园寻找它们的身影。12年来它们从未爽约，每年都用熟悉的轻而细的嘤鸣、沉静从容的姿态与我相会。

只是，只是今年有些不同……

我刚刚结束历时3年的长篇小说《野猪王》的创作，人民文学出版社已传来选题通过的消息，不久又被列为重点选题。此时的精神和身体状态处在疲惫而倦怠的恢复期……前年春天，我带着长篇的12万字初稿，租辆货车拉着一堆书和过日子的家什，去长白山脚下的小镇租住民房，开始了全新的半个林中人半个作家的体验和创作生涯：每天进入原始森林，认花识鸟记树辨蘑菇；寻访猎手、挖参人、采药人、伐木者，听他们讲述放山打猎和野生动物故事；体验观察自然四季美景和动植物生活，了解森林生态系统奇妙而复杂的关系……远离大城市供应齐全的舒适生活，远离省城的文化圈子，远离若干知心的男女朋友，远离刚从深圳考入吉林大学、每周可以见上一面的女儿，远离居住了20年那个叫做“家”的简陋而亲切的房子，独自一人来到一个陌生的小镇，生活上的困难可想而知。

在原始森林中吃苦受累，爬冰河腰部被扭伤导致股骨头坏死；耳闻目睹成片的原始林被砍、野生动物被猎杀的气愤和心痛；还有在春寒和严冬里的漫漫长夜写作，终于冻出一场大病，甚至在山上还发生过两次危险……总之，所有这些我都挨过来了，终于熬出头了，前方是一片明媚阳光！

50岁那年，曾经天不怕地不怕的我开始迷信和认命；如今55岁已过，独居20年的我有时会自言自语。

噗嗒——一摊橙红色的鸟粪落在肩头，打断了我的思索。粪便里全是半消化的忍冬浆果果肉和果核。它们把我当成了树木，这事以前也曾发生过。

且惊且喜的我，仰起头长久地望着那些沉静从容、相识12年的老朋友，由衷地说一声：太平鸟，太平鸟，太太平平啊……

（2009年1月2日上午）

熊吃人事件

2005年9月上旬，吉林省舒兰县，一个养熊户的熊圈内，发生一起熊吃人的血案。当时省电视台生活频道播出了这则新闻，同时有惨案发生后的现场画面。

屏幕里刚刚出现摇摆不定的模糊画面，一片暴怒的熊吼扑面而来，我当即感到极大的震动。光线灰暗的镜头中，出现一群凶神恶煞的黑熊，它们一律目露凶光，低头耸肩，颈鬃直竖，龇出白色犬齿，恶狠狠发出震耳欲聋的低吼，处于典型的攻击状态，场面非常可怕。假如它们没被关在铁笼内，肯定会狂暴地撕咬在场的人。其中有一头熊特别引人注意，它显然参与杀死并吃过死者躯体，精神仍处于极度疯狂的噬杀状态，嘴脸溅满淋淋漓漓的鲜血，嘴里死死咬住一团从死者身上扯下来的白色血衣，不断急剧甩动，像鳄鱼撕扯猎物那样，猛烈撕扯那件破烂衣衫……

那些令人震怖的血腥画面深深地刺激了我，以至在血案已过去4年半的今天乃至此时此刻，只要想起，耳畔马上响彻那群熊可怕的怒吼，同时眼前立刻冒出那头疯狂撕扯血衣的歇斯底里的熊！

我为了创作一部熊题材的长篇小说，做过长达5年的读书与采访准备，访问过许多和熊打过交道的人，其中见过5个遭到熊攻击后活下来的“熊剩”，还有上山搜寻被熊咬死的人并为其收尸的亲历者，倾听他们讲述那些血淋淋的现场回忆。然而，无论我如何发挥想象力，那些亲历者的讲述所带来的震撼，都抵不上那天电视屏幕画面带给我的视觉和听觉的双重震撼和冲击。

一年之后我才知道，当时参与杀人吃肉的6头熊，全部是怀孕或即将生产的母熊。

有专家测算过，黑熊的臂力比5个男人的臂力还大，双腭的咬力每平方厘米达816公斤，昔日的欧洲土著干脆给棕熊起了个名字“12个男人”。

在过去的100年里，北美洲被熊杀死的人为37个。我国的数字无法统计，但经多年采风，一些富于经验的老猎人帮我得出一个大致比例：用刀斧等冷兵器猎熊，熊与人的死亡比例为5∶1；用打铅砂的火枪猎熊，二者的比例为50∶1；用制式步枪猎熊，二者的比例为100∶1。

我国在过去100年，由于猎熊导致被熊杀死的人数，远比北美洲多得多。单单我访问到的熊杀人或因为猎熊发生意外事故而死的人，以及猎熊后起贪心想独吞猎物，致使猎人之间发生火并，造成死亡的人就有20个以上。松江河附近曾有人抱走了母熊的幼仔，那母熊连续3年，时不时回到那人住的村子，守在村外的重要路口，不论从村里出来什么动物，从鸡鸭鹅狗到马牛羊人，一律杀死。共杀死3人，家畜无算。还有一头母熊由于幼仔被猎人打死，强烈的报复心令它在山上到处游荡，见人就杀，15天内连杀3人，直至被击毙。我认识的一位65岁的王师傅，当时被失踪者家属请去上山，帮忙寻找失踪多日的老邱头。当看见两只乌鸦在一个树丛上空盘旋不去，老邱头的儿子带着哭音道："完了，我爸在那儿呢，完了……"

果然，王师傅一行人在那里找到了老邱头的尸体。他的脖颈被咬断，一击致命。

熊杀人之后一般不吃尸体，毕竟人身上各种现代工业产品的异味和人本身的气味跟野生世界的气味太不一样。熊的嗅觉强过狗六七倍，肯定觉得人味怪异且奇臭无比。

但这次血案却是熊杀人之后将尸体吃去大半，这是我闻所未闻的。

2006年初，我参加了省林业厅组织的"野猪分布数量专项调查"的专家组，3月10日抵达舒兰县林业局，交谈中得知，该林业局作为主管部门，参与了处理"熊吃人事件"的全过程。我不由心中暗喜，这回不用找受害人家属访问了，那是我最头疼的事，招惹人家再度悲伤或干脆遭人拒绝收场，是非常可能的。我马上以闲聊的方式，向林业局逐步深入了解事件的起因与真相。

令我万万没有想到的是：这次熊吃人血案的起因，竟然和我有关！或者说，事件发生的大背景，至少部分原因是由我引起的！！

如果读者读到此处，对这个事件的始末有兴趣，且听我细细道来：

2004年12月，央视10频道《历程》的导演陈幼蕾同主持人张腾岳到鲁迅文学院，找到正在进修的我，商谈策划制作访谈节目“人熊对决——千年血腥背后的故事”。该节目上下两集，时长90分钟，于2005年1月下旬播出并有重播。

由于我多年的采访积累和读书思考，再加上导演精心剪裁制作，节目相当成功。我在节目中声泪俱下，一口气讲了6个真实惨烈的熊猎故事，以及自己在活熊取胆现场目睹众熊悲惨境遇的亲身感受，节目反响很大。当时我走在北京街头常常被人认出来，其中包括两批外国人。

2005年4月，央视4频道播出国新办“暂不取缔活熊取胆”的新闻发布会，发言人是国家林业局局长助理王伟。此人声称我国发明了无痛取胆技术，且由于制药业的需要，决定暂不取缔活熊取胆。而且他在答记者问时声色俱厉地喝道：“欧洲某些国家传言中国要取消活熊取胆，并且在下议院打开香槟庆贺。请问，这种传言何来？！”此话一出，我立刻意识到，国外传媒或相关人士看到央视播出的关于熊的访谈节目，误以为央视是替政府做出某种表态，认为这是宣布取消活熊取胆之前的一个信号。在发布会上，王伟还宣布国家林业局及两家相关机构联合发出的禁令：今后凡是没有林业局、医药卫生局及工商局几家颁发的许可证或经营执照，集体和个体进行活熊取胆的养殖经营一律取消，只有国营单位可以进行活熊取胆的养殖经营。

2005年8月29日，吉林市的媒体记者来到舒兰县郊区一家活熊取胆的养殖户进行暗访，发现他家养熊规模很大，其中取胆黑熊50余头，棕熊6头。熊场周围弥漫着恶臭，部分熊被戴上刑具一样的铁肚兜，被关在几乎转不过身的笼子里，状况极为凄惨。记者亲眼目睹了熊被以残忍手段抽取胆汁的全过程，同时记者还看到院子里堆放很多用于活熊取胆的铁肚兜。

9月初，媒体以《野蛮熊场黑熊活体取胆汁》为题进行了报道。市县两级林业局当即到该熊场调查，并认定熊场在使用不正当手段抽取胆汁；同时熊场还存在污染环境问题。县林业局没收了全部铁肚兜和所有用于抽取胆汁的工具。林业局将定期抽查，禁止再发生抽取胆汁行为。还责令场主将熊场搬迁或将熊转卖到国营熊场。场主表示同意。9月中旬，场主联系好买家，为了省饲料钱，在熊被运走之前停止喂食两天。

需要补充的是：熊场场主是个残废军人，该熊场三证俱全。但他抽取胆汁方法太原始太落后，给胆熊造成极大痛苦。所以，不要说动物凶残，在对动物的虐待和猎杀方面，人往往比动物更无情也更凶残。胆熊被囚禁终生，取胆汁受苦终生，人靠它们发财，最后竟不给它们喂食，连怀孕的母熊也不给吃的。被囚禁的饥熊陷入了更大的危机之中！

熊被禁食第三天上午，熊场发生了熊吃人的惨剧：

场主来到一个散养6头怀孕母熊的圆形水泥坑边，放下梯子准备下去打扫卫生。不料脚下一滑，扑通一声掉进熊坑。当时有的母熊已开始叼草做巢。熊本来在11月冬眠，翌年1月下旬或2月上旬产仔，4月中旬前后出蛰。长久的监禁已使它们被迫改变和放弃了冬眠习性及分娩周期。和所有雌性野生动物一样，处在造巢产仔期的母熊护巢天性格外强烈。尽管与场主熟识，但事发突然，巢区内竟掉下个大活人，这如同点燃了导火索，母熊们的护巢天性瞬间爆发，它们不约而同猛扑上去，狂暴地攻击这个从天而降的入侵者。

诞生2000万年的熊科动物在漫长的进化中，一代又一代的熊为了猎杀捕食，捍卫领地，争夺配偶和夺取王位，早已演化出强大的爆发力和简单实用的打斗方式，而且自幼玩耍时便开始演练，即以强大的双腭剧烈啃咬或以巨大的前掌猛击对方要害——头颅或颈根部位。但凡在荒野中发生两熊剧斗的情况，善于观察的人都会注意到，它们发出的第一击，往往以前掌直接挠击对方颈部致命且皮毛薄弱的动脉横贯处。

第一头冲上去的熊一口咬在场主的颈部，造成颈动脉破裂，发生血喷。其余的熊随后扑至，饥肠辘辘的它们闻到血腥味凶性大发，争抢撕咬人体……

人们告诉我，那些熊极其狂暴，全都吃红了眼。闻讯赶来救援的人们根本无法接近现场，更别提抢回尸体，只好打电话向消防队求救。消防人员以高压水龙驱赶，熊仍旧死死咬住残缺的尸体不放，拖着尸体四处躲避。最后有一头熊将尸体拖至水柱打不到的死角继续撕咬，其他的熊在水柱阻击下依然跃跃欲试，随时准备上前争夺尸体。再后来，就是我在电视里看到的那些余怒未消的可怕母熊们。

早期熊科动物属食肉类，从始祖晨曦熊到洞熊。它们在环境的压迫下演化成杂食动物之后，仍没有放弃狩猎习性，尤其当它们十分饥饿或长期食用植物性食物，身体需要补充脂肪、蛋白质和钙质时，便会转而捕杀食草动物和啮齿类动物。实际上，野外的大熊猫不单单吃竹子，如果有机会，它们也吃肉食。

这桩血案发生之后，在我的心里一直是个解不开的结，十分牵挂。舒兰县林业局的介绍，使我详细了解到事件发生的细节和诱发因素，令我陷入更深的思考并得出以下结论：

一、被圈养的熊由于长期失去自由，不同程度患有抑郁症；抑郁症患者易怒、易沮丧，对身边发生的事，或反应极其敏感激烈，或极其迟钝和麻木。所以经常会发生自残、自杀以及破坏身边物体、伤及其他生命的行为。

二、怀孕的母熊尤其是将要生产的熊，需要一个私密的隐蔽空间，拥有自己领地的核心地域即巢区或家域。多头同样有此需求的有孕母熊被囚禁在狭小空间内，争占巢区的本能使它们感到烦躁压抑，互相间关系紧张，充满敌意，一个小小的起因就可能导致重大冲突。例如在牢笼中，产下幼崽的母熊极易发生吞噬幼崽行为。

三、怀孕的母熊同怀孕的妇女一样，需要补充各方面必要的营养，如钙、蛋白质、维生素、脂肪，等等，而熊场场主平常只给它们喂玉米面，况且已经两天未给熊喂食，导致熊饥不择食，杀人吃肉。

四、野性未泯的有攻击能力的动物突遭惊吓，会出现两种本能反应：一是火速逃离现场，二是立即发动攻击。这两种情况的发生依动物的性别、年龄、性格、情绪及所处环境等因素而定。

五、动物群体中一般有一个武力和智力上占优势的首领，首领拥有占有众多配偶，优先吃饱吃好，有舒适的休息场所和支配属下的特权。而其他成员都存有打败首领，取而代之的野心。一旦首领出现虚弱和失常状况，残酷的夺权行动即刻发生。例如曾有过养熊人与温驯的熊相处多年，有一天他不慎跌倒，熊立即趁机将其杀死，此次血案也有这个特征。同时，驯养野生动物的人往往被动物视为同类，并视为家庭或群落的首领，平日言听计从。一旦主人丧失优势，它们的遗传基因里潜伏的夺权意识便立即激活，本能促使它们以最大战斗力去夺取群体中的优势地位。

六、人类是野生动物的最终消灭者和奴役者。只要人类导致一个动物物种在自然界中的对手或天敌灭绝，自己取而代之，或者在自觉不自觉中成为一个顶级动物物种如熊、虎、豹、鹰等物种的捕杀者，那么，人类会被这一物种认定为最大的敌人。这个结论将被印刻在动物的遗传密码中并一代一代传下去。

得出以上结论后，觉得基本解开了心里的疙瘩，也算有所收获。但是，我仍然很不平静：一个人的惨死，一群熊的不知所终，分布在全国各地偏僻乡下的活熊取胆养殖场里，仍然在发生着的虐熊惨剧，我要不要继续追问下去……

（2006年3月10日匆匆记录）

（2009年4月26日整理）

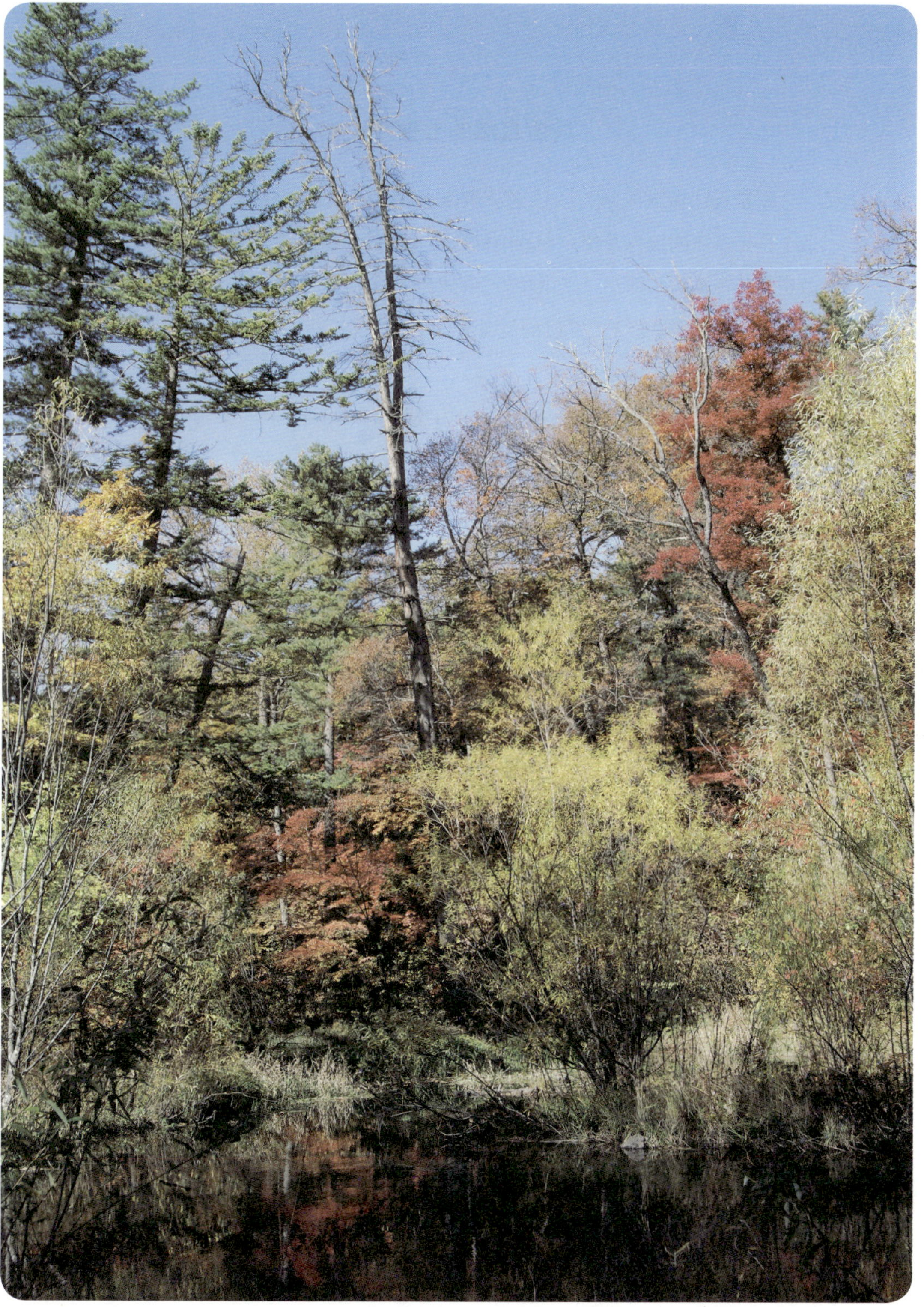

聆听自然的七种方式

在松花江流域采风，一位老萨满告诉我，小鸟们在林间飞跃，会沿途遗下星星点点的白色粪便，无意中标点出它们的飞行路线，这叫雀路。当无数雀路像车辐条一样穿过崇山峻岭，自四面八方汇至一个圆心，那里是鸟天堂。如果找到那里，无论多脏的灵魂都会变得一尘不染。

那会是一种怎样的天籁？！

于是去民间和荒野找寻和聆听，成为我的创作取向。

这种选择基于对复杂或冷酷人际关系的迷茫、失望、痛苦，转向山林寻求心情澄明平和的主动；基于发展经济的大背景之下对生态惊人的漠视以及人类对其犯下太多罪行的反动；基于对“触及灵魂”的“文革”积习和经济转型期凸现的道德蜕变及沦落价值观的拷问……这涉及另一种活法和创作道路，虽然迟到，但我听从心灵召唤。

30岁那年在乡下，一个牧羊人指着山谷中的悬崖讲，过去那里是狼开会的地方。二十多年前，每逢月夜，狼叫声此起彼伏。我到悬崖下吼一嗓，结果出奇响亮且有数波回音。我对山谷里错落有致的天然音柱似的矮崖、石垛着了迷，流连忘返……暮色渐沉，忽然一声悠长的狼啸响起，凄美高亢，丝绸般柔软中透出刺破苍穹的刚性。

我幡然醒悟：昔日，这里是一座狼歌台。

听说，有一晚它们叫得格外悲凉，整个山谷哀音缭绕，此后狼迹全无。凌晨时分，有人看见狼队携老挈幼朝东迁离。

唉，人间有数不清的卡拉OK，却容不下一座狼歌台……

那天，心里埋下一颗散文之种。

2004年春，去鸭绿江看中华秋沙鸭。听说有个山村曾收养一狼崽，喜歌唱，村人称谓歌狼，住村里15年老去。弥留中，村人结队为其送饭，沿其无力贴地吻端摆做船形垛。狼号称饥饿之王，终生为饥馑所迫，常夜行百余里觅食，如今在美味环簇之中舒缓阖眼，可谓极乐。

吁，苍天佑我，沉睡19年的种子终于发芽。

乌德赫人的世界观即北方原始宗教的“万物有灵”核心主张：自然和宇宙间“没有任何没有生命的东西——一切都是有生命的，一切都是活的，一切都跟人一样。地球本身就是一个巨大的活的物体”。这与土地伦理学之父利奥波德的土地共同体哲理多么惊人地相似。是生命就会发出声音，就会成长，我们也会看见和听到。然而，动物越来越少也越来越胆小，若接近，只听到慌不择路的簌簌窜逃声。万般无奈只有选择聆听，并在此基础上搭建作品框架。如此，在一个流传于长白山区的民间故事母体上，生长出摹写水獭戏水声音的长篇散文《拍溅》[①]。在此文中写到四种对野生生命的聆听感受，也可叫做方法：

一、像古人王维听“桂花落，鸟鸣涧”，徐霞客听石潭泉滴那样，细听各种细微自然音响。

二、倾听黑暗中的自然律动，流水音韵，水獭配对的歌鸣及搅水，春夜冰层融雪声。

三、谛听所有人都听得到的自然之声中的所有人听不到的内在之声，大鱼心跳、雪落湖水等音响。

四、辨听野生动物叫声中传达的含义，水獭求偶、唤仔、警告、恫吓、报警等叫声。

另外，还有三种聆听的方法已有心得，还未用，应该是聆听的至高境界：

一、化作“它们”走火入魔，深入秋虫唧唧的灌木丛，与虫鸟你一声我一声搭话（今夏曾遇数只灰伯劳，摹其鸣声对语，竟有一只从叶丛中杀出，边叫边冲我跳跃而来），大家都挺认真，沉入同样心情。

二、聆听声音背后的生命故事，听山兔、野狍的绝叫似孩儿喊痛，是谁伤害它，为什么？

三、以生命聆听生命，即以生命为代价或在弥留之际选择聆听天籁之声；这源自曾当过木把的贾殿清伯伯[2]讲的民间传说，隐居深山的老人用柳笛与小鸟相问候相照拂直至生命结束……

实际上，这就是鸟天堂、狼歌台的境界。至于那声狼啸，估计是幻听，这也算一种方法。

如果写篇长文，用以上方式作内在节奏：啪、啪、啪……此文当属上品。正如一首因纽特人民谣所唱：

在远古时候

人高兴变成动物就能变成

动物高兴也能变成人

因为我们讲着同样的话语

我们发出同样的声音。

所有自然之声远比人类乌七八糟的声音更古老更伟大更美丽更永恒，那是地球本身发出的声音。

注：

①《拍濺》刊载于作家杂志2003年6月号，网上可查阅全文。此文在2003年中国作家杂志社与中国散文学会主办的全国散文大奖赛获奖。

②贾殿清伯伯是父亲胡昭落难后踏查鸭绿江时结交的老哥哥，曾任《临江日报》主编、临江林业局宣传部长。当年他并不嫌父亲是右派而疏远他，反而格外热情。两人结下终生友谊，常相牵挂。1995年去临江采风，与老人整日长谈，聆听十余个动物故事，嘱我治用。《拍濺》原型故事即那日所得。该文发表后听说老人去北京女儿处，苦于无地址邮寄。2004年秋在鲁迅文学院进修，致电妹夏林询问老人在北京的电话，才知老人已于两周前过世，不由痛哭失声。老哥俩于这一年的早春和晚秋先后远行，好像彼此心有所约，此时二老应该在上天相聚了吧。

（2004年5月草记）

（2009年4月28日整理）

约会星鸦

在海拔1200米的暗针叶林中休息，这里阴凉安详静谧，间或有旋木雀羞涩文弱的嗞嗞轻鸣和褐头山雀肆无忌惮的喳啦啦长调。空气中弥漫着冷杉散发的特有的松脂香气。这片原始森林地面覆盖着一层厚达一尺的翠莹莹的塔藓或长发藓，远看似一片凝固的平稳起伏的碧绿湖水。青苔层低洼处和倒木湿朽的树身两侧，遍布着数不清的五颜六色的各种牛肝菌，仿佛整个牛肝菌大家族全都来这里聚会。远远近近的枯朽松杉枝上，缠挂着一团团细绒线似的老绿色短松萝，把每一根枝条都变成毛茸茸的绒棒。横七竖八的陈年倒木身上覆盖着暗绿色青苔，更显出这座森林的原始与沧桑，令人感觉来到了一个古老童话中的森林。

我躺在厚厚的略带弹性的苔藓层上，享受着这张无边无际的天然卧榻散发的清爽与沁凉。突然，眼前出现一个黑影，定睛看去，一个黑褐色的动物正沿着倒木行走。

当时我们相距仅15米左右，它头朝南尾朝北，正好背对着我，没有发现我的存在。它身子苗条细长，样子很像黄鼠狼，短圆的耳壳，一条毛蓬蓬的长尾巴似乎和身体一样长。它走路的方式很奇特，短小的四肢脱了臼似的歪歪扭扭，然而连续走动却轻捷灵敏悄然无声。

紫貂，是紫貂吗？

这时，一束斜阳穿透树冠，在它的身上掠过。暗黑的毛色顷刻间发生变化，自前颈至尾端，似漾起微澜，陡地滚过一波火炭似的暗红光泽。在光线未及之处的肋下，依次有栗中透紫、紫里带黑的毛色。

紫貂！我激动地低语并指给身边的同伴看。

忽闻人声，它倏地回头，一簇耀眼的橙红光斑在胸前乍闪即逝，弓腰蹿跳，画出一道利落的弧线，隐没于灌木丛中。瞥见它胸前橙红色彩光，我越发坚定自己的判断，紫貂胸前大都长有一个不规则的浅黄色斑块。我不由得又惊又喜：这是生平第一次在野外看见活生生的紫貂！

起身再行1000米，来到人称险桥的深山峡谷，这条深峡由大约1000年前那次大规模的火山爆发涌出的炙热熔岩流切割形成。峡壁陡立犹如斧劈，幽深荒凉，凉气逼人。峡谷边缘有昔日马鹿来此饮水踩出的覆满青苔的小径，如今只有挖参人和采灵芝的人偶尔来此。

险桥

向导告诉我，附近的密林深处曾经有一个马鹿的求偶场。当年有众多马鹿来到求偶场角斗求偶。现在正值马鹿求偶季，依次下来是狍子、黑熊、野猪、狐狸、紫貂的发情季。其中顶数马鹿的求偶长鸣最为嘹亮。如今，当年震荡群山的呦呦鹿鸣早已消失，只有一只乌鸦的凄厉叫声从远处传来。

沿峡谷边缘的小径下行里许，见路边的苔草上散乱着团团绺绺鸟羽和一摊黑红色陈血，隐隐有腥臭气。我蹲下来细细分辨，从中能找出齐整的尾羽、粗长的飞羽和一小段带血丝的脊椎骨。翻拨之下，见一颗遭遗弃的完整胗肝。再四处寻遍，除羽毛外，未见其他能辨清属哪种鸟的遗弃物。可能这个捕猎者极贪吃，连鸟头和脚爪都连皮带骨嚼碎吃光了，也可能被其他动物拖走了。我注意到，旁边的落叶层上，还有细细一束呈喷射状泼出去的鸟类稀屎痕迹，黄白中夹带黑绿，已经干透。我见过斑鸠被黄鼬或紫貂猎杀的现场，也有同样的鸟屎遗迹。这是鸟儿遭袭的那一刻，身体骤遭外力的猛烈挤压加之极度惊吓，出现了蹿射稀屎现象。向导说，几乎每只被猛兽捕杀的鸟儿临死前都这样。

“紫貂干的。”他指着地上两条半干的黑色粪便说。

拾起那粪便端详，它长如中指，细似小拇指，末端有曲折弯曲的尖细粪尖，质地细腻有光，略带黏性，夹杂大量白细骨渣。凑近闻嗅，哇，臭死啦！

再看长短不一的羽毛。它打毛时，飞羽大多不是整根拔出，而是被成簇成排齐根咬断。断茬处参差不齐，像用一把锋利的指甲刀咔嗒咔嗒剪断的，足见这小猛兽牙尖齿利。这到底是什么鸟呢？只有细察各色羽毛，或可辨别种类。

先找出八九根笔挺匀称的尾羽，此羽光闪闪的纯黑中泛出钢蓝光泽，唯其中两根有洁白如雪的宽带斑；再看结实粗长的初级飞羽和一轮比一轮小一号的次级、三级飞羽，色泽与尾羽相似，但隐约映出紫辉；另有属翼上覆羽的一寸长或半寸长短羽顶端，大多点缀白色星斑；还有散乱遍地的颈胸上腹

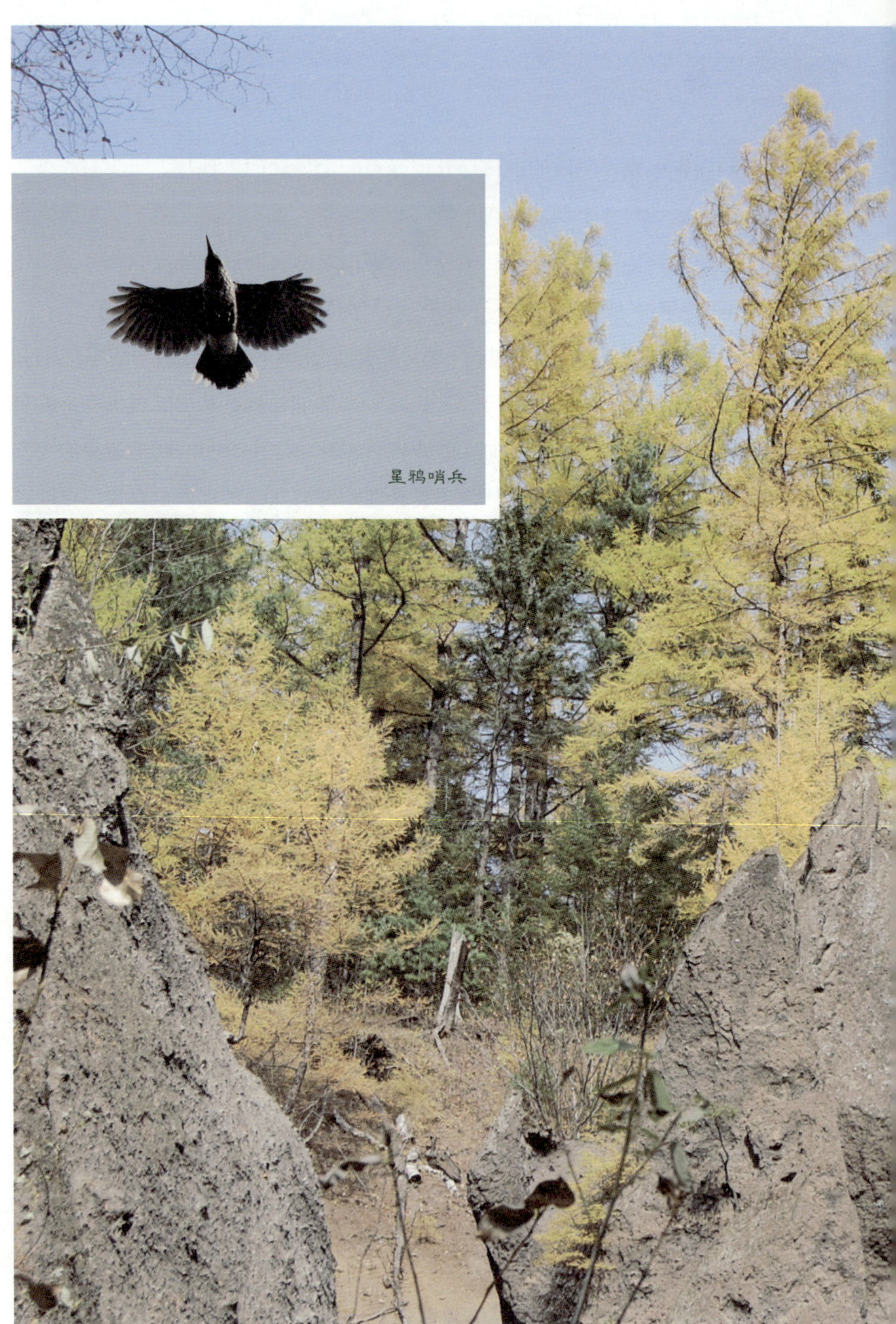

星鸦哨兵

的黑褐色柔软体羽，每朵轻飘飘的精细小羽毛先端，都有一瓣椭圆形的白羽斑；此外便是被微风拂散的一小团一小团雪绒花般的绒羽，估计是腹底与肛周的覆羽。

“星鸦，”向导断定，“上岁数了，不加小心被紫貂逮住。”

向导有三十余年的跑山经历，是个老把式。他说是星鸦应该没错。

星鸦属鸦科，海拔千米以上寒温带森林的代表物种，不畏高寒湿冷，终年奔波求存。此鸟头颈胸背遍布密密麻麻的白羽斑，在阳光下似全身遍缀晶亮的小银星，故名。土名葱花，大概指它身上的星斑像葱油饼撒的葱花密集均匀。几年前曾在头汊河源头的深山中遇上一只，它当时正在采松塔人遗留的松塔碎屑堆旁翻寻松子。相距不足两米，仍歪着脖儿，瞪着黑纽扣般的圆眼，呆瓜样一动不动盯着我看。

哈，这星鸦真阿呆。须知灵巧凶猛的紫貂是猎杀鸟类和小动物的高手，最擅追逐和伏击，它捕杀落地的星鸦，肯定是耐着性子隐蔽潜行后的致命一击。都说东北虎是百兽之王，我认为号称“黑闪电”的紫貂是当之无愧的林冠之王。更何况，听说保护区原始森林中的紫貂仅余500只，这只傻头傻脑的星鸦理应成为这位王者的腹中餐。

在之后的行走中，多次见紫貂三四天前排泄的粪便，大多遗在倒木、树桩、石头等突出物上，明显是它的领地标志。同时，还多次听见另一只星鸦的鸣叫，嘎——嘎——嘎——声音粗哑糙厉，单调响亮。

小时候我就是个破锣嗓，所以觉得星鸦那哑脖子的叫喊颇对心思。于是亮开嗓门，把声音尽量放得糙哑粗放狂野，嘎——嘎——嘎——

嘿，这一喊觉得心胸格外豁达坦荡脱俗不羁，仿佛把隐藏在叫做“人”的那个壳里的另一个“我”一把拎了出来，撒手扔在荒野之中。这个“我”是个自由自在的灵魂，洋溢着不为人知的野性与狂放。直白地说，“我”更像山林中的野生生灵，在蛮荒的峡谷、苍郁的暗针叶林、原始的高山、秋霜染红的苔原上空展翅高翔……

头几声发出，自己都觉得不像，向导在一旁笑。是啊，多练几次才学得像。

嘎——嘎——远处竟传来那只星鸦的应答。

我赶忙放开嗓门，要多粗野有多粗野地放声回答它。

远处又传来它的回应。而且，从声音判断，叫声越来越清晰响亮，正在向我们靠近。

向导眼快，伸手一指："快看，那个老寡妇来了。"

在那一瞬，我的心颤抖了一下。

他指向那只刚刚落在云杉树梢上的星鸦。后来他告诉我，母星鸦腹部白羽比公星鸦多，从下往上看肚腹全白，他认出它是只母星鸦。而且，我们刚才看见的那个紫貂捕杀星鸦的现场，被杀死的是只公星鸦，它俩是一对。

我学得相当难听的星鸦鸣叫声，把正在苦苦寻找夫君的雌星鸦给招来了。

那一天余下的路程中，这只雌星鸦凄厉的鸣叫不时在峡谷上空回荡，时强时弱，时远时近。

鸟类的鸣叫是某种语言的表达，它在呼唤老公。

(2005年9月12日)

星鸦巢

尖鳞黄伞

我邀北京的两位老师同游长白山，仍由去年那位向导陪同，我们一行人又来到星鸦的领地——那片暗针叶林深处的火山峡谷。

暗针叶林依旧郁郁葱葱，沉静肃穆。乍一进去，俗世间的一切喧嚣、忧烦、欲望、辛劳，刹那间被一种充满魔力的无形之手抹去，深藏许多年的最本真的好奇与欢欣重回心中，整个人被还原到童年期，贪婪地观看原始林呈现的精美细节：每一片经霜紫艳的秋叶，每一颗落在陈年松针上的云杉球果，每一簇殷红欲滴的长白玫瑰浆果，每一声清凌凌的鳾鹓鸣叫，每一株从头到梢长满酥透了的刺蘑（尖鳞黄伞）的枯立木，每一棵遍体覆满青苔的倒木，每一缕缠附在杉树枝上的苍灰色短松萝，每一棵宛若盆景中精心修整的矮小的玉柏石松，每一丛生长在朽木老砾上的绿油油乌苏里瓦韦，每一根散发异香的长白杜香枝条，每一挂从矮崖上悬垂而下的林奈草，每一朵长相古怪的犬地卷菌，每一行在渗出白色盐渍石缝旁兜圈子的纤秀狍子足迹，每一只扑闪扑闪绕树疾转的旋木雀，每一朵在晚秋中迟开的橘红色剪秋萝花朵，每一块有着十几万年历史的古木化石，每一堆被季节性山洪推移堆积的泛白漂木，每一棵挂满红艳艳果实的花楸树……

一行人兴奋而快活地沿峡谷边的小径下行。正行走间，向导突然指着峡谷深处道："快看，那只星鸦……"

第一眼看去，谷底平坦的干河床上，有只黑褐色的大鸟正在跳着快速怪异的舞蹈。细看之下，才发现它正围绕着一颗掉落到峡谷里的大松塔打转，千方百计想取出松塔里的松子。那颗松塔个头不小，通体青绿中夹杂着均匀的古铜褐色瓣纹并有星星点点晶莹的松脂流光。这个季节的松塔远未干透，内外水分充足，遍体松脂流溢，沉甸甸湿嗒嗒圆滚滚，重达六七百克。人若想取出松子得借助木棒用力捶打，把松塔砸散，让松子掉出来。这只体重不足200克的小小星鸦却仅凭自身之力，使出浑身解数，从各个不同的角度用力

颊囊中塞满食物的花栗鼠

啄开松塔坚厚紧绷的外皮，从夹缝小室中取出深藏其中的松子。

它弓背抻脖，扇翅乍膀，忽跳忽落，围着松塔打转转。忽而用尖嘴鸽住松塔一角又拖又拽用力甩头撕扯，忽而跳到松塔上一边滚动一边平伸翅膀保持平衡一边低头往外掏，忽而扑打双翼半飞半跳借助升力奋力向外拔取，忽而叼住夹在缝隙中的松子滴溜溜兜圈子。从上往下看，那对不断扇动的宽大双翼宛如黑色斗篷，在空中扑打挥舞飘摇，身体快速变换着各种古怪而别扭的姿态，活脱脱一个身着黑披风的疯疯癫癫的小巫婆，似乎吃了某种毒品，深陷痴迷幻觉，非狂扭乱舞方可解脱，于是在谷底浅白色的粗沙滩上，大跳特跳眼花缭乱、怪诞无比的炫舞。它跳得如此投入，根本没发现我们四个人正注视它的一举一动。

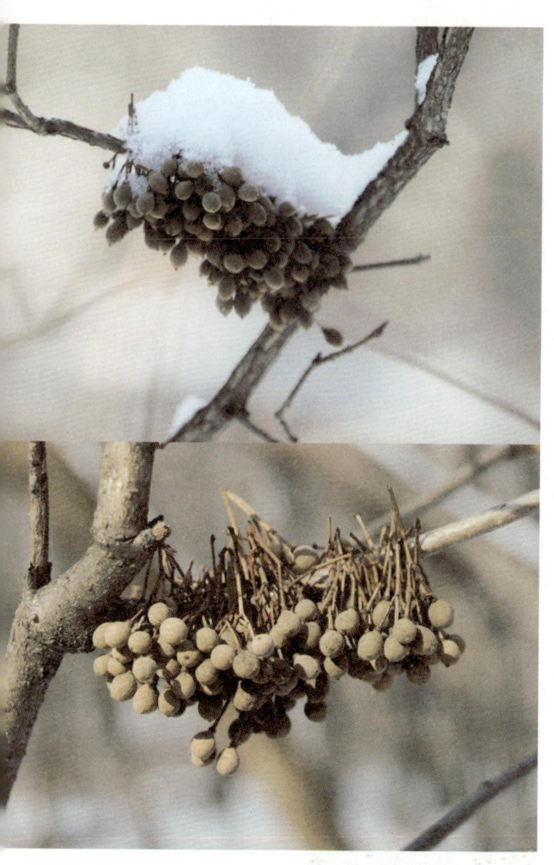

松鸦储存椴树种子当过冬存粮

我们一个个抻着脖子看得两眼发直，没想到这个平时看上去像个木雕似的呆鸟，竟会如此飞快地踅转腾荡，要猴似的翻新着花样。可叹这怪舞太荒唐太离谱，假如它稍通舞风蹈典，或与花哨的街舞暗合，那么，以它的身手与热情，绝对称得上“鸟中舞王”。

且慢，它突然中断狂热舞蹈，双翅一振，沿我们驻足的陡壁向上飞升，中途敛翅探足，落在陡坡上方一棵风倒木的断桩上。歪脖打量一下，随即低头伸嘴往桩心用力捣去。噗噗噗，溅起数点湿朽木屑，似捣出一个坑。接着又用嘴和爪轮番扒弄数下，再歪脖看看，又一抖翅，翻身落在树桩根部。侧颈略略打量，随后矮下身子，伸嘴由下往上向树根深处掏进去。只掏了四五下，便斜瞄一眼，抬头抖毛，一扭头看见了我们。

距离相当近，不到10米。它嘎地低呼一声，面对四个直勾勾盯着它的大活人，从容飞离。

向导笑道："碰巧赶上它干活，把松子藏起来留着冬天吃。"

我恍然大悟，它围绕松塔欢蹦乱跳表演的这场无比怪异离奇的舞蹈，原来是一次采集和贮藏冬粮竭尽全力的劳动，而我们则有幸在大自然中目睹了星鸦采集贮藏松子的真实一幕！

出产松子的红松只分布在北温带一条狭长地带，从我国东北到朝鲜半岛到俄罗斯远东。长白山保护区里的红松阔叶混交林，原本是中国最大的未经人类干扰的原始处女林（小兴安岭的那一片在上世纪50年代被砍伐过），大约生长着挂果的成龄红松七十余万株。熊、野猪、松鼠、花栗鼠、紫貂、狗獾、星鸦、松鸦、普通䴓等一大批动物都靠食用松子生存。2001年冬，向导带我从头道保护站出发，只用了6个小时，便走到保护区核心区的头汉河源

春天里的花栗鼠

头，当天又原路返回。那天最让我难受和难忘的事情是：沿途在原始林中，看见五个一片狼藉的采松塔人的营地。十年前，长白山林区大规模采松子的风潮席卷整个保护区，生长成龄红松的原始林被分片招标承包，大批农民工拥入保护区，砍树建营地、当烧柴，伐倒缀满松塔的大红松或砍断大枝桠采松塔，还下套捕猎野生动物，滥捕林蛙，盗挖珍稀药材，为了每年1000万的收入，位于中国北温带最大的一个原始森林，经历了一次又一次浩劫，野生动物首当其冲。保护区的黑熊只剩十几头，马鹿二十余头，紫貂、野猪、星鸦、松鼠数量下降一大半，棕熊、兀鹫、水獭濒临灭绝，远东豹、东北虎、原麝、青羊、梅花鹿彻底消失。

在保护区采松子的另一个危害更加深远与可怕：据专家研究，个大仁香的松子不但是众多鸟兽和森林昆虫食物链上的重要一环，而且由于松子属深休眠性质，落地后第三年春天才发芽，它因此也成为可食松果菌、耳匙菌、鼠尾小孢菌等真菌类生长的营养基。而且，在松苗发芽和长大的漫长过程中，树苗和幼树会遭到各种虫害，啮齿动物与食草动物的啃皮、采枝侵害以及自然灾害，造成大量死亡。因此，平均20万颗松子落地，才有一棵红松存活。

如果这样年复一年采松子，原始红松林将无法进行自我更新。再过一两百年，这70万株成龄红松进入老龄段，自然风倒或枯死。到那时，长白山最引以为自豪的原始红松林将不复存在！

星鸦的鸣叫是一种永恒的质问，森林是我们的家园，人类与我何干？！

那天晚上，我失眠了，脑海思绪汹涌。

长白山红松在北方严酷的自然环境中，早已演化出三年一小收五年一大收的结子规律。像母亲孕育婴儿一样，它们每经历一次结子过程，就要为后代付出营养供应方面的巨大代价，需要两年以上的补充恢复期。十年来无休止的竭泽而渔式的大规模采松子，没给它们留下一点喘息的时间，并彻底打乱了它们数亿年进化形成的生育规律。每一棵红松母树都像一个为未来极度忧虑的母亲，眼看松塔被年复一年采摘精光，深深意识到自身种群将断子绝孙，它们不能跑也不能藏更无法反抗，只能拼尽全身积蓄和力量年年都孕育松塔，即便能量耗尽，也榨干身上最后一丝力气生产寥寥数颗松塔，直至抵抗力下降遭疾病侵害早衰枯亡。

听当地人说，星鸦由于没有食物，被迫离开早已适应的生存环境，向山下人工林迁移。我们看到的那只寡妇星鸦之所以没离开，是由于它的领地内有那条火山峡谷，峡谷两边稀稀落落生长着临崖而居的红松，它们随时可能因崖壁坍塌栽入深峡，故无人敢上树摘塔。这只幸运的星鸦依靠崖畔红松产出的松塔得以存活。

那么，我就叫它幸运吧。这名字与英国最后一只被科学家挽救存活多年的莱桑池蛙同名，它死后此蛙种即告灭绝。但愿此幸运比彼幸运更幸运。

(2006年10月10日)

火山峡谷

正值短果杜鹃花期，我陪一位朋友又来到这个人迹罕至的火山峡谷。

这一年发生了两件大事：一件是我为了长篇小说《野猪王》的写作，5月初把家搬到长白山脚下租房体验生活；一件是当地开始全面禁止在保护区打松塔。这两件大事的前一件彻底改变了我的后半生，后一件彻底改变了星鸦幸运的命运。

由于幸运的领地距我的住处约40千米，这是我搬来后第一次去看望她。所有鸦科鸟类的寿命都很长，如果不发生意外，我应该能见到她。而且，我已经在山上多次练习过星鸦鸣叫。

这时节正是亚高山带东方草莓的成熟季节，一粒粒莹润饱满，鲜红欲滴。大吃一顿甘甜的野草莓之后，又被盛开的山花吸引过去。那天有三种开花植物给我印象深刻：第一种即短果杜鹃，这种植物属亚热带种，数百万年前随冰川移动来到寒温带森林，实属珍稀。它的花很像放大三倍的山楂叶悬钩子花，花瓣白中泛淡黄或淡红，有疏散的绿褐色斑点，花心鹅黄。看上去极其娇弱，仿佛吹弹即落，让人只能屏息观赏。可它偏偏生长在严峻的亚高山带，在一片阴暗的树荫下像午夜耀眼的礼花，绽放洁白的短暂花季。第二种植物是长白杜香，此种高山植物的花与叶浓香扑鼻且含挥发油，暑热时在周围空气中散发强烈的挥发性气体。摘一片细叶在指间揉捻，辛香喷放而出。早年读《黑龙江旅行记》，哥萨克士兵用火柴把植物上方的空气点燃取乐。最后一种植物叫聚花风铃草，它在峡谷河床边傲然独立，远远望去像一团旺燃的紫火球。它属于那种独具特色、过目难忘的野花，七八朵钟形花聚在一起，组成紧密结实的花球，独立而强韧。

每当第一次看到打动我的野花，我都会全身心观赏花的美丽，却忘记嗅闻它的气味。自那次相识已过三年，仍不知聚花风铃草花香何味。我喜爱的俄罗斯作家巴乌斯托夫斯基写过一篇散文：采摘一支这种野花走在乡间路上，每一个看见他手中花球的姑娘和少妇都惊喜万分，纷纷向他道谢。俄罗斯有个古俗，认为此花会给每一个看见它的女人带来爱情。

那天，一眼看到那美艳动人的花团，我马上想起这个古老的俄罗斯风俗，同时也想起孤独的母星鸦幸运。于是，我坐在那支象征爱情的花朵旁边，放开嗓门学星鸦的叫声。

一、二、三、四、五，第五声长叫过后，远远地传来了它的回应。

我又连叫数声，然后侧耳倾听。它边飞边鸣，飞得很快。少顷，我身后的空中响起一阵有力的扑翼声。回头望去，它哑哑低鸣，盘旋一周，落在陡壁半坡的一株花楸树枝上。瞟了我两眼，然后开始从容理毛，打扮梳妆。

一般情况下，动物在自家领地听见同类的声音，会立刻匆匆赶来驱赶闯入者。当然，它有时会对漂亮的异性手软，独身者还可能转而向异性示好。这里是它的领地，我已是第三年第三次来到这里。尽管我学星鸦叫学得很不地道，却每次都能把它招来。它现身后，并未像有些护巢的鸟类那样，对任何动物都大声聒噪斥骂，说明它容忍我在其领地活动。我觉得，自从前年失去老公，它非常孤独，渴望找到新的伴侣。所以每当它遥遥听见我那不伦不类的叫声，都把我当成另一只同类，马上放下一切匆匆赶来，看是不是来了只公星鸦。它每次来看望我，根本不属于驱赶行为，而是强烈的孤独感驱使它来找寻同类伙伴。

写这篇散文时，我把十二年前读过的《所罗门王的指环》找来重读。作者是动物行为学的先驱、奥地利生物学家劳伦兹，他创立学说的基础是靠长期饲养和观察穴乌与雁鹅行为奠定的。穴乌即寒鸦，由于找不到星鸦行为的研究资料，我只能以寒鸦行为来作参照。寒鸦与渡鸦、乌鸦、星鸦等同属鸦科，行为大体相近。劳伦兹写道：“穴乌总是在第一年订婚，第二年结婚，因此它们的婚姻生活很长，也许比人还久得多。可是不管它们在一起生活了多少年，公鸟对它的妻子始终一样的体贴，它会找好吃的东西喂她，深情款款地用低低的、颤抖的调子唤她。它在第一个春天订婚时是什么样子，以后一辈子就是什么样子。”

那一年是我来长白山体验生活的第一年。从省城来到人地两生的林区小镇，由于文化差异、生活简陋、气候寒冷，加之没有文学同道和异性朋友的往来，那一年是离婚十八年的我倍感孤独的一年。正是这个原因，我格外理解幸运的行为和心思。

当时，我与她的距离是那么近，我一直望着她，一只孤独寂寞的老母星鸦和一个孤独寂寞的老男人在互相注视着……

我知道，长时间注视野生动物，会使对方感到威胁，可我就是忍不住。只见她低头弯颈、抖翅奓膀，黑油油的尖嘴在布满银白星斑的胸腹擦来蹭去，那敏捷灵活的举动像极了一个爱美的小姑娘，在出门会男友之前快活匆忙地梳洗打扮。在那一刻，我想起了我的青春岁月，想起了21岁时初吻的女孩……是啊，她跟我一样，苦苦地等待和寻找着情感寄托，渴望爱与被爱，渴望过上恩恩爱爱的夫妻生活。

扑啦一声，她展翅起飞，升上天空，黑色身影渐渐远去。望着她的背影，我突然想开口喊她回来，可不知为什么，喉咙里却发不出声音。

（2007年7月12日）

误入星鸦领地的后果

漫长寒冷的冬季来临，由于租住屋太冷，我准备回省城过冬。收拾好行囊后，雇下一辆车，去跟幸运告别。

冬日的针叶林更加肃穆，每一棵树冠都积满厚厚的白雪，像一个个须发皆白、沉默不语的老者。公路两边，有一行行新鲜的狍子足迹。森林中雪深没膝，幸亏有两三天前巡山队员蹚出的一行脚窝通往峡谷。我踩着脚窝匆匆穿过针叶林。路两边不时有蜿蜿蜒蜒的紫貂足迹，在倒木上下兜来绕去，它在沿着林姬鼠或东方田鼠的雪下通道追踪猎物。紫貂过冬时不储存皮下脂肪，每天必须出来捕食各种小型啮齿动物，让体内的小火炉一直燃烧，才能挨过寒冬。森林里的各种鼠类是小树苗和幼树的大敌。当松子被打光，它们失去了过冬的食物，饥饿的它们便去啃小树苗和幼松树的树皮。尤其樟子松和红松的幼树树皮有甜味，易招鼠害，它们围绕幼树根部环啃一圈。来年春天，由于输送水分和营养的管道被切断，幼树渐渐枯萎死亡。幸亏这里有紫貂、金雕和灰林鸮这些护林员存在，它们维持着针叶林带的生态平衡。

我气喘吁吁来到峡谷边，顿时傻了眼，巡山队走过那座在峡谷凌空搭建的老原木桥，往西南方向的山上去了，而我应当沿峡谷东侧熟悉的崖畔小路下行，才能遇见或唤来星鸦。然而，崖畔小路已被大雪完全封盖，厚厚的积雪被烈风雕塑成大大小小的雪丘，有的成屋檐状从崖畔向峡谷探出一尺多，有的沿崖畔堆砌成垛垛矮雪墙，有的像白短裙从陡崖边凌空挂下。如果在崖畔摸索行走，极可能一脚踩空，跌入深峡。这里没有手机信号，即便大难不死，也难逃险境。

心情失落到了极点，我是带着一份心愿来的。如果能见到幸运，我要当面对她述说这个心愿。

夏天与她再次相见之后，我读到一篇关于星鸦的文章，每逢松子成熟季，星鸦便开始搜寻贮藏的松子。它们通常一次啄取30~50粒松子储存在舌下软囊里，然后在2~5平方千米的领地内埋藏松子，埋进2.5~3.5厘米深的土坑。它每天至少飞行搬运10次，埋藏松子400余粒。贮藏松子的小生境大致有八种，分别在地下浅坑、苔藓层下、树皮夹层、倒木缝隙、树桩腐心、树根浅隙、石头下面或孔洞中。如果冬天积雪深厚，它便取食贮存在树皮夹层、树桩腐心和倒木缝隙中的松子充饥。而且，它能预知冬季降雪量多少，据此调整地下和地上不同贮存点的相对数量。每只星鸦在一个贮存季至少贮藏16000粒松子，整个冬季食用5000粒。剩下11000粒全部留在贮藏地，或被其他啮齿动物和虫类食用，或被真菌侵蚀成为它们的营养基，或生根发芽长出小树苗。星鸦对原始针叶林的更新起到重大作用，也是红松林天然更新的唯一手段。这一点，已经得到中、美、俄等各国专家的一致肯定。

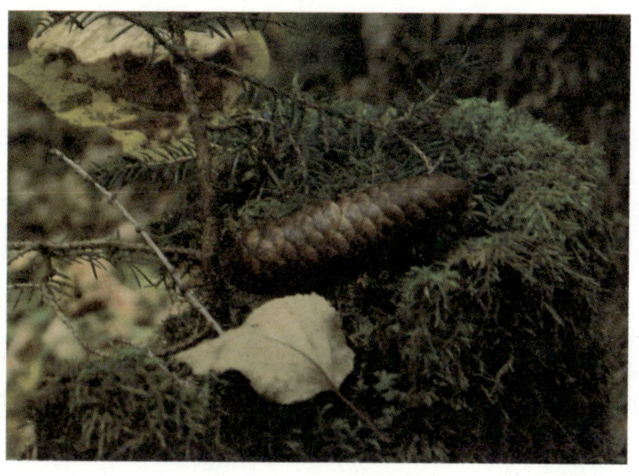

星鸦储藏松子长出的树苗

鸦科鸟类大都十分聪慧，我还了解到：它们的脑容量与体重之比为鸟界之最，并且神经密布。一只美洲鸦的大脑约占其体重的2.3%，人类的大脑约占体重的1.5%，家鸡的这项指标只有0.1%。星鸦更具一项特殊禀赋：每当贮藏季来临，它大脑内的海马记忆体会比平时膨大十几倍，令它对每个埋藏松子的地点牢记不忘。待来年春暖花开，草木茂盛，它无法取食埋入地下的松子，使剩余的松子统统保存下来，还给森林。而且，星鸦埋入土坑里的松子发芽率和成活率，要比落在地表的裸露松子高出数倍。

原来，不是她呆，而是我傻。人家星鸦天生就是个辛苦勤劳的种树鸟！

从读到文章的那天起，我就对星鸦充满敬意。人类的贪婪之心和对奢华的追求永无止境，星鸦比那些想方设法在保护区野生动植物身上大发横财的人渣强太多了。而且，进入数字时代的人类又有谁知道，在遥远的长白山高寒林带，有一只孤独的老母星鸦，在默默地辛劳地用一只鸟的头脑和力气帮助我们改善生存环境，我们是不是该想一想，拿什么来回报她?

我想，让她生活的那片原始林永远保持安宁，便是对她最好的报答。同时，我对幸运许下一个心愿，今天租车来到这里，就是特地来告诉她……

按约定，车子在大路上等3个小时，可面对这样的险情我寸步难行，只好原路返回。

回去的雪路一步一陷，心情沮丧透顶。走了约半小时，透过树木的间隙，已经看见大路上的车影。唉，真不甘心，此一去明年开春才能再来，难道就这样与常相牵挂的星鸦不辞而别？！

我停下脚步，还是叫两声试试，万一她……我放开嗓门，把胸中郁积的沮丧全都释放出去，吼得格外高亢狂野。

嘎——嘎——嘎——

少顷，我简直不敢相信自己的耳朵，不远处，传来了那只星鸦嘹亮动听的回应。

什么是天籁之音？对于我，一只外人听来十分难听的星鸦鸣叫便是天籁之音!

天空格外蔚蓝高远，阳光格外明亮耀眼。噗噗噗，静谧的针叶林上空响起一阵轻轻的扑翼声，她那黑色身影在参差不齐的林冠间一掠而过，飞临我的头顶，抖翅乍尾，落在高高的云杉树顶尖上。

哑，哑，她发出熟悉的低叫，似在向我问候。

哑，哑，我连忙应答。迎着刺眼的阳光和白雪反光，我仰头仔细端详逆光中的它。这时正是星鸦冬羽灿烂的时节，第一眼印象，这哪里是星鸦？分明是只银鸦。她胸肋和腹部的冬羽在阳光和白雪的映衬下呈银闪闪的亮白，仿佛被枝头白雪的反光镀上一层灿灿纯银；头、颈、胸及背上墨染般的覆羽表层，均匀地点缀着一朵朵雪片似的星花，似撒上一层晶莹细碎的银箔；只有尖嘴、大飞羽和尾下呈现紫浸浸的墨黑；黑纽扣般的圆眼睛明快灵动，闪烁着好奇活泼的光芒；整个形象犹如一只童话世界中银辉熠熠的雪山精灵。

我呆若木鸡，被这只活力四射的鸟儿的美丽所震撼。它却摇摆不定，不停地在我周围七八棵高大云杉树顶尖上飞来跳去。云杉树冠层积满厚雪，无处落脚的它只好落在树尖那根绿莹莹的笔直独枝上。这根细枝由于承受不住她的体重，她只好略站一站便飞向下一棵树。她一边飞飞停停地围着我转圈，一边发出哑、哑的低叫，久久不去。

啊，我脑海中突然灵光乍现：这种低叫可能是母星鸦的一种柔婉妩媚之声。

案头有一本《野鸟282种》，上面说星鸦繁殖较早，在还有雪的3月左右就开始繁殖了。现在是12月底，她马上进入发情季，这是急着要找老公啊！

星鸦的鸣叫简单直接，毫不掩饰，有爱情的召唤，有夫妻琴瑟，有忠贞等候，有哺雏呢哝，有收获放歌……相对于人类，她更懂得什么是简单的生活，纯粹的幸福。

望着这饱经霜雪的母星鸦，不知为什么，我忽然泪眼蒙眬。星鸦冬季常结群谋生，寒夜相依取暖，白天互助觅食。一只又老又孤独的母星鸦生存概率相当低，她已经独自生活了近三年，不知经受了多少艰辛困苦。如果我是一只老公星鸦，就能看出她年龄多大，性情怎样，姿色如何；如果我是一只老公星鸦，就能跟她一起抢在盗采松子的人前面，帮她多多采集贮藏松子；如果我是一只老公星鸦，就能翩翩升空与她并肩飞翔，用公星鸦的方式和语言跟她搭讪，向她表达心中的尊敬与牵挂；如果我是一只老公星鸦，强烈的孤独感会令我对异性不再过于挑剔，跟她双宿双飞，白头到老……

古代在北温带生活的人群把所有的鸟类都当作善鸟、吉鸟，还将鹰、鸮、雕、鹤、鹳、喜鹊等鸟类奉为护佑人类生活的善神，乌鸦更是在世界范围内被远古人类尊为大神。北半球寒温带地区的一些少数民族的创世神话中，把鸦科鸟类当作开创天地的始祖神加以崇拜。古女真人在院子里立索罗杆子祭奉乌鸦的习俗流传至今。索罗杆子是一根长杆，杆头有木斗。春节时在斗内放粘米饭、碎肉、饺子、荤油等好饭食，请乌鸦和人一起过年。

古女真人生存与森林息息相关，他们必然观察到星鸦的种树习性，采食松子的他们必然对星鸦心生感激与敬佩。当时哪有今天如此细化的动物分类法？他们必然把同样嘎嘎鸣叫的各种鸦类归为一类。我认为，远古的乌鸦崇拜自星鸦始。

那年春节去国际著名萨满学者富育光族师家拜年，兴奋中谈起自己对星鸦的观察思考心得。老师说，你的观点有道理，难得。美国学者已写过这方面的文章，与你观点相同。

那天，当星鸦飞离之后，身为满族人的我，站在白雪皑皑的暗针叶林当中，在心底里给这只星鸦竖立了一根索罗杆子，这索罗杆子不是实物，而是一个心愿：

我这个老鳏夫和她这个老寡妇都有找老伴的强烈渴望，但愿在我们相识之后的日子里，各自抓紧找自己的另一半。你找到了，带来让我看看；我找到了，也带她来让你看看。但愿你比我先找到老公！

乌鸦的寿命30~40岁左右，星鸦寿命大概相仿或由于生存环境恶劣略低一些。我的星鸦朋友应该早日享受成双入对的幸福生活，再说她生儿育女需要有老公守护和做帮手。另外，星鸦把松子贮藏在老树桩的地方我能找到。那是前年秋天埋藏的，如果她没有取食，今年春天松子将发芽。我年年都会来看看，希望看到星鸦种下的松子长出绿色的小树苗。

（2007年12月27日）

我的画家朋友大卜来长白山采风，我带他去了那条深山峡谷，同行的还有科研所的菌类专家王柏老师。这一年是松子大收年。那只星鸦的领地在保护区内，去年保护区开始禁采松子，对我来说，这是大好消息；对星鸦来说，她的未来有了保障。

进暗针叶林行一里路，见落叶层上有两坨棕黑色的东西，以为是腐烂了的蘑菇，我已经走了过去。突然想起一个老山里人说，这一带是熊的领地。难道是熊粪？！

我马上跑回去看，哈，果然是新鲜的熊粪，表面没结硬皮、有臭味，黑黏且有光亮，说明它吃过肉食。再细看，嘿嘿，粪便里夹杂着许多动物的针毛。毛长一寸半，棕褐间黄褐，是狗獾的毛。熊知道今年松子丰收。它猎杀了一头獾吃光之后，又逛到暗针叶林中，沿小路往峡谷方向走去。现在正是大松塔落地的季节，它准是顺着峡谷旁边的小路，去寻找在峡谷边缘生长的

我的蘑菇老师王柏

百年红松，捡拾从树上掉落的松塔。看来，这头熊一两天前曾经过这里，走在我们前面。

冬眠前的熊必须大吃特吃，把肥膘增至平均厚度25厘米，才能熬过长达近半年的冬眠期。长白山的熊一般在11月中上旬进入冬眠，这头熊正想方设法寻找油性大的食物快速增膘呢。

王老师说："咱们大声说话，能把熊吓跑。"

"好办法，那我喊几声吧。"我说，"我一叫，我的星鸦准来。"

长白山发出嘎嘎叫声的鸦类有大嘴乌鸦、小嘴乌鸦、达乌尔寒鸦（黑色型）、松鸦、星鸦。经常进山的我，已稍许摸索出它们鸣声中的细微差别：大嘴乌鸦叫声旷达高远，啊——啊——啊——传出很远。小嘴乌鸦声音略含混些，属人们常听见的嘎——嘎——老鸹、老哇子，指的就是以这种叫声闻名的小嘴乌鸦。秃鼻乌鸦即白嘴鸦，鸣叫声咔呋、咔呋，后面的呋音几乎听不到，像是细微的哼声。松鸦虽会学舌，但它也有自己的标准叫声，听上去似人瘪着嘴学出的乌鸦叫，是"叭"与"别"的混音并略带沙哑。达乌尔寒鸦的叫声有点着急的调子，急促尖锐有穿透力，嘎噗、嘎噗、嘎噗，发成串的单音节，后面的噗是极轻的辅音。星鸦的叫声野性十足，糙哑粗放，学起来最过瘾。但细听之下，每声的嘎叫里，似有一根细金属丝嗖嗖奏鸣含在其中，这是人和其他动物无论如何也学不来的，属于进化和环境共同作用雕塑的嗓音构造。

我学鸦鸣初为好奇，再为致意，后为牵挂。

幸运则纯为寻爱。情感利于生存，健康动物有爱侣相伴才能繁殖后代。

山林中的远古先民肯定也学过鸦鸣，音质定比利欲缠身的我们简洁朴实，多为尊敬的问候。再往前200万年，直立人与野生动物共用一个语言系统，他们之间定能互通心意。

每当想到这些，我羞于开口。

森林的大量消失，我们是直接或间接的刽子手。星鸦永远站在森林一

花楸果

边，活得伟大而尊严。

今年秋天花楸果大收，峡谷两侧的崖畔和陡坡上，满树的花楸果红彤彤一片连一片。我挑熟透了的水榆花楸果采摘，只吃两捧已觉半饱。此果可酿酒、入药，强壮补虚。星鸦也吃花楸果，是否储藏和传播还得详细观察。

那天，我们听到远远近近至少四只星鸦的鸣叫，后来又看见两泡熊粪。沿峡谷下行5000米后，又在近处看见一只新来的星鸦，落在一根高树桩顶部，两颊的囊袋鼓涨如球，嘴巴向下猛叨。这是它的一个贮藏点，我记下了。

但愿我的星鸦能从这些别处迁来的星鸦中找到中意的夫君。遗憾的是，我没能找到前年幸运埋藏松子的树木残桩，可能由于峡谷边缘塌陷，滚落到谷底了。

再说说我当时的表演。果然，在我嘎嘎大叫的余音中，在苍绿的林海上，在蔚蓝的晴空中，出现一个小黑点，边叫边向我们这边飞来。

大卜是擅画动物的工笔画家，眼神锐利。属平时不大爱说话，一开口便有真货的那种人。

“星鸦以羽色的黑白搭配浑然天成，而且我喜欢它的飞行姿态。”他说。

生活在高山之巅的星鸦展翅飞翔时万物皆在脚下。

（2008年10月2日）

我陪中青报的小友及女友来火山峡谷，仍请王老师同行。

这一天惊喜不断。刚走进暗针叶林十几分钟，见前方阴暗的林地上有个硕大鸟影。它通体乌黑，踏着不安的小碎步，高昂着头，警觉地向我们这边张望。

黑琴鸡！

一阵惊喜的波浪从心头滚过。我迅速趴在地上，飞快地从腰包里掏出望远镜。好个鸟类中的壮汉！它体长60余厘米，重约两公斤，体态似家鸡但更为匀称精干。头上有粗重鲜明的红眉毛，侧翼现半月形白色翼镜。印象最深的是它翘起的扇形黑尾，两端突出的长羽蓬开如宽叉并向外弯曲，宛若古希腊七弦琴的优美造型，这是它得名琴鸡的由来。

从前见过标本，亦听说圆池附近有黑琴鸡种群，但因路途遥远和不知确切地点一直未能成行。今天，我这个痴迷的观鸟者生平第一次在野生世界亲眼目睹这种罕见的大鸟，简直幸运极了……我屏住呼吸，盯住它那乌溜溜的黑眼睛。它额头的红眉毛其实不是毛，而是一块在正常光线中呈橘红色的眼上裸皮。此刻在幽暗的林下转为浓酽的猩红，仿佛镶上一块微凸的红玛瑙，随着它的颠步疾行，在忽明忽暗的树影中，鲜艳火红与重彩猩红快速转换，宛如暗夜中乍闪乍现的烛火，又似风中颤抖的野百合花瓣。这时，身后传来人声。它身子略蹲，双翅齐拍，飞入重重叠叠的林冠深处。

目送鸟影离去之后，激动的心情久久难以平抑。少年时读俄罗斯自然作家维·比安基的《森林报》，其中描写黑琴鸡交尾期争斗和猎人的枪击场面，至今难忘。

黑琴鸡发情时齐聚交尾场，表演高亢歌鸣与炫耀舞蹈，然后在雌琴鸡的围观下捉对厮杀，取胜的黑斗士赢得美女的垂青。松鸡、花尾榛鸡和环颈雉进入发情季也在求偶场舞蹈、歌鸣并争斗来赢取与雌鸟交尾的机会，由于儿时受《森林报》影响至深，从小到大，我一直梦想亲眼看一看黑琴鸡。今

环颈雉

天，这个梦终于实现了！同时，这次与黑琴鸡的偶遇，令我不禁憧憬起下一个更大的惊喜体验：黑琴鸡的求偶场如果不遭人类的破坏，会代代相传并永远不变，有的场地已使用长达一个多世纪。万一能找到这个梦寐以求的秘密地，那将是多么大的收获！我会日日夜夜蹲守在隐蔽处，在不打扰它们的前提下，目睹那一幕幕激情澎湃的林中歌舞……当然，在找到的同时，我将为它们严守秘密。

走出暗针叶林时，远处传来熟悉的星鸦叫声。

是我的星鸦朋友！

我带点炫耀地对同伴们说："等着瞧，我能把她叫过来。"

面对城里人疑惑的眼光，王老师马上肯定："能，他肯定能把星鸦叫过来。"

我张大嘴巴，连连发出颇有心得，酷似（经反复练习才敢用这个词）星鸦的鸣叫。

果然，传来了星鸦的回答，距离约百米，在峡谷下方。

我站到一块大石头上，满怀希望地遥望星鸦鸣叫的方向，又发出催促般的短鸣。

嘎——，嘎——，嘎——。

西边，北边，西南边；近处，远处，更远处；传来至少四只星鸦的应答。其中一只的鸣声从很远的西边遥遥传来，只能隐约听见。听得出，有的星鸦十分年轻，鸣声清亮、脆快、干净，无一丝嘶哑音质。

哪来的这么多星鸦？我有些吃惊，仍继续鸣叫，与它们相互应答，同时，满怀希望地扫视周围的峡谷、林冠、天空，盼望我的母星鸦幸运的身影快点出现。

1分钟，2分钟，3分钟……5分钟。

没有，她没来。五年来，她第一次没有闻声如约而至。

那天，我们沿峡谷边缘的小路和峡谷里干涸的河床行走5000米，沿途至少听见六只星鸦的叫声，还看见两只星鸦在天上飞过。这些时远时近的鸣叫和或高或低的鸟影，对我来说是一种提醒，幸运还在这里。10月初是星鸦一年中最忙碌的时日，在峡谷两边幽深的密林里，在某个不为人知的角落，她正围着一颗绿松塔卖力地跳着眼花缭乱的“舞蹈”。这时候打扰人家，显然不合时宜。尽管心存遗憾，还是要多替人家着想。罢了，下次再会。

午饭后，我们已从昔日马鹿饮水的小径下到谷底。干河床上到处是季节性洪水冲刷下来的各色石头，其中不乏色彩形状各异的奇石，偶尔还能寻到年代久远的木化石。这类木化石一律带有沧桑的老红色调，有的上面留下清晰的树皮，甚至可辨别属哪种树木；有的还保留着数十万年前虫蛀孔洞和曲折的浅坑道痕迹。记得我曾在一个虫洞深处窥见一小团残留下来的石化了的不明物，或虫骸或虫粪或虫蛹，虽不能判明何物，却引人无尽遐思。

三个同伴沉迷于远古的奇石梦中无法自拔，我则对活着的野生生命充满渴望，面前是一片人迹罕至的荒野，应该有发现的惊喜。果然，在一片松软的细沙上，有三四枚类似人的足印，其中一枚相对清晰。

熊足迹!

我激动地趴在地上，反反复复观察，心头滚过一阵又一阵近乎狂喜的热流。这枚清晰的掌印是一头未成年黑熊的后掌（熊掌前掌宽，后掌长），掌边缘有一圈厚毛，无形中扩大了足印的面积并使足印边缘压痕相对模糊，去除这个因素，裸掌约长16厘米，宽7厘米左右。我没带米尺，只能用手比量。记得我右手食指长7厘米，不算大拇指四指并拢为8厘米，掌宽9厘米，依次为7、8、9，好记并可临时救急。由此可得出结论：这是一头去年2月中下旬出生的小熊，年龄一年零七个月。

母黑熊生下小熊后要带两年左右，教给它独立生存必要的常识与本领。估计它身边有母熊陪伴。果然，随后又发现了稍大一些的足印。其中有的足印凹处有落叶松干针叶或落叶，大概是两天前留下的。此外，循足迹走出没多远，它们停了下来。现场的足迹较凌乱，有双脚并拢驻足观望的脚印，也有侧转身改变方向的足迹，似乎嗅出前方有某种危险状况，表现出踌躇不安的心态。然后果真改变方向，调头沿峡谷的斜坡往侧上方行去，在火山灰形成的漫坡上留下两行斜行向上的足迹。它们选择的路线坡度较缓，完全可以走出峡谷，进入森林。

是什么使这对熊母子改变原有路线，选择了转身走出峡谷的做法呢？在接下来的行走中，我们发现了两个人沿着河床上行又调头返回的足迹，似乎觉察到前方有熊，吓得马上转身折回。

公熊的领地约50平方千米或更多，母熊的领地小一些，但可与公熊的领地重叠。前年我在地下森林南侧的林中小路上，看见过熊的大摊粪便，全部是嚼碎的松子壳。还有人多次看见一头熊从地下森林方向出来，穿过公路进入我们所在的这片森林，再加上去年秋季在暗针叶林看见的熊粪。可以断定，这头母熊是这片广阔森林的主人。去年松子、榛子、花楸大收，母熊顺利产下小熊。

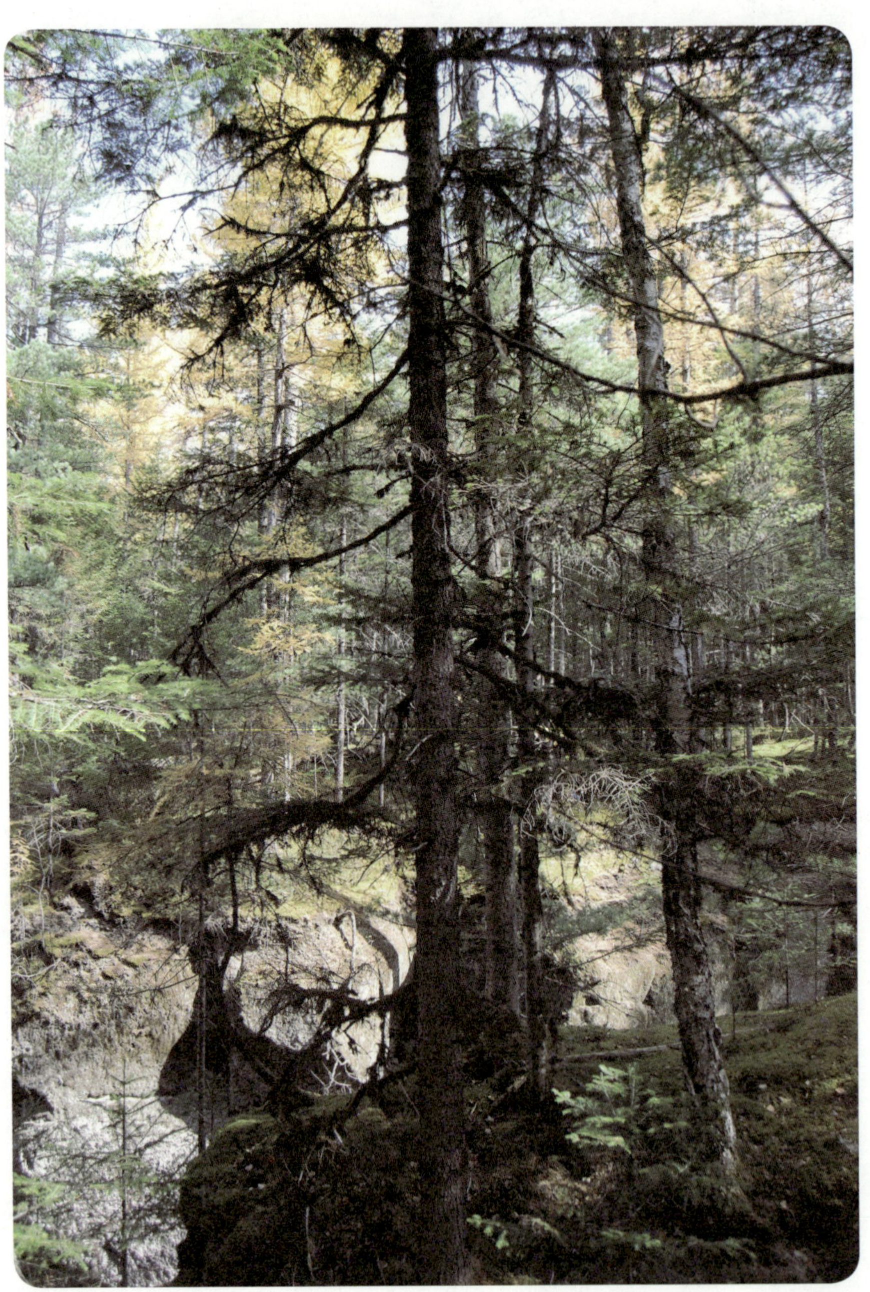

今年是核桃和橡子的丰收年，越橘、蓝靛果、山葡萄、野生猕猴桃、山梨、山荆子、稠李子、山楂等野果浆果亦大收，这对母子食物依然有保障。如今它的孩子已长成少年熊，明年应该跟母亲告别外出独立生存。由此可见，保护区内外黑熊种群在缓慢增长中，这是多么令人高兴的事情呵！

正思索间，一只星鸦的鸣叫响起，似在寻找同伴。抬头看去，崖畔一株落叶松树顶，栖着个小黑剪影。我习惯性地嘎嘎应答，不料，另一只星鸦从峡谷边上的密林中蹿出，像颗小炮弹似的一头扎进谷底，冲到我们身旁的一株小树上，气冲冲发出刺耳短叫。一时间，整个峡谷都回荡着它的恫吓声浪。这便是星鸦的愤怒战声，急促震耳、决绝无情：“快滚开，这里是禁区！”

我打量这只少见的形态健劲的大公星鸦，它通体羽色老黑，前胸星斑消退，生出缕缕暗黄褐色覆羽，像村狗肚子上污脏的毛绺。目露犀利凶光，整个身体前倾，弓背抻脖，摆出霸气十足的攻击姿态。怒火中烧的它，颈部毛羽统统蓬耸乍立，脖梗儿似发情期的公鹿显得异常粗大，头顶短羽亦根根直竖，使它的前额看上去陡然增大一倍，令铁锥般的乌黑嘴锋更具前突威力。一眼便知，这是个咄咄逼人、身经百战的老斗士。

显然，崖畔树上的星鸦是它的爱妻，它把我的应答听成了一只擅闯领地、跟它爱妻殷勤搭讪的骚老鸦，它要把这个觊觎其妻室的外来者暴打一顿。相距仅5米，面对这个急欲上阵的勇悍战将，我感到一丝微微战栗。不难想象，假如我不是人，而是一只情敌星鸦，它会当即猛扑上来，拼个你死我活。以它表现出来的凶猛气势与坚定斗志，我肯定不是对手。

扪心自问，是我们打破了峡谷里安宁和平的氛围，几乎挑起一场战争。平息事端、恢复安宁的唯一方法，就是我们应尽快离开此地。

又行进一里，一条活泼的小山溪横在面前，该喝口水洗把脸了。这时，不远处一个泡在水里发白的东西引起我的注意。近前去，那是一根马鹿前腿的胫骨。从水里捞出来细看，见腿骨的两端已挂上一层细薄的绿苔。前年，我曾在地下森林的山坡草丛拾到过一块马鹿的头骨。凹陷部分也长满这种绿苔，看上去像被绿染料染过。一个经验丰富的前猎手告诉我，骨头吃草了，这头鹿死于三年前。

第一次来火山峡谷，向导曾讲过一个惨烈的故事：1979年，他盛夏时来到这里，循着一阵臭气前行，猛然看见二十七八只马鹿的尸体横七竖八地躺在峡谷漫坡上。那是一条通往谷底的马鹿喝水的小径。盗猎者在鹿群的必经之地布下层层叠叠的钢丝套阵，勒死了这些马鹿。盗猎者长时间没来蹓套，致使这些死鹿一个个腹胀如鼓，内脏高度腐烂。更可怕又可悲的是，一头黑熊嗅到腐肉味赶来吃鹿肉大餐，结果也钻进钢丝套被勒毙。如今三十年过去，有些钢丝套仍留在原地。长白山北坡现仅存二十余头马鹿种群，估计有缓慢增长，但盗猎仍时有发生。

五年前我曾拍到过五十年前猎鹿人挖的鹿窖。第三次来这里时，又拍到了十年前盗猎者绑在树干勒入树干半寸深的钢丝套。这一次又捡到三年前被猎杀后遗弃的马鹿胫骨（盗猎者卸下肉厚的大腿背走，然后抽去鹿筋，把瘦削的小腿丢弃野外）。再加上这个三十年前的惨烈故事，这四个时间段形成了本应拦腰砍断的链条，但是没能做到……人们啊，从全球的视角看，面积约2500平方千米的保护区原始森林，只是一小块野地！如今被四个林业局下属的十六个林场重重包围着，被不断扩大的旅游设施，机场、公路、高尔夫球场、度假村和数不清的大小旅馆酒店重重包围着，被无边无际的农田和星罗棋布的村镇重重包围着！而在保护区内，由于开发旅游项目，建设别墅群，在核心区搞林下参栽培、林蛙养殖以及盗采松子、采菜挖参等人类活动，近一半原始森林受到干扰和破坏。这条火山峡谷及周边已由马鹿旧乡后退为星鸦家园，如果再退一步……

不，绝不能再退了！

这条峡谷是长白山野生动植物命运悲喜交织的一个缩影。自2006年禁止在保护区采松子的禁令实施后，第三年迎来松子大收年，星鸦种群随之迅速壮大，黑熊、野猪、狍、松鼠等动物数量明显增多。事实证明，只要人类不去破坏和干扰这片中国唯一的温带原始森林，自然万物在数亿年进化史形成的自我修复与再生的神奇活力将重新焕发出来，再过二十年、三十年，必将出现点石成金般的奇迹。

尽管在山上行走7个小时，当晚我仍久久未眠。白天我们行进约5000米，遭遇公星鸦的地点在幸运的领地边缘，这位斗士极可能是幸运的新老公，如此忠心耿耿，值得托付终身。

（2009年10月7日）

清晨5时醒来，雪白的长白山主峰在淡蓝色晨曦中矗立。今年第一次看见雪后的山峰。

昨夜一场好睡，感到浑身是劲，走路双腿充满力量与弹性。出门后忽然产生强烈冲动，去火山峡谷。冲动缘自刚读毕的一本三联出版的翻译图书《乌鸦》。其中引用诗人肖恩·欧·凯西《绿乌鸦》中的一句诗:

再见珍重！假如是永别，祝你永远好运。嘎！嘎！嘎！

万幸，这个冲动使我看到了一幅意想不到又梦寐以求的自然奇观。

距目的地约2000米，隐约听见有鸦鸣，马上叫司机停车。果然，林中传来年轻星鸦脆亮高亢的鸣叫。立即学鸦叫应答，前方的林中和路边小桥下，都传来星鸦回应。我再鸣叫，它们亦回应，如此往复三回。少顷，又飞来五六只星鸦，有的在干河床上掀开大张落叶觅食，有的在水洼边喝水，有的在高枝上歇息或警戒。

多年游历北方森林，从未见过成群结队的星鸦，今日偶遇，定要细细观察。

突然，望远镜中出现了一只鹰，确切地说是鹰的头部。我心头一震，好大一只鹰！

这是一只金雕。粗壮的黑褐色铁钩嘴，基部纯黄；浓重的黑眉纹似皱着眉头压在暗红色眼睛上，使它天生具有一副凶相，眼神显得格外狞厉。羽色是稍浅的棕黄，不似以往见过的那般黑褐，后颈亦无发红的栗棕色羽斑，估计是只亚成体。它全身匍匐在沟底的矮树上，眼睛直勾勾盯着河床上觅食的星鸦，伺机俯冲猎杀。

金雕是鹰科雕属中体型最大最为凶猛的一种，身长87厘米，重6公斤，翼展近两米。能捕猎狍、半大野猪、狼、狐狸、环颈雉等大中型鸟兽。这只金雕大概刚刚独立行猎，在我来之前已经盯上了星鸦，悄悄埋伏在矮树上。我立刻蹲下身去，估量着伏击者与猎物之间的距离，等待看一场自然界罕见的金雕猎杀行为的好戏。

不知什么时候，原本在河床上觅食喝水的三只星鸦少了两只，只剩一只在水洼边走动觅食。这是只今年春天出壳的少年星鸦，羽色浅淡，身上尚未长出成片的银斑。粗心大意的它根本没觉察大祸临头，仍若无其事地不时低头啄食。我扭头去找在高树枝上警戒的星鸦哨兵，难道它没发现同伴身边潜伏的巨大危险？

原先那根高枝上的哨兵踪影皆无。这时，那棵树下方的繁密枝条中有个黑影一动。注目细看，哇，原来那哨兵已隐身在枝条丛中，低身伸颈悄悄向前移动，一副诡异紧张模样。我暗吃一惊，难道它打算从侧面偷袭金雕？！这简直是飞蛾投火……咦，它的侧下方还有一只星鸦，它无声地跳向下一个树丛，同样低身伸颈，全身紧绷，从侧下方向金雕隐身的矮树靠拢。与此同时，还有数只鬼魅般的黑影在树丛中悄悄运动。

脑海闪电般掠过一个念头，星鸦反击战！

我迅速以金雕藏身处为中心，扫视其侧面半径，嚯，高树上、灌木丛、草丛中，高低错落散布着八九只星鸦的身影。它们组成一个半圆兜网式阵形，静悄悄地从一根树枝跳上另一根树枝；从一丛灌木后蹿出，溜进另一个灌木丛；从一蓬草丛中露头，闪进另一簇草丛……所有星鸦的行动都那么紧张有序，每个成员都知道自己所处的位置，下一步该如何与战友协调一致，仿佛遵从一道无形的号令，缓慢冷静、无声无息，一步步收拢包围圈。

再看河床上那只星鸦，仍在那里不紧不慢四处走动。难道它是诱饵吗？我举起望远镜，发现一蓬深绿色松针后面闪动一小片白光。定睛细看，是幸运，幸运也在场！

它似乎知道自己新换的冬羽胸腹部一片洁白，易暴露行踪，特意躲进高处红松树冠中隐蔽身形。还有，还有十多天前在峡谷中驱赶我们的那个老斗士。它位置突前，已运动到兜网阵另一端弧顶的前锋位置。阵形这边弧顶的前锋在哪儿呢？也应派上一名族群中的打斗高手才是。我好奇地从那头依次数到这头……嗬，从距我最近的那只潜行星鸦士兵算起，下一个，下一个居然是我！

它们竟把我这个公路边最显眼的大活人纳入战阵，而且在前突位置。

直到现在我也搞不懂，当时它们如此排兵布阵是有意还是无意？但有一点十分清楚:星鸦天性胆大好奇，不甚畏人。金雕却惧怕人类并警觉性极高，远远瞥见人影迅即远离。聪明的星鸦也许正是了解并利用这一点，来打一场驱逐天敌之战。稍有阅历的星鸦都清楚，金雕这个对手实在太强大了，杀死一只星鸦易如反掌。更何况这些少年星鸦都是幸运和新任老公的子女，当然要利用一切取胜因素，打一场有把握的胜仗。

生怕惊动金雕，我双手拄地跪在地上，让身形更矮，等待观看这场好戏的高潮出现。同时强忍呼吸，注意聆听族群首领发出进攻命令。幸运应该是首领，老公在战阵中，现在属她所处位置最高。智慧的鸦科鸟类的不同叫声包含有意味的“词汇”，科学家已破解美洲鸦的23个“词”，当然尚有更细微的鸦语奥秘我们无人能懂。

谁知，金雕略微扭头。雕睛何等犀利，眼风一扫已判明形势，转瞬间振翅而起，直冲高天。

目送金雕身影远去，再回头寻星鸦身影，这个家族已退入密林，只瞥见乌油油的鸟影和亮锃锃的翅膀在穿透林冠的玫瑰色晨曦中闪动。

忽然，一只羽色斑斓、身形壮硕的星鸦从林中飞出，掠过我的头顶，在周围兜了个大圈子。我举起相机，拍下了五年来的第一张星鸦照片。以往由于怕惊扰幸运，我从未动过拍照的念头。这只星鸦应该属于与幸运领地相邻的另一个星鸦族群，它们听到了这边的喧嚣，派出哨兵前来打探。

目送这个新朋友飞向公路对面的次生林，我心中充满欢喜：星鸦埋藏的松子可在远离母树林3000米之外生根发芽。当幸运家庭与这个相邻族群的下一代离家独立，它们将在约80平方千米的领地上传播树种，为我们的子孙种树育林。

人生若如星鸦也不枉活一辈子，哪怕只有短短的二三十年。

几年来的林中漫步，我经历了许多难忘时刻。约会星鸦的日子带来的感动与收获，用两句话可以概括：半生蹉跎，相见恨晚；若有来世，转投为鸦。

嘎——嘎——嘎——

（2009年10月22日）

（2010年6月10日草成）

注：

2011年9月重回险桥峡谷，见一群年幼星鸦打着呼哨从头顶飞过，原来它们还会发出口哨一样的联络音。我立刻坐在大树下吹口哨联络它们，一只好奇的小星鸦飞落在我的面前，歪脖向我张望，然后离去。少顷，林中飘过一片暗影，一只长尾林鸮在树冠下跟踪空中的星鸦群，伺机猎杀。我第一个念头，想轰走林鸮，保护星鸦。但又一想，不能干涉大自然中的优胜劣汰规则，只好目送林鸮远去，心里由衷希望它猎杀的不是那只探望我的小星鸦……

第一课　夏末·和松鼠打了一架

榆黄蘑的色泽和形态十分独特，看过一眼的人都不会忘记。

先说菇伞的颜色，一种质地娇嫩平滑、吹弹可破的柠檬黄、滕黄、柚黄？都不太像。那颜色似荷清花（俗名鸭蛋黄）却略淡，比蒲公英花色稍浓，像驴蹄草花一样抢眼又不及它热烈。这样吧，如果把风干的刺五加嫩叶芽用滚开的山泉水沏一下，泡出明澈碧透的茶汤，滴数滴在驴蹄草花的颜色中，可调制出十分恬静又稍许耀眼的淡金黄色。榆黄蘑的菌盖色泽从边缘到中心，由素雅的草黄至顶级的鲜黄再到明艳的金黄，层层过渡，人眼几乎难以察觉。哦，想起来了，那种黄是黄菠萝（黄蘗）经霜后的树叶被早晨的阳光映透的颜色。

从小立志当画家，也曾画过几笔的我深知，多老到的画笔也无法真实表现榆黄蘑的全部光彩。有谁不喜欢花呢？我认为蘑菇的色泽比花朵更朴素也更美丽。

然后说形态，丛生，十几二十几株菇蕾紧紧相拥，呈不规则扇形依附

榆黄蘑

在倒木上，生机勃勃，努力向上。再然后说生境，生长在榆（主要是榆）、椴、水曲柳、桦（少量）等阔叶树的枯立木、倒木和伐桩上，偶尔也长在孱弱的活立木上。生于榆木上的榆黄蘑味道更鲜美，长得也更茁壮。

最后说蘑菇的气味，它散发着野生蘑菇亿万年不变的鲜美纯粹的菌香，仿佛来自仙境。这香气不张扬亦不做作，宁静幽悄融入四周小溪、苔藓、湿腐木、青草绿叶的清气中。只有将鼻子凑近去，它才骤然绽放本性，难以形容的鲜劲、潮润、沁凉之气贯入鼻腔，像一股山野的香风，刹那间扑进肺腑，充溢胸膛。整个人即刻感到头脑清明，精神提振。我品过，许多人闻过一次之后，不会在闻过的蘑菇上闻第二次，只一次已将那气息烙印在记忆深处。

有一次妹妹从长春来看我，准备午饭时一个劲念叨：中午吃什么菜呢？我说别急，上山给你取点榆黄蘑，回来炒笨鸡蛋。拔腿飞快上山进寒葱沟往返40分钟，从一株只有我知道的榆树大倒木上采回两斤多嫩菇。回家拉开背包拉锁时，鲜冽菌香骤然喷发，带着一股劲道扑在妹妹脸上。她瞪眼张嘴，一副呆相，啊——啊——啊——连声惊叹。

今天极幸运，从寒葱沟进原始林，在没膝深的草丛中往溪边去。偶然抬头，一棵遍覆厚毡般翠绿青苔的倒木背阴处，一蓬淡淡的金黄色光辉静静闪耀。定睛看去，好大一簇榆黄蘑！

榆黄蘑又叫金顶蘑、玉皇蘑，学名金顶侧耳。1979年初秋，我在长白山山脚下的一个山村小市场见过。采蘑人把一簇蘑菇连同它生长的倒木根材一并锯下，虬曲槎枒的老树朽根衬托着嫩娇娇的金蘑，宛如一件用上乘黄玛瑙雕琢的工艺品。其实，这比喻纯粹贬低这至纯至美的自然造物，人工制品再怎么精雕细镂也比不上天精地血孕育的珍品。好比我现在用近千字来描述它，倒不如捧来一坨蘑菇，让你看一看，闻一闻，那才叫亲身感受。

假如有朋友用人工养殖的榆黄蘑请我吃饭，菜肴烹制得再怎么色香味俱全，我宁吃咸菜也绝不动一筷子。这和有些人吃过江鳌花（鳜鱼）后，绝不肯再吃养殖的鳌花同理。

眼前这簇密集丛生的榆黄蘑，是我在原始林里一直苦苦寻找的目标之一，另外还有羊肚菌、松茸、灰树花、黑块菌，等等。它在每年的6月至8月出现，繁殖季长达4个月，雨水丰沛的年份更多。2008年雨水少，山谷中的小溪都已干涸，能见到这么大的一丛实属不易。过去的几年，只在山上见过数朵零散的残蘑，今日终于得偿所愿。另外，晚餐也有着落：用里脊丝炒鲜蘑再加入饼片烩锅，或者干脆包蘑菇馅饺子。剩下的用凉水洗过，再用温水漂洗然后带水下汤，佐以少许黄瓜丝……饱餐后两小时打饱嗝儿，仍从嗓子眼里冒出一股鲜亮味。呵呵，世上几人有我这般奢侈享受？

我且惊且喜地凑上去，先细细地端详再美美地闻闻，然后找好角度拍摄……突然，耳畔传来嘎巴一声掰断枯枝的脆响，吓得我全身陡震。紧接着传来嘟噜噜噜类似大鸟振翅声响，扑通通大松塔落地声和砰砰啪啪的拍打树干声。

这声响来自上方，树上有人！

惊吓中，出于本能也为了维护尊严，我马上嘟嘟大吼两声回敬对方。结果，结果后脑勺儿上方又响起嘶嘶怒叫。这一招吓得我汗毛直竖，活脱脱一条大蟒冲我后脖梗儿嘶叫。可温带森林哪有蟒啊？难道这东西会飞不成？

我大脑飞转，绞尽脑汁搜寻可能出现的潜在掠食动物，它到底是什么？必须看清楚对方，才好采取应对之策。

只能是黑熊，熊会上树！

倘若招惹了熊，绝对是大麻烦。我两腿发软，心咚咚咚打鼓，右手哆哆嗦嗦打开摄影背包，里面有一罐防暴催泪喷射器，它是我唯一的救星。

熊鼻子灵敏得出奇，但它和野猪、大象等大多数大型哺乳动物一样，最害怕辛辣气味，对准它鼻头猛喷催泪气体，它肯定飞快逃窜。

孤身一人在深山莽林行走，心里必定存有远离人群的不安全感，同时也伴随着对未知事物的好奇和恐惧。原始森林巨大广阔，阴暗神秘，人在其中简直太渺小太脆弱了。小溪潺潺，鸟叫虫鸣，风过树梢等自然音响，人会将其视为森林的一部分，泰然处之。可是，一旦突闻怪声巨响，立即惊悚，多胆大多老练的人也不行，只是遭惊吓的程度不同而已。在正常情况下，假如冷不丁出个大响动，已经够吓人的了。这一回却有多种吓人声响凑在一块儿，全冲我一个人来了，你说有多可怕！

我紧紧攥着催泪罐，战战兢兢地往前边的树上看，发觉横树杈上有黑影晃动。我扭头看看身后，再回头看那黑影，它呼的一声缩进一簇叶丛中。我紧盯住那里，结果一只灰松鼠从叶丛中探出头来。它一边冲我嘶嘶怒叫，一边抖动毛蓬蓬的大尾巴，使自己显得体形更大，还发出一种啧啧啧的咂舌声。

难怪民间把灰松鼠叫松狗、灰狗子，它正在冲我吠叫。

我以啧啧啧的咂舌声回敬它。它立刻倍加愤怒，冲到光秃秃的树杈中央，完全暴露在我的面前，转来转去急剧甩尾，用力叭叭跺脚，还发出夹杂爆破音的嘶吼，像恶犬那样发出暴怒的狂吠。一双圆鼓鼓的眼睛闪烁着愤怒的光芒，牢牢盯住我，冲我连续怒叫。那根装了弹簧似的大尾巴舞得像个风火轮，呼呼作响，同时向我这边快速横移，摆出一副大打一仗的架势。

面对它的激烈反应，我猛然意识到，这可能是个雌松鼠，它在保卫巢穴。否则，看见我这个浑身怪味、个头比它大出几十倍的两腿怪物，它应该迅速逃跑，而不是如此执拗地采取各种恫吓方式，跟我这么个它根本就无法战胜的闯入者抗衡。雌松鼠一年产两窝幼仔，第二窝幼仔比头窝多，大约5~10只。今天是8月26日。掐指算来，第二窝幼仔快断奶了。它含辛茹苦把数量众多的幼仔养大，强烈的母爱促使它无论如何不能退缩。仔细看，它的动作虽快速灵动，身体却缺膘少肉，瘦削细长，肯定由于哺育众多幼仔付出大量奶水和过于操劳的缘故。

这时候，跑到我身后帮它共同驱敌的老公或头一窝的子女，已经偃旗息鼓再无动静。只剩下它一个不顾死活单挑强大的人类。刚才，就是它用各种方法制造巨大噪音，还指挥帮手绕到我身后，前后夹击，共同抗敌。这是个多么聪明勇敢、置生死于度外、奋勇保卫家园的小母亲啊！

若不是亲身经历，我绝不会相信眼前这一切。抛开文化修养之类的东西不谈，已为人父并非常疼爱女儿的我，面对它如此娇小的身躯表现出如此超凡的勇气，不能不感到万分愧疚：是我擅自闯到人家的育婴房旁边，连声招呼都不打，给它和它的家庭造成了极大的惊扰。

我深深看一眼那簇寻觅已久、娇艳欲滴、令人垂涎的榆黄蘑（足足有两公斤哪）。数点阳光洒落，它们仿佛在淡金色光影中微微晃动，慢慢跳起金蘑之舞……再匆匆扫一眼怒火万丈、绝不退缩的松鼠妈妈，我尽量俯低并蜷缩身体，放轻脚步，缓缓后退。

那簇少见的美丽榆黄蘑，生长在人家的领地内，它是地主。不但如此，眼前这一大片绿油油的红松林，也是人家的觅食区域。从大道理上讲，整个保护区的原始森林乃至整个长白山，全部属于世世代代在此居住的各种野生动物。人类——不管你是谁，在这里都只是一个令森林原住民十分讨厌的匆匆过客。

有个前猎手跟我说：放秋前后的松鼠特别傻，在树杈上冲着枪口嘶嘶怒叫，有时仅相距三五米，旁边还有它的同伙搬松塔砸你。打着松鼠后像剥兔子皮那样在四条腿腕部切个口往下撸，可整个剥下一个皮筒，晾干了留着卖钱。再把松鼠开膛收拾干净，囫囵个穿在钎子上，找干核桃楸木劈成柈子，在地上挖个坑，架上柈子用火烤。核桃楸木的烟气燃烧后熏入松鼠肉里，味道喷鼻儿香。

那些面对枪口发出怒吼的，肯定是舍命护巢的雌松鼠。打死它，那一窝后代也没法活!

松鼠主要以红松、云杉、冷杉、落叶松、樟子松及椴树的种子及榛子、核桃、橡子等坚果为主要食物。在缺乏食物的夏季，它们大多吃些蘑菇、悬钩子、越橘等浆果充饥；还喜欢吃蚱蜢、甲虫等昆虫和一些虫类的幼虫及蚁卵，偶尔还干点偷食鸟蛋的勾当。由于松子、榛子、核桃、橡子等大宗坚果类食物在有的年份高产，有的年份歉收。所以，这些挑选蘑菇的小行家经常采集蘑菇，运到倒木或树墩去晾晒，晒干后收入巢中储存起来，留待冬天食物紧缺时食用。

从1995年起，我每年都来长白山及周边的林区采风。由于长白山保护区及周边林场常年大规模打松子创收，造成松鼠的数量骤减。它是我十多年来看见的第五只松鼠，实在难得。而且，它已经养育了一窝后代，它们即将出巢跟妈妈学习生存本领。此次遭遇，让我心中生出一种牵挂：在不打扰它们日常生活的前提下，时常来寒葱沟远远地看望它们。

没想到，由于被这窝松鼠所吸引，在那年蘑菇季结束之后，我又在寒葱沟泡了整整两个秋天。在这些日子里，各种蘑菇给我带来的惊喜不断，我还目睹了松鼠一家同林鸮展开的一场浴血大战……

第二课　跟熊抢蘑菇的大姐

森林里的另一个老住户——熊，也十分喜欢吃蘑菇。我曾经听到一个“傻大姐”跟熊抢榆黄蘑的故事。

有一天进寒葱沟，沿途瞥见两棵榆树倒木上的榆黄蘑已被采摘干净，只剩刀割后的蘑菇茬。还看见低洼泥泞的小路上，有一人进山的清晰足印。此人步幅不大，穿38号鞋，不是个少年就是个女人。果然，傍晌午，在二汊头小河边休息时，遇见一位背着背篓归来的老大姐。交谈中，得知她姓张，年过六旬，在山上采了三十多年蘑菇。见她抽烟，我立刻殷勤递烟套近乎，想法子找话题掏她的故事。果然，性情爽快的大姐打开了话匣子。

十年前，也是这个季节，她整个上午只采到几朵蘑菇，正在山林里苦苦搜寻，突然眼前一亮，在不远处一株老榆树两米多高的大残桩上，从根到梢，层层叠叠长满了黄澄澄的榆黄蘑，像开了满树耀眼的大黄花！

好大的一棵蘑菇树，正在向她遥遥招手。

她大喜过望，急急向蘑菇树奔去。可没走出几步，忽然听见一阵嗞嗞哇哇的叫闹声。她躲在树后定睛看去，哎呀！那棵蘑菇树下来了三头熊，一头母熊领两只小熊。母熊仰脖呋呋呋闻闻蘑菇，哼哼两声，把小熊叫到身边。随后长身起立，伸掌从树上掰下一块块鲜美的蘑菇喂给小熊吃。小熊在春节前后出生，才四五个月大，刚刚断奶，正处在认知各种食物的发蒙阶段。熊跟人一样，当然知道什么是美食。鲜蘑入口，头一回尝到这种美味，小熊等不及妈妈喂食，像小孩第一次吃冰淇淋，馋得要命。唔唔呀呀站起身来，前爪搭在树上，吧嗒吧嗒小嘴去够长在低处的蘑菇。

张大姐打量树干上的蘑菇，黄澄澄嫩娇娇，一朵挨一朵，一片连一片，一丛挤一丛，散发着金黄色微光，覆盖了两搂多粗、两米多高的整棵树桩。估计有五六十斤，能装满满当当两大背筐。一上午没采着像样的蘑菇，好不容易碰上这棵大蘑菇树，却被母熊一家抢先一步霸占，她又急又恼，一心想吓走母熊，抢回蘑菇树。于是，小心翼翼挪蹭数步，藏到一棵枯死的大杨树后面。这时她和熊距离不到15米，下风头，真真切切地闻到了熊身上散发的油泥和粪尿混合的呛人体臭。

梆梆梆！她抡起手中白蜡杆木棍，不住点地敲打身边的大枯杨树。这种树大多是空筒子，如击木鼓，声音响亮。

母熊闻声大惊，站直了身体四处张望，寻找这个听上去来头不小的进犯者。这是熊突遭惊吓的第一反应，一旦看清对手，它马上会采取行动。但这次跟以往不一样，对手无影无形。它伸长脖子，一手撑树，努力维持着后肢站立的姿势，长时间四处张望。它实在不想放弃这满树的鲜蘑，一心想看清对手的模样。俩小熊也学妈妈的样子，后腿撑地站立起来，不安地东张西望。

可是，它们什么对手也没看见，什么陌生气味也没嗅到。

那可怕的敲击声仍阵阵传来，密如急鼓，声若雷鸣，而且近在咫尺。

母熊撑不住了，发出这种惊心动魄巨响的怪物肯定惹不起。它前肢落地，嗯呜、嗯呜发出急促低沉的叫声，催促着小熊，一步一回头走入丛林深处。情况不明，为了幼仔的安全，还是走为上策。

张大姐从枯树后头出来，奔向蘑菇树，树下还留下两坨小熊没吃完的蘑菇呢。她急急忙忙开始采摘从熊口抢下来的鲜蘑……

这是个无知无畏、贪财不顾命的典型事例。我心里惊叹着：人与熊在野外遭遇造成死伤，全都是由于人侵犯了熊的生活空间。其中，与带崽母熊近距离遭遇是最危险的，这段时期它处在十分警觉的状态，对任何异动都会做出反应。母熊护崽本能极其强烈，会疯狂攻击靠近幼崽的任何动物，直至认定对方死亡为止。

张大姐能逃过此劫，简直太幸运了！

为了从她那里听到更多第一手的山林故事，我拿出几块午餐的点心分她一半。不料她十分慷慨，从背篓里翻出一包刚采的蘑菇送给我：“青蘑，好吃。”

距离两尺，我已闻到从塑料袋缝隙流溢出来的清凉水香。那是在深山幽谷尽头从石罅中流淌的山泉散发的冷冽水气。这种蘑菇有我的半个手掌大，象牙白色，菌肉肥厚鲜嫩，扁勺状，似一盏古代盛酒铜爵的开口，弯曲内凹，雅致洁净，沉甸甸的一袋足有3斤。我不由心中暗喜，今晚将此菇四分之一下清汤，四分之一炒肉丝青椒，四分之二晾干带给女儿和妹妹品尝。

晚饭后，唇齿留香的我摊开手头的4种蘑菇书细查比较，最后结论是美味侧耳，别名紫孢侧耳、青蘑，菌肉厚、白色、吸水、味美，覆瓦状丛生或散生于阔叶树腐木上。

美味侧耳含水分极大，在通风处阴干三天，依然水分充盈，满室流香。这种水香使我想起前几日买到的绣球蕈，它也有水香味儿，不过细细嗅来，两者有微妙区别：绣球蕈的水香气有暖意也柔和些，其中掺杂淡淡榛树柔荑气味，如同在春雨后暖阳中半干半湿葇荑散发的温和淡香。绣球蕈生长在海拔较高的森林中，当地人叫松花，喜欢贴附松树生长，长相似花椰菜，口感像银耳，呈奶油色，也有色如牙白的；大者有篮球大小，有记载最大者达14公斤；好闻的香气和大而多肉的肥美菌体，在欧洲是家喻户晓的美味。长白山由于海拔高，所产绣球蕈质地更结实硬韧些，口感脆爽，颜色为素雅的淡烟色。

后来，这个跟熊抢蘑菇的老大姐成了我的朋友。每当她在市场卖蘑菇，我便去买上2斤，顺便唠唠蘑菇经。她告诉我，采蘑菇最好在雨后，天不冷不热又没风，蘑菇出得旺，长得壮。晒蘑菇时最好翻过来晒，盖朝下腿朝上干得快，不嫌麻烦串成串儿挂房檐下也行。采蘑菇得挎筐背篓去，用塑料袋和背包容易把蘑菇挤坏、变色，不好吃，还可能有毒，吃了会闹肚子。采蘑菇时最好带几个破布袋，把不一样的蘑菇分开装，别混着放。看见成片的小蘑菇头先别采，记住那地方养几天等它长大了再去。柳树趟子里的花脸蘑别采，有毒，要采清堂林地上的。吃剩的榆黄蘑不能直接晾晒保存，那样蘑菇会木质化，没法吃，要炒熟后再晾干，或者找大罐子盐渍保存……

顺便说一句，阴干美味侧耳的那几晚，仿佛有一泓清泉伴我入眠，一股清净的水香始终萦绕枕畔。

第三课　初秋·绝色红菇季

走进森林，如同进入一座无边无际、琳琅满目的蘑菇博物馆。

在一片疏朗的林中草地，见一大朵一大朵的浅烟褐色或淡土黄色蘑菇散生在落叶层上。有的已长成有皱褶及裂口的浅圆杯形状，有的初具凹伞雏形。贴近嗅闻，有温暾柔和的干爽椴叶香气。大杯伞，美味可口的食用菌。一只只捡入背篓，共15朵。

隆纹黑蛋巢菌比黄豆粒还小一圈，须趴在地上屏息观看。此菌虽小却异常精美，颜色呈纯正的咖啡色，形状酷似羽衣娇艳的长尾粉红雀小两口营造的杯形巢。巢用柳叶绣线菊的细枝、小春榆的韧皮、线麻的长条纤维、茜草和莎草的茎与叶编织而成，巢底铺垫细丝般纤柔的草茎。此巢精致小巧，一对小鸟辛勤操劳十余天才完成。同鸟巢一样，在蛋巢菌巢底部，有数粒洁白扁圆的“蛋”，这是蛋巢菌的孢子。当一滴露珠或雨点滴落在娇小的菌杯上，孢子随水花泼溅，散落在周围的苔藓层或腐殖土中，形成邮票大小、一片连一片的蛋巢菌群落。

我曾在原始林中的这条小径走过数十次，还曾趴在这小片蛋巢菌旁边拍摄过草芍药盛开的花朵。如果没有王老师指点，万万想不到路边竟隐藏着一个令人惊叹的隆纹黑蛋巢菌微型群落。我不能说这片小小的群落具巧夺天工之美，因为它自身即为天地所生，是亿万年漫长岁月微雕精琢的自然极品。

再行半里路，王老师停下脚步，说：“这是‘死人指’，学名叫多型炭角菌。”

看过许多鬼片的女儿乍见此菌照片，马上瞪大眼睛“哎哟”一声。这种菌的长相挺可怕，有的成一簇从地下腐根中钻出，似数根黑色的手指从地底伸出来，抓握地面一根枯枝；还有的紧贴在腐朽榆树根桩上，似在向上攀爬，给人恐怖印象。此菌广泛分布于北温带森林，十分常见。可以想象，一个采蘑菇的大嫂钻进阴森的云杉角落，突见一丛丛黑手指从腐叶和苔藓中伸出，呈现抓取、握拳、伸张、勾曲等各种活灵活现却又僵死不动的人指形态，肯定吓得尖声惊叫，狼狈逃窜。

再抬头，幽暗的毛榛丛中，一座湿朽斑驳的老残桩上，数朵红火苗熠熠生光。不对，它们并非燃烧而是静止不动，五株长着篝火般鲜红伞盖的橘红光柄菇并蒂而生。

7月29日，光柄菇属真菌的出现宣告盛夏的来临，同时也是生长在次生林地上红菇属菌类的节日。蘑菇和森林动植物一样，可预告季节的来临和变化，甚至预报下一年的年景与收成。

我认为森林有自己的历书，我叫它森林历。森林历与农历迥然不同，农历为人类耕作农作物制定时间表，几乎尽人皆知。森林历却是山中所有动植物生命周期的见证，与林中万物的生命循环相和相应。这不，托盘节（悬钩子果实成熟期）刚刚启幕，高山蓝莓大批成熟季节紧接着到来。雨后的森林宛如初夏的草地，各种色彩缤纷的红菇如百花绽放。

大红菇也称革质红菇，硕大夺目，成熟时有的伞盖呈现憨醇的老红，亦有耀眼的鲜红和晚霞般的粉红；干燥时革质菌盖出现无数纤细裂纹，似大理石细密纹理。肉色红菇盈盈透明，菌盖水浸似的从里往外洇出活泼泼的水红。玫瑰红菇有浅淡的绯红，飘逸着枫、桦的干爽木屑气息。花盖菇是种大蘑菇，又叫蓝黄红菇。颜色似旺燃的火炭，紫中透红，蓝中透紫，暗红正炽，亦有如同燃后未尽的褐黑；矮胖的菇腿米白色，形态憨拙讨喜且属美味佳肴。金红菇也称红斑黄菇，洋溢着夕照般明亮的橘红或橘黄色泽，中央凹陷颜色愈烈，或呈浓浓酒红；也有国画般朱砂色中点缀数朵金黄亮斑。美红菇似赤芍灼灼绛红，至中心透出近乎黑夜般的重紫。黄孢花盖菇也叫黄孢红菇，菇盖似熟透的苹果，泛出陈年朱墨老旧光泽，或现醇厚的紫葡萄酒色，带有贝类气味，可选鲜菌食用。沼泽红菇是沼泽林地的特有品种，形态高壮，火焰般燃烧的亮橙红光彩引人注目，有林地土与断草的混合菌香，为上品美味。朱红菇又称大朱菇、红菇，初生时艳艳纯红，过熟后深至凝血般的暗沉沉的紫红。变色红菇也叫全缘红菇，菌面色泽多变，有嫣红、土红、栗褐、紫丁香、藕粉等色，菌肉结实，有杏子气息，可食用并味美。辣红菇大亦醒目，微微水果味却含毒；悦目的柠檬黄色菌褶与紫茉莉色菌盖和暗绯红菌柄之间色彩对比鲜明。红菇又叫美丽红菇、鳞盖红菇，菇伞有的好似海中珊瑚般彤红，有的宛如鲜石榴般红艳，中心凹处有绒絮或轻覆白粉；菌肉厚实洁白，具薄荷味辛辣气，味鲜可食。玛丽红菇呈光滑的海棠红，散发清淡的蜂蜜气息，常见蛞蝓等粘虫啮食菌伞留下的蜿蜒痕迹，人却绝不可食用。毒红菇从初生至老熟由浅荔至茜红至酒樱桃红，光鲜悦目，如此靓丽一旦误食则恶心呕吐，故又名呕吐红菇。

正沉迷于华丽美艳的红菇世界，忽接妹妹短信，问一种土名叫青盖子的蘑菇。她在辽宁一小镇温泉疗养地，见街边有人出卖此蘑。我转身问王老师，他笑而不答，行几步路，从落叶和青草中撷得一朵蘑菇："喏，就是这个绿菇，也叫变绿红菇。"

此菇土名还有青顶子、青面梨菇、青菌、青蛙菌、绿豆菌、青头菌、青汤菌。它绿松石色的菇盖上仿佛蒙着一层薄雾般灰蒙蒙的细绒毛，还带有古代青瓷那种雅致的龟裂状鳞纹，菌柄白色，细细嗅去，一缕清淡似嫩豆荚的润润菌香漂至鼻端。

当即给妹妹回信：可食用菌，好吃。

原来，红菇属蘑菇不但种类众多且色彩纷呈，有个体从菖蒲的翠绿到剪秋罗叶的蓝绿到山荷叶的灰绿到野山楂树的淡黄绿颜色深浅变化多端的叶绿菇，有洋溢着水果香气通体乳白后变幻为米黄或蛋壳色可食用的大白菇，有娇嫩可人、惹人注目闪耀着鲜黄色光泽的湿地红菇和林地上极为常见却不事张扬调子略暗的琥珀色黄白红菇，有色似鸢尾花一团紫靛或紫罗兰色伞心近墨菌褶菌柄却白似奶油对比强烈的黑紫红菇，有土名黑菇、火炭菌色泽仿若马鹿冬毛棕灰至深棕灰色的烟色红菇，还有从初生的污白长大变灰再大暗褐至老熟变黑的密褶黑菇与稀褶黑菇……据菌类专家不完全统计，长白山区红菇菌类有5个类群共35种。

我的蘑菇课就这样开始了。

蘑菇课的上法很简单，课时四至五小时，由王老师引路，在他行走过无数次的原始林或早年的采伐迹地漫步，把看到的每一种蘑菇都记录并拍摄下来，同时侧重对有特色菌类做讲解。每天下来可记录二十余种蘑菇，认识两三种形态和色泽有突出特征的蘑菇。

王柏老师是长白山科研所的菌类专家，在当地工作四十余年，1986年与人合著《长白山伞菌图志》。第二年我得到此书，对多姿多彩的菌类世界憧憬已久，20年后终于得偿夙愿。

第四课　榛蘑季·小松鼠出巢

寒葱沟是当地满族先民以一种植物命名的，想必当年这里的寒葱生长旺盛。

寒葱学名叫茖葱，幼苗可食用，曾被北方地区的各少数民族先民和如今的山里人当作佐餐的佳品。满清入关后，皇室成员仍不忘老家的寒葱，列为宫廷贡品，年年由北方进贡。记得初来长白山第一次吃寒葱，头一口鲜苗入口，我有些吃惊，竟先出甜味，尔后才泛出葱、韭、蒜三合一的味道，且山野气息十足，绝无种植蔬菜的田园风味。这味道转瞬间便征服了我，以后天天都想吃。但此物不可多食，半斤足矣。生吃、炒、拌、下汤均可，多食胃肠略感不适。它是多年生草本植物，年年春天有人采集，未等开花便被采光。这样一年年下来，现在的寒葱沟便只剩下一个地名。

春夏之交我同当地人去寻找，只见到稀疏的几株，想多采须进深山。此野葱开花似大葱开花，不过更加艳丽夺目，泛金绿莹白相间光彩，花蜜也丰盛，野蜂尤喜光顾。

深入寒葱沟约3000米，在一片朝鲜荚蒾树丛中，我搭建了一个掩蔽棚。把枝条的梢头拢在一起绑住，做成一个绿色的树条圆笼，再覆盖蒿草做简单伪装，在里面铺防寒垫，放一张小桌，摆上保温瓶和午饭，可在里面躲上一天。为了便于观察，我特意带了一架8×30的望远镜，还带了简易相机支架，想拍几张灰松鼠的照片留作纪念。

原始森林深处格外静谧，只有微风从红松林的树冠层吹过，传来低沉而持久的松涛声。当风大一点时，相互依偎的老树摇动枝干彼此摩擦，发出一声声低吟浅唱。

微风吹来一丝淡淡的榛蘑气息。在不远处的一棵椴树倒木上，刚生出头茬榛蘑。这树有二碗粗，刚倒下三年，正是有劲的时候。这个有劲是指树活着时吸收、贮存在树干内的各种营养物质尚未流失。在这棵倒木上，长满了寸把高的鲜橙色小蘑菇头。老采蘑人都知道，这种小菇蕾看似娇嫩，实则充满勃勃生机，属榛蘑中的上品。榛蘑学名蜜环菌，王老师说，长白山常见的有黄小蜜环菌、疣皮蜜环菌、梭柄蜜环菌、奥氏蜜环菌、高氏蜜环菌等十几种。蜜环菌名称的由来缘于它的颜色和特征，“蜜”指此类真菌菌盖及菌环颜色呈蜂蜜色，有的像奶白色的槐花蜜，有的像琥珀色的杏条蜜，有的像茶褐色的椴树蜜，有的像淡黄色的杂花蜜。“环”指此类真菌菌柄上均生有菌环，这是识别蜜环菌的重要特征。老百姓所说的头茬、二茬、三茬榛蘑，不

榛蘑

好奇的灰松鼠

是指榛蘑一茬茬生长出来，而是不同种类蜜环菌在不同的时间萌发。

王老师根据常年经验得出结论：每年的8月23日，正巧在妹妹生日这一天，是长白山头茬榛蘑的萌发期。以前总忘记妹妹的生日，现在榛蘑的生日与妹妹的生日在同一天，再不会忘记。

且慢，有动静。

瞭望孔前方传来吱的一声叫喊，一个小小黑影倏忽掠过。

我向外看，哈，一只花栗鼠人立着挺直身体，瞪圆一双黑溜溜的大眼睛盯着我看。它双腮的颊囊胀鼓鼓的塞满了松子，嘴里还叼着一束火红的枫叶，估计要带回地洞铺床用。这是个典型的小地主，在松子大收的年份里它搬运一个秋天，地洞的贮粮室里最多储存6公斤松子。因此，采松子人、獾子、野猪、熊，全都不约而同打它的主意，想办法找到和挖开它的地下仓库，打劫它积攒的存粮。

这小家伙可能是我的老熟人。春天，我曾在这块地盘上拍到一张花栗鼠的照片，当时它颈下叮着一只吸足了血的草爬子（扁虱），有豌豆粒那么大，呈深蓝紫色。它没有觉察吸血虫的叮咬，还咈咈怒叫冲我发威。

这时，前面的大枯杨上传来叽叽咕咕的声音，从树干上的洞口中，一只松鼠探出黑黑的小脑瓜儿。松鼠会选择在树杈与树干的基部，用树胶、松脂等做黏合剂黏合小树枝搭建球形巢，也会利用啄木鸟弃用的旧洞巢做窝。它们一般有十几个伪巢，最多达23个，作为临时避难所来迷惑紫貂、青鼬和各种猛禽类天敌，不让它们发现主巢。我眼前的这个树洞，是松鼠的主巢，难怪数天前松鼠妈妈跟我大动干戈。

那只身体瘦瘦的母松鼠从洞中钻出来，蜷曲着身体，大尾巴拂来拂去，冲洞细声细气地叫道：咕噜噜噜，呋呋——声调温婉中透出召唤的意味。噗的一下，一只小小的灰脑瓜冒了出来，接着灵巧的柔躯略弯，一只小松鼠便跳出来伏在树干上面。两只、三只、四只，一窝小松鼠鱼贯而出，一只跟着一只排成单行沿树干往下溜。

太阳正好，照耀在大枯杨树皮剥落的灰白树干上，纸一样光洁而白皙。小松鼠遍体浅灰褐色毛皮被阳光映透，变成素净的淡淡泥土色。在平滑的树干上，清晰得连口鼻间闪闪烁烁的银亮针须几乎都数得清。它们利落的短脚爪轻悄移动，整个身体紧贴树干，蓬松的长尾巴像信号旗，忽而左右摆动，忽而稍稍翻翘，透露出乐陶陶的情绪。离地面还有半米高，排行第二的小松鼠已按捺不住贪玩的心情，吱啾一声轻叫，趁打头同伴侧身回望的工夫，大尾巴一摆，身体略弓，随即腾空，来了个孩子们常玩的后背跳，轻轻巧巧从打头的同伴身上跃过，棉絮般落在地面，在空地上撒丫子转圈狂奔。

另外三只小松鼠好似听到一声“开玩”的哨声，腾腾腾，纷纷蹿至地面，立马要闹起来。有兜圈子追逐的，有厮打翻滚的，有赖在妈妈身边跳来蹦去的，像一群在游乐场疯玩的孩子。

所有哺乳动物幼仔都有自己的游乐场，而且每天都有专门的时段用来玩耍嬉戏，这种快乐的时光在条件良好的家畜群中也同样存在。可惜，只有极少数的研究者和拍摄者，能亲眼目睹野生动物幼仔玩耍时那种生气勃勃、滑稽相百出的淘气场面。我从没想到自己有这个福气，能目睹这场兴高采烈的翻滚撒欢游戏，它们快乐的戏耍中伴随着短促兴奋的欢叫，动作快得如同小小的灰色旋风，整个空地到处是它们灵活蹿跳的身影，看得我目不暇接，浑身兴奋得微微颤抖……

突然，有只松鼠脱出游戏圈，来了个快速冲刺，径奔我的掩蔽处蹿来。一条在树荫草影中变成深灰色的细长身影刷刷刷分开草丛，蹿至距我5米左右的一棵弯曲的枯树旁，纵身跳了上去，是松鼠妈妈。只见它嗖嗖几下便跑到树干上部，陡地止住身形，一动不动，抬头望向天空。这时，从远方的密林深处，传来一声高亢洪亮的鸣叫：

叮——嘎！

稍许停顿，又传来一串清朗圆润、带有柔美喉音的嘹唳，*溜溜溜溜溜溜溜——*

小松鼠们齐齐一震（我亦随之一震），毛蓬蓬的大尾巴闪两闪，倏忽消失不见。只剩下松鼠妈妈大头朝下，身子紧贴树干，微微侧转头，凝神谛听。

那是一声带有穿透力和震撼力的宏大啼鸣，肯定出自一只大型鸟类的喉咙。

我激动得面皮微麻，嘴唇翕动，不由自主地重复那声鸣叫，想记住这个从未听过的陌生鸟叫。它一共12个音节，前两个音节“叮嘎”的“叮”，是京与叮的混音，像过春节放二踢脚的头一响，很有突发性：叮！震得地面微微一颤。第二个音节“嘎”声中透出水灵灵的“呱”音，在下压的“叮”震音发出后陡然升高八度，似某种外形圆融的响器，带着安抚意味的又柔又脆的啸声飞向高空。随后那一串脆生生嘹唳，则多少暴露了这只陌生鸟类的身份，它很像黑枕绿啄木鸟发出的典型的嘌嘌嘌嘌嘌嘌的呼唤声。很多人都有这样的经历：在山林静寂的早晨，绿啄木鸟一串亮啼忽然打破宁静，一下子把你带进古文人描述的自然情境——空山鸟语。

听得出，这只大鸟与我们相距约七八十米。

溜溜溜溜溜溜溜——

远处的密林传来了另一只鸟的应答。我再次肯定自己的判断，它与绿啄木鸟的鸣叫相似，只是多出一点刚硬，不如人家的音色娇婉清丽。绿啄木鸟的鸣叫好像把箫管浸在水中，奏鸣时流出水的柔性。

难道这是一种我从未见过的啄木鸟吗？

长白山有10种啄木鸟：大斑啄木鸟，小斑啄木鸟，白背啄木鸟，星头啄木鸟，小星头啄木鸟，黑枕绿啄木鸟，三趾啄木鸟，棕腹啄木鸟，黑啄木鸟，蚁䴕。其中星头啄木鸟和黑啄木鸟的数量非常稀少。

这时，松鼠妈妈叽叽连叫两声，意在示警，同时昂头望向鸟声响起的方向。这个耳聪目明的小家伙现在成了我的消息树，在突发情况下，针对对方的每一个新动向，它均做出各种机警的反应。在森林里，野生动物的视力和听觉远比人类敏锐得多，它肯定早已觉察出对方的声音和身影并开始采取相应动作。

果然，一只黑色鸟影出现在空中。它在墨绿色的红松树冠间忽隐忽现，朝松鼠巢所在的大枯杨树方向直线飞来。

我大吃一惊，它可真威猛！

通体漆黑如炭，无一丝杂色羽纹。身长约半米，跟苍鹰相近。随着双翅的扇动，乌黑的翅翼和身体在阳光树影间闪动着晶亮炫目的金属光泽。双翼呈宽圆钝剪刀状，尖锥般的嘴锋笔直前伸，似一柄出鞘的利刃。初看上去，它显得威风凛凛且带有凶煞之气，宛如一只在晴空下飞翔的黑色幽灵。

它不慌不忙地飞临大枯杨上方，几乎擦着树梢滑掠而过。我目不转睛地盯住它，不，它不是凶鸟。它的飞行很像苍鹭，稳稳当当近乎慢吞吞地扇动双翼。不同的是，苍鹭直线飞行且缩着脖子，而它似信天翁那样全身舒展。扇动一次翅膀便滑翔一段距离，在天空留下一条舒缓从容的飞行弧线，具有天生的沉稳与大气的姿态以及不把任何事物放在眼里的领主风度。

鸟影掠过之后，我瞟了一眼松鼠妈妈，它竟然原地未动！奇怪，它为什么没流露出一丁点儿害怕的迹象？而是一直仰脖盯着那硕大的鸟影，根本没有逃跑或躲藏起来？答案只有一个：它认识这只大鸟并了解它的习性，它不属于天敌。当天敌现身时，松鼠的强烈反应我是知道的，如果来的是一只大型猛禽，它早已叽喳一声骇叫，噗噜噜蹿入隐蔽的树洞中。

叮——嘎——！大黑鸟一边叫一边飞过环区公路，往保护区外的林地飞去。

我惊呆了。它极可能是啄木鸟之王——黑啄木鸟！

10年前，我看过日本NHK拍摄的一部讲述黑啄木鸟生活的纪录片，还认真而匆忙地作了笔记并保存至今。片中介绍说，全日本只有5只黑啄木鸟，国家专门为它们建立了保护区……

从那天起，在我心目中黑啄木鸟已经成为一种梦幻之鸟。

连续八九年来长白山，我从来没向当地的动物学家、保护站人员和山里人打听过这种啄木鸟，原因就在于它极为珍稀。在内心深处，我从未抱有与之相见的幻想。去年，我曾见过三趾啄木鸟和蚁䴕。但是，对于能否看见黑啄木鸟，我想都不敢想。哎呀，这种十年九不遇的幸运，怎么就让我赶上了？！

听声音，它已飞到百米之外，落在树上继续鸣叫，招呼远处的同伴。少顷，沟里又传来另一只鸟的回应。随后，第二只炭黑色大鸟缓缓飞来，沿着先前同伴的空中路线飞经大枯杨上空，去往同伴的落脚点。

哦，它们是一对夫妻。先前探路的那只是雄鸟。它觉得落脚点及周边区域很安全，才招呼爱侣前来。在许多种情深意笃的鸟类夫妇当中，夫君大都极具绅士风度。它们对妻小百般呵护，探路、觅食、护巢直至为保卫家庭献出生命。所有无私付出，全都为了幼雏和雌鸟的存活，为了种族的延续。这是雄鸟的职责和本能，与生俱来，天经地义。

它们应该是黑啄木鸟。万万没想到，我能在有生之年目睹这种珍稀大鸟的高傲风姿！

黑啄木鸟飞过之后，森林十分寂静，只有红松林上方的林冠回荡着低低的风声。我静静地聆听，希望远方再次响起那颇具震撼力的鸣叫。过了好一会，并没有鸣声传来。我取出笔记本，趁它的鸣叫声仍在脑海回响，赶快把叫声记录下来。

少年时经常进山打柴和采摘野果，已能识别戴胜、斑鸠、短翅树莺、白脸山雀、北红尾鸲、灰鹡鸰、金翅雀、雉、伯劳、柳莺、太平鸟等一些鸟类的鸣叫。现在年过半百，对一些鸟鸣需反复记忆，有时仍记不住，像黑头蜡嘴雀、白腹蓝鹟、鹪鹩、蓝点颏、绣眼鸟、金眶鸻、白腰草鹬等，必须连续多年复习才能记住。可是不知为什么，黑啄木鸟的叫声只听过一次便牢记心头。

顺便说一句，那年回省城过春节，大年初三凌晨，从梦中朦胧醒来，耳边忽然传来一串悠远清亮的鸟鸣：叮——嘎——溜溜溜溜溜溜溜……

我知道，那是原始森林的呼唤！

第五课　香菇和水晶兰

从住处出门西行6分钟上陡坡，坡顶的小树林中有土坎，我把它当作自然与人世的分界，每天早上跨过那道土坎，便进入次生林带，再走十几分钟可进入原始林。周围鸟语花香，满目绿色，世上最纯净的空气和溪流，最美丽的野花与蘑菇，而且总觉得前面有大大小小的惊喜和未知的美丽在等着我……而每当黄昏时分迈回那道土坎，唉，又回到污浊的尘世。

进原始林上行两个小时，在倒木圈旁边歇息，顺便削一个苹果梨。不经意一瞥，心头蓦然升起一片惊喜：在铺满葱绿湿润厚苔藓的倒木上，两株美丽非凡的香菇并肩而立。结实浑圆的赭红菇伞，矮胖白净的菇腿，伞帽上遍缀微微凸起的乳黄色斑点，一根微微分叉的褪色松针横卧在菇伞上，像一种不经意的点缀，别具山野味道。一缕阳光透过茂密的树冠，几块明亮光斑洒在四周，立刻换上暖调，青苔、蘑菇、松针，甚至旁边两三片枯叶，在潮湿的空气中焕发出朦朦胧胧的淡金色光晕，伞帽上的斑点像小金星闪闪烁烁……

我忍不住将鼻子凑近，停在距它3厘米处，静待一缕清香流入鼻孔。可是，除了湿朽木的气味之外，并无蘑菇的香气。奇怪，以往我嗅过各种蘑菇，肉蘑（榆耳）散发一种甜丝丝的水蜜桃气息；刺蘑（鳞伞）在淡淡的菌香中透出一丝把持有度的动物皮毛的暖气；树鸡蘑（硫黄菌）散发好闻的青柠檬香气；粘团子（点柄粘盖牛肝菌）飘出柔和的榛子类坚果气味；老牛肝

（树舌）茁壮喷发孢子时，漫逸矜持耐久的木材暗香，可形成气味场；冻蘑（亚侧耳）之香气滑润清淡，湿气侵人；榛蘑（蜜环菌）则凝聚了腐殖土的精华，森林棕壤的土味四溢……更别提灰树花和猴头蘑，我觉得应当排在长白山已知的700多种大型菌类前两位。吸之入鼻，鲜亮浓郁的松脂香、土香、草香、花香、虫香，水汽、落叶气、朽木腐气统统化做一线清溪，潺潺浸透我的五脏六腑……

正疑惑着，忽然，一股新鲜的苔藓之气袭上鼻端。细细分辨，其中还蕴含着青草芽、蚂蚁窝、湿朽木、陈年松针、隔年橡果相混杂的清香和土气。原来，这是原始林地面的气息，却不是香菇的香气。香菇是春天最早钻出青苔层的林中美味之一，可我为什么闻不到它的菌香？据说香菇只生长在橡树倒木上，我的目光沿倒木分杈寻去，有了，还有几朵长出大伞盖的香菇，已泛出涂了一层油似的含紫的肉褐色。有的被什么动物吃得只剩一个茬，有的被啃得七零八落。扫视四周翻起的泥土，不是狍子就是野猪干的。

问王老师如何才能闻到香菇的香气，答曰：“把它放在火上烘，香气就出来了。”

心头不由一震。昨夜刚读过惠特曼的《典型的日子》，老人曾在随身摘记簿上录下四行诗：

香料辗碎了，才会有香味，
香水打破了，才会有香气，
你想展现它的力量吗？
那就把熏香投到火里。

鳞伞之一种

香菇

原来，香菇所以以“香”冠名，它真香。但须以炭火或太阳烘干，才能催发出它内蕴的真气。同理，要想学到真东西，须投入火样的兴趣和好奇心。

写作者都知道，气味最不好写，如何把蘑菇的气味写得传神？心里隐约有个想法：野花色泽教我用眼睛写作，鸟儿鸣啭教我用耳朵写作，蘑菇香气教我用鼻子写作。所以，不管遇见什么蘑菇，一定要用鼻子闻一闻。

5月初，猪嘴蘑（胶陀螺）、香菇、羊肚菌即已上市。香菇在世界上最早被人类驯养栽培，对癌细胞有强烈控制作用，还能降血压、血脂，预防感冒、佝偻病，治贫血，提高人体免疫力，号称菇中之王。野生香菇市价三元，可一直吃到8月末它的生长期结束。

此菇我吃过很多很多次。最难忘的一次吃香菇的经历是2008年夏末，当地挚友拿来一斤极名贵的松茸（松蕈、松口蘑）。据说在松茸萌发的前夜，采菇人要在松茸出生地搭帐篷守候，等到一颗颗菇蕾破土长大直至个头长到最大、分量最重、品质最好时才下手采摘。此菌的最佳吃法是生切片蘸辣根生吃，佐以野生干香菇菌汤，还有一盘肉丝炒猴头蘑。干香菇菌汤的做法如下：清水与干香菇同煮，别放一丁点儿油腥，待汤变褐色后加盐和葱花出锅。结果三人聚餐松茸一扫而光，菌汤连喝五砂锅，肉丝炒猴头蘑一箸未动。那两位朋友每人半斤蓝莓酒，酩酊大醉无法夜归，只好在我的沙发上过夜。

老挖参人都有一双在草丛中找出山参的锐眼，王老师有一双在落叶层里发现各种小菇的明目。满眼的陈年落叶，他用棍轻轻翻弄，再俯下身去，小心翼翼地擎起一支垂头虫草。又缓行数步，拨动杂草，眼前呈现一株娇滴滴的水晶兰。过去，我只看过长白水晶兰的照片，登时被它那幽暗莹白、近乎透明的的纤弱姿影所打动。这次不但亲眼目睹，还巧逢花期，它羞答答开放婴儿指头大小的钟形小花，花心淡淡泛蓝，环绕一圈嫩艳的黄蕊，一切都那么精细紧致，冰清玉洁，宛如自水晶胚珠孕育生发。此兰寄生于林地下的树木须根上，不产生叶绿素，故通体剔透无瑕。还有一种与它相近的植物叫松下兰，据说此兰还有淡黄色种类，色泽与质地清纯莹润，如同半透明的黄玉精心雕琢而成，疑似仙物，但愿有一天能亲眼目睹。

在观察松鼠出巢的掩蔽棚里吃过午饭，王老师去附近寻榆耳。此种菌类形似大块肉色果冻，喜生于榆树和倒木阴湿处，雨季易萌生。前些天曾采到八两多，回家洗净下锅，加小白菜、水萝卜片，滴七八滴浮油，开锅后菌块黏滑醇厚，肉味飘香，好一锅美味浓汤。

水晶兰

我有午睡习惯，躺在香喷喷的草团上小睡片刻，朦胧中耳边传来簌簌簌的跑动声和叽叽啾啾的吵闹声，好像有几只小动物在掩蔽棚外面活动。

我小心翼翼扒开棚脚的蒿草，向外面望去——哈，原来是那窝小松鼠！

首先映入眼帘的，是几蓬快速摇摆的大尾巴，然后才看清那几个柔软灵动的灰色身影。它们在大倒木底下挤作一团，你一口我一口在争抢一些刨花似的白东西。且慢，那刨花样的东西是——哎哟，那是我削的苹果梨皮！

昨天晚饭后去市场，见小摊上有新摘的青苹果梨，这是延边的特产，个大汁多爽脆甘甜，买了2斤。今早出发前揣了两个，搭掩蔽棚累出一身汗，便削了一只梨解渴。当我打盹时，四处闲逛的小松鼠找到了丢弃在地上的梨皮，捡了个小便宜。

它们太爱吃甜东西啦！看那股子劲头，远不是活泼好动所能形容，而是忘记了一切的近乎发疯，看得我眼睛都不够用。有的用前爪捧着长拖拖的梨皮，送进吧嗒吧嗒飞速咀嚼的三瓣嘴里，梨皮像传送带源源不断，有进无回；有的叼着梨皮出出溜溜蹿到大倒木顶上，一直跑到倒木尽头，把梨皮藏到别人看不到的树木断茬下面，偷偷在那里大吃；还有两只松鼠正互相抢夺梨核，一个叼着梨核到处乱窜，一个在后头紧追不舍，追上之后嚓的一口咬住了梨核后部，双方都死不松口。咔，咬住梨核屁股的那个将后半部分咬下，马上捧在嘴边，嚓嚓嚓一顿急啃。叼着梨柄的那个想躲起来独吞，东奔西跑中竟一头扎进掩蔽棚入口，猛抬头看见我在里面，不由得一怔——刹那间，我们俩，人跟松鼠，正面相对，大眼瞪小眼，全都惊呆了！

在那一瞬，我看清了它机敏可爱的模样。

它一双朝天耳竖得笔直，耳尖已长出寸把长的笔状簇毛。一双圆鼓鼓的大眼睛像黑珍珠，由于万分惊愕瞪得大大的，在阴暗的掩蔽棚里闪动着两个亮晶晶的光点，淡灰的毛色也变成微微透蓝的深灰。由于剧烈奔跑，小小身躯因快速喘息不断起伏，仿佛能听到它咚咚咚的心跳。

那是个极其短暂的时刻，它突然身子一弓，毛蓬蓬的大尾巴像受惊的毛虫，左右急速弹动。“叽！”发出一声惊叫，丢下半个梨核掉头就跑，只一闪便消失在掩蔽棚外面。我还未从惊愕状态中恢复正常，紧接着奇事又发生了，眼前小小灰影一晃，它又突然折身返回，小贼样疾快蹿至我眼皮底下，火速伏下前半部身体，半眯缝着眼睛，现出一副挨打的神情，叼起梨核调头一溜烟逃窜。它这个出人意料的举动，再一次令我目瞪口呆，好半天才回过神，笑了起来。整个过程大约只有短短的几秒钟，它接二连三的表演，搞得我连一点反应时间都没有。汁水淋漓的梨核诱惑实在太大，这个尝到甜头的小馋嘴无论如何都抵挡不住，只能冒着巨大危险回来夺回美食。

掩蔽棚外一片寂静。我从入口慢慢探出头，松鼠一家早已无影无踪。大倒木下面，连一小片梨皮都没剩下。受到这般惊吓，它们不会回来了。

我在头脑里想象着：那只误闯掩蔽棚的小松鼠，此时正在某个隐蔽的角落，用松鼠的语言叽叽呱呱向家人描述着一个藏在草棚里的巨怪的丑模样，还有那怪物满身呛鼻子的古怪汗臭和烟袋油子味，说不定它现在还被呛得直筋鼻子呢！

第六课　灰树花与红蛤蟆菌

天上云飞云走，树影忽明忽暗。光明时数支黄鬼笔嫩黄蕈头似成熟的云杉果金黄灿灿，光暗时又似数点小灯笼烛光朦胧。一块绿茵茵的林中空地，落满了最早飘落的青楷槭秋叶，一个又圆又厚的白帽檐从又大又皱的淡橙黄色落叶下探出。再看，还有五六朵洁净的乳白色蘑菇藏在落叶下，厚伞盖、粗菇柄、敦敦实实，仿佛几只小雪兔仔，安安静静地围成大半个白圆环，正准备做游戏，形成一个蘑菇圈。正如它的名字香杏丽菇，散发扑鼻的干杏仁香气，这香气如此浓郁，采摘入篓，在空气中挪移片刻，留下一缕断断续续

黄鬼笔

的香气轨迹。

一阵唧唧咕咕的吵闹声从山坡下传来。卧在灌木丛中下望，四五只小松鼠正围着一个圆滚滚的活东西跳跳闪闪打转。是什么使好动的小家伙们聚在一块儿？我举起望远镜很难辨清，像个隐没在草丛中的圆石头。小松鼠围着它又蹦又跳，像围着一个滚烫的大烤红薯，想吃又怕烫嘴，想走又舍不得，个个像小急猴儿。毛蓬蓬的尾巴摇来摆去，不断以各种方式从各个角度嗅探、触碰，又啧啧打着响鼻飞快退缩。

“咈！”那东西忽地一抖，发出低低的怒吼，“呼——呼——！”

哇，是只小刺猬。7月初曾见过一只，也在这附近，这种吼声挺熟悉，它也这么吼我来着。刚才这小刺猬不是抖，而是蓦地一个矮跳，刺戳过于靠近的捣蛋鬼。

呱！大家发出一声喊，四散逃开。一只小不点凌空翻了个筋斗，落地后嗞哇哇大哭，估计被刺猬针扎疼了。可这帮记吃不记打的小东西，转眼重又围拢来，又嗅又碰，跃跃欲试。以它们灵敏的小鼻子，肯定嗅着了一大团扎扎蓬蓬的尖刺里包裹着的香东西，那可是比蚂蚱还鲜美肥得流油的美味耶，却怎么也吃不到。也可能它们只是好奇或玩心大起，想拿刺猬寻开心。反正，观察活泼好动的小松鼠围着老成持重的刺猬急切快速地转来转去、花样百出地挑逗戏耍，是世界上最滑稽的事情。

哈哈，不买票看小精灵们演地蹦子（东北二人转），不看白不看。

松鼠的小爪出奇的快速灵活，有一只又去拉那可怕的尖针。它竟然重犯刚才的错误！咈！刺猬又连续跳上两跳。这一回众松鼠惊鸟般蹦蹿，无一被刺中。那只爱冒险的小家伙快速返回，四处嗅闻。呜呜，这边挺臭，八成是屁股。瞧那边，有湿湿的黑鼻头，一双睡不醒似的眯眯眼睛。侧面，一条花白的细毛处，是暖烘烘的肚子。悄悄把小嘴巴伸过去——哗，一排长针忽地伏倒，直挺挺戳过来。小家伙反应奇快，张嘴咬去，咯嘣！利齿碰上了硬刺，看你硬还是我硬！双方都亮出锋利武器，谁都没占到便宜。最终，刺猬明白这帮捣蛋鬼对自己毫无伤害，于是一路吼一路行，慢吞吞离去。它本来想采几朵香喷喷的蘑菇当冬天的存粮。别看这个大刺球动作缓慢，挑蘑菇却是把好手，专挑松树伞（血红铆钉菇），那可是山里最好吃的蘑菇呢。

刺猬、松鼠、鼯鼠、野猪、狍、鹿、麝和许多鸟类都喜欢吃鲜美的蘑菇。昨天还见一个灰背鸫鸟巢旁的树杈间，夹着一朵叨去一半的冻蘑。它们活动范围大，粪便中带有大量菌类孢子，可在森林里到处传播那些好蘑菇。

转到一片两百年树龄的红松橡树混交林，远远望见一棵老橡树裸露虬盘的根部，趴着一只圆拱背部的小兽，毛皮呈浅狐褐色，沉睡般一动不动——且慢，那是……

“灰树花！”

我和王老师齐声大叫。

如果说松茸、羊肚菌、黑块菌、灵芝等蘑菇是原始林的奇迹，灰树花则是奇迹中的奇迹。而且，有一种白树花在全中国仅吉林省独有，是长白山原始森林中的奇葩。

林中刺猬

眼前这一大坨罕见的灰树花，长相颇似一棵大菜花，估计重达2.5公斤。此菌从主干基部分众多乳白色分枝，分枝再分小枝，枝顶形成小圆片状内凹的革质伞盖，菌褶形状像设计精妙的迷宫，众多浅狐褐色小菌伞似层层轻浪，簇拥荡动，在正午阳光和树影中闪烁着淡金褐色光泽。

相距两尺，一片鲜凉清透的微冷气息迎面扑至。我一怔，在那一刻，感觉面对面的不是蘑菇，而是五月间深山岩罅间一线初融的雪溪。

2005年秋来长白山，蘑菇大收。印象最深的当属灰树花。那天在山上偶遇四位采蘑菇人，其中一个叫张淑珍的妇人很能干，采了满满一背篓冻蘑外加一大筐榛蘑。见他们又饿又累，我从背包里掏出几块月饼相送。不料她从背篓上搬下一坨蘑菇回赠，说这叫柞树花，老好吃了。同行的植物学家的妻子便是蘑菇专家，他自然识得。不由喜上眉梢，悄悄嘀咕，这是一种很稀有的菌类叫灰树花。那坨蘑菇足有一公斤重，呈野兔皮毛那种淡灰褐色，正值茁嫩期，扑鼻清香胜过猴头蘑。我俩当即下山直奔饭店，一半炒肉一半做汤，大腹便便而归。那是此生第一遭品尝如此美味的山菌，印象极深。后来见央视国际频道播出新闻：英国科学家发现一种舞蕈的抗癌能力超过灵芝十几倍，末了补充一句，舞蕈即中国的灰树花。再后来搜得数册中外专著，国外学者主张，灰树花属稀有真菌，最好别吃。

现在，眼前这坨珍稀的灰树花正趋成熟的孢子喷发期，当然不能采摘。巧的是王老师又在树后发现两坨小的，于是万分小心采下一坨带回去搞栽培实验。

正午时分，是各类蝴蝶一天中最活跃的时段。它们浪荡花间，翻飞回转，一旦落在细叶百合那花蜜盈盈的橘红色花朵上，赶都赶不走。且慢，草丛中闪过一团极娇艳的光晕，多么鲜艳夺目的花啊，蝴蝶为什么不去光顾？啊，原来是一株绝顶美丽的蘑菇！

它艳若晚霞，珠光熠熠，红彤彤的菌盖上均匀分布着雪花般洁白的散碎鳞片，华美中透出高雅韵味，仿佛一颗掉落在林地上的红宝石，连周围的陈年落叶和阴暗草丛都被它的光彩照亮。

看到它的第一眼，由衷从心底里迸出一句赞叹：天底下竟有如此美丽的蘑菇!

见我呆怔怔的模样，王老师笑道："这就是你要找的大名鼎鼎的红蛤蟆菌嘛。"

灰树花

红蛤蟆菌

在最后的冰河期，古人类留下了岩画。亚洲东北部冻土带的佩格蒂麦利河岸的大型岩画群中，有表现远古神话题材的岩画：舞蹈的女人有两条发辫或两只耳坠，头上顶着一个大得出奇的蘑菇。手中拿着类似手鼓或哐啷哐啷作响的法器。她代表了古代楚克奇人崇拜的女性祖先大萨满。岩画中的蘑菇被刻画得非常大，按其形状判断，应该是红蛤蟆菌。在古人类眼中，它具有特殊含义，象征着一种人形蘑菇。俄罗斯研究者认为，这是当时远古人类的一种神人同形观念。人一旦吃了蛤蟆菌，精神将发生迷狂错乱，会被这种类人形的大蘑菇抓着头发带到阴间，它给他们看那里发生的一切，还带着他们做出种种不可思议的事情。

这种人形蛤蟆菌的舞蹈岩画，证明了西伯利亚东北边区萨满教的深远根源，蘑菇来源于土地，它充满神奇的魔力，进而变成宗教符号——象征着大地母亲，代表所有生命的源泉。北美印第安人在举行萨满仪式时同样使用此类蘑菇，使其发挥相同的作用。

亚洲最北部冻土带佩格蒂麦利岩画中蛤蟆菌带人升天入地形象及马鹿山羊图

蛤蟆菌是北温带森林最美丽的蘑菇之一，伞盖大如圆碟（最大直径20厘米），有金黄、橙红、橙黄、暗红、亮红等多种颜色，其中以亮红色数量最多。在灰褐色朽叶与翠绿草丛中美艳异常。鲜红发亮的伞盖上点缀着白色、淡黄色的斑状鳞片或疣状颗粒，美不胜收。国外叫它毒蝇鹅膏菌，国内叫毒蝇伞、捕蝇菌、蟾斑红毒伞。然而，绝不要被它的艳丽夺目的外表所迷惑，此菌极毒，富含毒蝇碱，只尝几朵即出现中毒症状，出汗发冷抽搐、脉搏减慢、呼吸困难并出现谵妄症，产生荒诞幻觉。虽毒性巨大却并非经常致人死亡。生活在北温带森林的北美驯鹿、灰熊和松鼠有时兴致盎然地寻找并食用此菌，利用其中含有的致幻剂进入迷幻状态，获取某种兴奋和快感。我曾读过加拿大动物小说家汤·西顿的《旗尾松鼠》，灰松鼠误食蛤蟆菌上瘾，每次发作的种种亢奋表现和吸毒嗑药人员的表现非常相像。观察到这种现象，远古时代的萨满教法师们便利用此种菌类的致幻效果，作为萨满降神的辅助药物，达到迷狂忘我之境，以期与上天和阴间的神明相遇，代族人诉说烦恼和苦难，乞求神明的赐福。在北极，红蛤蟆菌在不久前还被用作麻醉剂。但是，使用这种致幻剂无异于在死亡与迷幻的钢丝上跳舞，一旦服用过量，立即丧命。

怪不得有一天，走近鬼笔群落的倒木圈时，一只松鼠忽然咕噜噜叫着蹿上大树，地上遗留下几片被它撕扯并吃剩的蘑菇碎片，经王老师辨认是褐云斑鹅膏菌。此菌有毒，食后头晕，可能有致幻效果。由于红蛤蟆菌生长在海拔千米湿冷的林缘桦树林中，低山带少见，这只松鼠便食用低山带的灰鹅膏菌来获取兴奋感。看见这情形我不禁好笑，有一种十分美艳的蘑菇叫橘黄裸伞，人误食后神经兴奋以至狂笑狂舞。松鼠误食会有怎样表现？松鼠是森林土著居民，大概不会像人类这么傻，一定会控制摄入量达到需要的效果。

远古人类生活在森林和荒野中，他们看到那些比人类早诞生数千万年的林中伙伴——熊、鹿、狍、松鼠、野猪等动物食用各种蘑菇，也学会了采食蘑菇并认识了一些给动物带来幻觉和快感的蘑菇。一些聪明的部落萨满在宗教仪式中利用蘑菇的致幻作用，出现种种迷狂症状，声称神灵附体，在精神上鼓励、引导部众向对部落生存有利的方向去从事各种劳作、适时迁徙、化解争执、合理分配、避免战争，等等。同时由于萨满认识许多草药，在给族人下药治病前做些法事，使病人在潜意识里信任神灵，相信药到病除，自然对祛病起到积极作用，这也是人们所说的巫医。随着人类进入农耕社会，统治者将“巫”和“医”分开，巫变成神职人员，医则变成中医师。

二十多年来，我一直在思考萨满降神时所谓神灵附体的种种狂癫迷乱的失常表现。萨满也是人，他们怎么说来神就来神?

古岩画和红蛤蟆菌帮我揭开了这个谜底。

古人类在盛夏时还利用此菌驱蝇，方法很简单：用一只浅木碗盛上牛奶，再掰几块蛤蟆菌浸在奶中，苍蝇喝奶后就会被毒死。昔日的萨满个个都是草药行家，他们发现森林中有三十多种蘑菇含毒蝇碱成分，常见的有：豹斑毒伞、白霜杯伞、花褶伞、大孢花褶伞、细网牛肝菌、黄丝盖伞，等等。其中花褶伞生长在马粪上，很容易得到。当然，有些植物也有同样的功效，他们便将这类植物晾干碾碎保存起来，留待冬春两季不生长蘑菇时充当替代品。可惜我对植物所知甚少，无法举例。

王老师告诉我，长白山已知的大型真菌744种，其中可食用的有340种，可药用的192种，毒蘑菇有102种……总之，人类对菌类的研究远远不够，要想彻底把海洋中的生物物种分类、命名、编目，海洋生物分类学家们要工作数个世纪才能搞清楚。真菌世界也一样，自然界中的各种真菌有95%尚未被人类知晓，可能有些种类含有治愈癌症或使人延年益寿的神奇作用。总之，蘑菇世界有无数秘密等待我们去揭晓。

第七课　秋夜·守候“戴面纱的女人”

2008年9月1日，王老师带我去二道白河河畔的原始林，这里有一块他退休后为继续研究蘑菇圈定的野生菌样地。

正行走间，高大的红松树上突然传来一声大响：

砰——咔——扑通！

一颗沉甸甸的大松塔一路磕磕碰碰，穿过密集的红松枝丫从天而降。紧接着，树上传来熟稔的咕噜噜、咕噜噜的不安叫声。

“松鼠生气了，扔松塔砸咱们呢。”王老师一边说，一边走过去捡松塔。

噗！又传来一声闷响。

这松鼠气性真大，又投下一颗“炸弹”。听声音，砸在了一株饱含水分的腐朽倒木上。我循声朝一堆横七竖八的倒木圈走去，想捡回那个松塔。

咦，那是什么？

这是一棵已倒下二十年以上的风倒木，坠落的松塔在覆遍陈年落叶和青苔的朽木上砸出一个浅坑。在坑边四溅的腐叶和绿藓中，隐约露出一个乳白色的“蛋”。乍看上去，它像个比拳头还大的白皮土豆。仔细看，它比土豆干净多了，不但未沾染一星泥土而且表皮白皙光洁。难道是哪个粗心的野鸟遗失的蛋？

不对，温带森林最大的鸟类是黑鹳和秃鹫，在长白山早已杳无踪迹。再说季节也不对，谁在秋天下蛋哪？轻轻触摸，它紧绷绷的外皮似细腻的革质并有弹性。再次打量这个幽深隐秘的林中角落，这儿，那儿，还有几颗“蛋”纷纷拱出苔藓层。它们高4~7厘米，宽5~8厘米，静悄悄地安卧在碧绿的青苔和暗褐色的朽叶中，闪动着幼儿新生乳牙般湿润纯洁的光泽。

“这是鬼笔科真菌的蛋。”见我没听懂，王老师又道，“这是它们未成熟的子实体。等它们成熟时，蛋会开裂，从里面长出一株长有盔形菌盖的长菌柄真菌，有时从菌盖下长出一袭网眼状薄纱般的菌幕。这可能是短裙竹荪，也可能是包网鬼笔的蛋。再等上两三天，这些菌蛋应该长出成熟的真菌了。”

难道这是“戴面纱的女人”？！

早年曾读过一篇文章，印象极深：巴西雨林深处有一种奇异的菌类，它从一个白色的蛋里蹦出来，以肉眼可见的速度生长，两小时长至半米高。然后鲜橙色菌伞下发出噼噼啪啪的轻响，缓缓长出一笼精致的透孔薄纱般的钟形网裙，颤抖着罩住颀长雪白的菌柄。这时，从菌褶内发出绿宝石般的幽光，网裙也随之散发淡淡微光。同时，一股浓烈的臭气弥漫开来，吸引众多发出荧光的夜蛾和蝇类，像小幽灵似的围绕菌类散发的神秘光环舞蹈。当地土著把它叫做“戴面纱的女人”，还把它当成自然生灵之神的化身，每当它茁壮怒放时，便虔诚地围绕它祈祷。

我仔细观察眼前的这几个菌蛋，发现其中一颗已裂开一条宽缝，内里有柚子肉样的莹润凝胶，隐隐闪动露滴般盈盈珠光。

心头顿时涌上一股热流，一定要亲眼看看这些蘑菇到底长什么样？神秘的热带雨林与长白山的气候条件完全不同。可是，万一温带森林里隐藏的秘密撩开面纱，“戴面纱的女人”在我眼前骤然绽放全部美丽，岂不是一生难求的奇景！

当天，我便在这些菌蛋旁支起帐篷，眼巴巴守候了两昼夜。然而，它们没有一点变化。第三天接到通知，要赶回省城开会，还要请人文社的老师审看刚杀青的长篇小说。没法子，只有等待明年。

第二年9月11日初黑，在淅淅沥沥的秋雨中，我开始了一年零六天之后的第二次守候。

这一次不同以往，这片区域已被一头新搬来的黑熊据为领地。6月初的一天，我沿着二道白河向林中写字台走去。突然，十几米远的树丛里传来轰的一声憨吼，短急凶暴雄壮。随即又咕咚一声大响，似重物坠地。

熊！

我立刻意识到它受到了惊吓，正在暗处全神戒备，而且有些气急败坏。在这种情况下，难以捉摸的它或者逃走，或者虚张声势驱赶侵入者，或者干脆展开攻击。

我立即蹲下，双手飞快探入挎包，一手掏出防爆催泪喷射器，一手抓出照相机。准备停当后，定睛搜索面前枝叶繁密的阴暗丛林。由于它隐蔽得极好，尽管相距很近，却根本看不到模糊熊影。熊擅长利用周边自然环境隐藏自己，况且丛林是它的家，看不见十分正常。我吹了一声口哨跟它打招呼。岂料马上招来一串响鼻：吐噜噜噜——

声似怒马喷鼻，充满火气兼具警告恫吓意味。

在人家地盘上惹是生非，而且遭强烈抗议，后果难以预料，我立即迅速离去。

2008年松子大收，进山人多，熊被迫退至人迹罕至的深山红松林捡食松子。今年核桃和橡子大收，上山人少，熊逐渐下移到海拔800米的针阔混交林觅食。

那天遇熊的地点在我的帐篷上方1000米处。

7月初，同采蘑菇老张头结伴上山。归来时行至距住处不远的生猪屠宰场房后，忽见一头毛色青灰泛白的貉子旁若无人地从小路上穿过。看见我兴奋的样子，张老哥说："这算啥，今年在这条路上碰见两次熊了，冲我汪汪叫。这时候千万别站下瞅它，只管走你的路。"

从屠宰场淌出的暗红色污水直接流入清澈见底的头汊河，嗅觉灵敏的熊闻到血腥气，时不时来附近逛逛，想捡点剩余下货。

他说的遇熊地点，在我的帐篷下方4000米处。

今年食物丰盛，这头熊的领地大约方圆50平方千米。毫无疑问，我身处熊领地东侧的边缘地带。熊有捍卫领地的特性，它边游荡边觅食，食物多的

黏小奥德蘑与山蜗牛

地方会停留得久一些，估计每五六天可巡视领地一圈。还有，在我的帐篷附近生长着许多核桃楸，被风吹落的山核桃遍地铺陈。熊和人一样，十分清楚领地内那些个有吃有喝的好去处。

今夜，熊是否来此地觅食的可能性各占一半。

有位过去常打猎的朋友叮嘱：晚上在山里打小宿，一定要在帐篷前点一堆篝火，整夜不能熄灭，不管什么动物都怕火。这倒不必，我特意为此次守候购买了手提式探照灯。

这片倒木圈25年前由于风倒形成，面积200平方米上下。倒下的多为百年树龄的大树，有椴、橡、杨、松、槭等树种。白天在这里见到的菌类大致有霉状奥德蘑、白毒伞、平盖灵芝、日本亮耳、脆柄菇、粉红菇、香菇、亚侧耳、烟管菌、鳞伞、皱盖光柄菇、簇生延丝伞、蒜味小菇等二十余种。

灯光中，这些被雨水打湿的蘑菇伞盖泛出湿凉的莹莹水光，比在阳光中更显水灵剔透。帐篷前方一米处，三颗洁白如雪的菌蛋像熟睡的小白兔，圆拱背脊静静入眠。又行数步，眼前一亮，迈出的一只脚陡然在空中僵住。前后左右，到处都有白亮亮的菌蛋反光。天哪，我陷入了一个菌蛋阵！

最初的惊喜过后，我数了数，一共17个菌蛋。有的菌蛋已经破口，从里面拱出一个被厚层凝胶物质包裹着的乳白色内核，我叫它菌芽。随着菌芽的萌发和升高，圆润的菌蛋变成饱满的水滴状，这使我联想起一种植物。

前年夏季，在涨水的林中池塘边，看见数株被淹没在水下的白睡莲。时值花季，一颗颗皎洁的睡莲花苞从水下升出水面，它们有的已花蕾初绽，有的从水中冒出一半，有的才露出个小尖尖角，令人不由得赞叹白睡莲顽强的美丽。眼下，这菌芽的颜色与形态像极了水中的睡莲花蕾。不过，菌蛋圆钝的顶部有厚厚的透明凝胶物。当灯光映透菌芽内核，细细看去，晶莹的凝胶物深处包裹着的浓艳欲滴的翡翠般墨绿便呈现出来。在光线折射下，那墨绿活泼泼变幻色彩，忽而转成幼芽的嫩绿，忽而化作池塘深处的青碧，忽而变成老苔的土青，忽而转作新叶的葱翠……这是真菌的孢子体，是它将要传播四方的生命种子。

且慢，旁边的一株菌芽上有什么东西在动。不光如此，一团鲜腥凉冽的臭气拂上面门。灯光移去，它比同伴略高，显然萌发时间稍早，内核里活跃的墨绿色黏稠物已从顶端溢出，颜色变深变浓，呈绿中带褐的暗青，已积漫成滩絮。那动的东西是七八条纤柔细小的小千足虫，在孢子汤中极缓慢地蠕动。我屏住呼吸，生怕鼻息惊扰它们。这小虫比常见的千足虫小很多，体色黝黑透棕红，两排细细小腿像几乎看不清的纤毛。接下来，又发现两颗长菌芽的蛋，芽尖上全都麇集着小千足虫，这分明是一群预告菌蛋绽放的小先知哦，哪颗菌蛋的子实体破壳而出，它们便逐味而来，用肉眼无法看清的口器啜吸浓稠的孢子液汁。它们排出的粪便，极可能会直接传播孢子。然而，观察了这么久，这些菌芽它们似乎只长大了一厘米，生长速度远不如“戴面纱的女人”。

反正长夜漫漫，我可以盯住它们，每半小时观察一次，看看它到底长什么样？长多快，属哪类真菌？今夜将见分晓。

雨还在下，帐篷漏雨。女儿听姑姑说我在山上整夜观察蘑菇，发来短信问候。孩子一年比一年懂事，学习从来不劳我操心，老爸的心里暖融融的。给女儿回短信时，帐篷里进来第一位访客，一只闪烁着绿宝石般美丽翅膀的夜蛾。它无声地扑打着双翅，落在我的小木桌上四处爬来爬去。

哦，不知名的美丽小蛾，谢谢你陪伴我度过这个不眠之夜。

半小时后，开始第二次巡视。跨过一棵倒木时偶然回头，晃动的探照灯光柱中，似乎有束光亮倏然掠过。举灯定睛看去，在倒木与地面的夹缝处，一株银光熠熠的鬼笔赫然怒茁！

我登时怔在原地，分明是一柱凝固的喷泉；不，一支傲立的银烛；不，一根晶莹的冰柱；不，一桩洁白的雪塑……不，它们都不能与它相比，它是有生命的，而且正在传播数不清的新生命。

足足两分钟我才回过神，细细端详：此菌高半尺余，较蜡烛略粗。乍看，菌柄通体亮银。细看，遍布数不清微小晶粒。在灯光下如同用冬天最白净的雪砂粒凝塑。菌盖盔形，有厚厚的墨绿与酱褐相混的黏液层，闪动着黑陶般的细腻柔润的光泽。菌盔鼓凸处，隐约可见黏液下面有淡乳黄色精巧的蜂巢状网格。菌盖顶部中心，绽开绿豆粒大小环绕雪白唇瓣的圆孔，表明它已完全成熟。四周的落叶层中，五个亮白如雪的菌蛋幽幽发光，仿佛拱卫着它们骄傲的夜女王。

蘑菇萌生有个诗意的传说：它们伴随着月亮的升起从地下钻出地面，和它一起长高。看来这是浪漫的想象，蘑菇逢雨夜更加蓬勃兴旺。

为了感受它的气味场，我熄灯阖眼。整个人从头到脚沉浸在一片凉冽鲜劲的臭气中。为什么用“沉浸”这个词？因为我感觉它散发的气体比空气重，宛如由无数微小水滴汇聚的湿雾，在空气中漫溢暴涨。即使有风拂过，它涟漪摇荡，依然不去。一旦置身在这种比所有单个菌类都强大的气味场中，我们不要捂鼻子或者走开。只需伫立片刻，你会觉得：原本已经十分清新的空气品质为之一变，仿佛在大热天赤身从清凉的河水中出来又进入微冷的山泉里一样，空气更加清新，散发着若有若无的凉意，微微浸润着你的脸庞。实际上，这臭味中蕴藏着鲜气，它就像长白山林区最名贵的松茸，乍一入口，竟泛出浓缩后微微发臭的松脂味道。待细品慢咂，鲜香汹涌，直透胸腹。

22时30分，暗夜中传来两声松鸦的哑叫。我立即关灯，怕惊扰人家安眠，这里是松鸦的领地。从春到夏，我与这对鸟儿曾十数次相遇。这不，身侧这株山梅花的矮枝杈上，悬挂着两串小毛杏般的椴树种子，这是小两口储备的越冬食粮。多亏老鸦友提醒，我才意识到，雨水淋湿了两肩，膝盖以下也已湿透。黑暗中四处寻找帐篷，想喝几口热咖啡驱寒。突然，满目漆黑中闪现大团微弱荧光。难道看花眼了？七八步外，分明有一个硕大浑圆、足有一人高的大菌蛋，在黑暗中一闪一闪隐隐散发荧光。我一怔，随即听到叮、叮、叮的熟悉声响。噢，是短信铃声！原来手机在帐篷里一闪一闪发亮，映透单薄的圆形帐篷，使沉迷于菌蛋世界的我误把帐篷看成了菌蛋。

那一瞬，心头充满喜悦：这是个大大的吉兆！

少年时读《普希金传》，知道他迷信，我立马跟着迷信：这吉兆预示这颗大“菌蛋”即将萌芽，而即将顶开包裹喷薄而出光彩熠熠的亮银色“鬼笔”就是我！这支诞生于原始林腐殖土中的秋夜之笔，将饱蘸菇伞上的露滴，冷杉树干溢出的松脂，树洞蜂巢里滴下的蜂蜜，笃斯越橘涨满的果汁，老山参根须间的湿水汽……书写这篇悠悠长长散发山野之香的蘑菇谣曲。

回到帐篷读毕女儿发来的短信，又翻开日记本，笔下快速出现杂乱无章、我将保存一生的文字……

第八课　深夜·初识爪鲵

23时48分雨停，仍有大大的雨滴从叶片上滴落，周围全是嘀嘀嗒嗒的雨打秋叶声。哼—呼呜，哼—呼呜，呜—呜。夜森林中传来雕鸮深厚粗重拖长的鸣叫。它是原始密林中第二大的暗夜空中霸主，体长近一米，土名恨狐、横虎子即由鸣叫声拟音得来。第一大的鸮是极珍稀的毛腿渔鸮，今生我可能无缘见到。帐篷里访客渐渐增多，有苍蝇、赤眼蜂、大摇蚊、白蛾、黄蛾、地蜘蛛及各种小飞虫。外出巡看半小时，又有三颗菌蛋萌芽，三支新笔长高，平均一小时增高一厘米。同时还有五枚菌蛋拱出地面。迈步时万千小心，断不可踩坏一个娇嫩的菌蛋。

今夜的第二个惊喜于零时五十分来临。

万万没想到，原始林对我竟如此慷慨，使我亲眼目睹诞生3亿年的活化石——爪鲵！

第十次出去巡视时，在倒木圈东北角的倒木下，又发现了两颗新拱出地面的菌蛋。就在它们旁边，一对腿子比黑棉线还细、有多处关节的长腿蜘蛛正在跳舞。小一点的那位显然是雄性，它围绕着体型大得多的蜘蛛姑娘打转，舞动八根支棱八翘的小细腿，扭动着关节，笨拙滑稽又略显轻盈地跳着古怪的八爪舞（都来看啊，现代舞星们，你们脸红不红）。难道它们在深秋半夜交配？我饶有兴致地等待小两口的新婚之夜。果然，大蛛女生被小蛛男生不知疲倦的热辣舞蹈打动，做出一个我看不见即便看见了也永远看不懂的羞涩的默许姿态，这姿态或以肢体表达，或以气味相邀，或以蜘蛛语言暗示，或者，或者是一个娇俏的媚眼？难说。但我敢说，这只热情难挡的小蜘蛛，比太多的自私男人都强，因为它对交欢之前卿卿我我的前戏极有心得……然后它跳到了它的背上，八根细爪更加忙碌，急鼓阵阵，不住点地频繁点触对方身体的各个部分（我由衷地从心里喊一声：小蛛老师，加油！），最后我的小蛛老师终于美梦成真。

有的雌蜘蛛会在交配后转身把对方吃掉。我不想看下去了，况且，由于厚毛衣毛裤大部分已湿透，冻得浑身发抖。

灯光乍动，咦？倒木下面有东西！

第一眼看去，一股狂喜的浪潮涌遍全身，一只爪鲵！

我珍藏有1985年出版的《长白山西南坡野生经济动物志》。介绍了一种产自长白山的小鲵——爪鲵。从那时起，我一直渴望亲眼见到这种珍稀的鲵类，整整盼望了25年……

2008年6月，同朋友去渴慕已久的圆池——满族传说中的仙女浴躬池，当地人也叫它小天池。那是一次感伤之行，明明在夏日的丰水期，圆池的面积却急剧缩小，从最初的池岸退缩了30米。导致池水日渐干涸的原因一目了然：周围低矮的人工落叶松树龄不足20年，它们取代了往昔巨树参天的原始针叶林，使圆池失去了涵养水源的宝贵地下潜流……那天我唯一的收获，在岸边一个碎碗似的干土洞里，发现了两条对生的透明卵胶囊，又叫鞘袋。它约一拃长，摸上去颤颤巍巍仿佛吹弹得破，实际上十分柔韧。鞘袋内排列着墨滴般乌黑发亮的生物胚胎幼体，两条鞘袋内共有19个。这种卵囊令人联想到蛙类的卵块和卵带，但它明显不属于蛙类。小蝌蚪若发育到这么大，早已大幅扭动身体从卵块中挣脱，活泼泼入水。而它们仍休眠一样静止不动。我赶快拍照，又小心翼翼放回洞里，生怕它丢失水分。后来我把照片拿给一位老跑山的人看，他脱口而出："马蛇子，马蛇子下的蛋。"

马蛇子是丽斑麻蜥的土名，极常见。且像蛇类产白色长圆形卵，不是卵囊。我立刻联想到这可能是某种小鲵的卵囊。长白山有三种小鲵：极北小鲵、东北小鲵、爪鲵，其中东北小鲵为独有种。由于这三种小鲵极为珍稀，已被列入《中国濒危动物红皮书》两栖爬行类分册，位列珍稀物种的第二名。

小鲵现有8属30余种，仅见于亚洲东部。

后来我知道，小天池是国际小鲵界闻名的极北小鲵、东北小鲵的原产地。我还从照片上看到过极北小鲵的幼稚体，它洁白无瑕，呈现半透明体貌，恍若神物。近些年有人两次往小天池投放鱼苗，要把它变成养鱼池供游客观赏。后来发现：那些鱼在吞食小鲵的卵和幼体!

愚昧无知很可怕，急功近利加愚昧无知更加可怕！会毁掉地球上和心灵里最美好的珍宝!

当地人告诉我，上世纪70年代夏季，曾在小天池畔看见密密麻麻刚出壳的小鲵宝宝在水里游来游去，现在这种场面已很难见到。

眼下，由于相距仅半米，爪鲵的体貌极其清晰。它有点像幼鳄，只是嘴巴短圆，头部长着一双青蛙那样晶亮鼓突的大眼睛；浑身有厚层黏液，看上去通体油湿莹滑，这是小鲵的典型特征。它没有肺，靠皮肤呼吸，黏液所含物质尤为珍贵，在漫长的3亿年中帮助这个物种抵御各种致命细菌和病毒的侵害，一直存活到今天。

它体型浑圆略扁细长，从吻端到尾尖约16~18厘米，拖在身后的尾巴比身体还长出一截；四肢稍短，爪黑；腹面应为浅白，移动时在光影中泛出纯白；体表颜色朴实无华，呈稍淡的烟褐，并分布晦暗的深棕斑点，后肢为枝状斑纹。这是营水陆两栖生计的小家伙的隐身衣，能很好地融入地表的腐叶苍藓败草和朽木渣中。最突出的是它独有的处变不惊的气质，在雪亮的灯光下，眼睛眨都不眨，仍慢吞吞爬行，酷似蛙类的半弧形唇线两边弯翘，似挂着一丝宁静的笑意。

在我的长久注视下，它不晃不摇、不慌不乱，缓慢踏实一步步往前，沿一条无形的直线，向倒木下缝隙深处行去。哎，咱俩挺相像啊，我写东西既笨且慢，但懂得贴近土地，不听外界的诱惑喧哗。秋雨寒夜，我俩都独身一人，看似孤单，却知道干好营生该去什么地方且一去不回头。对了，我发现的那对卵囊不属爪鲵，爪鲵卵呈淡黄色，那可能是东北小鲵的后代。资料照片上的东北小鲵乌黑油亮，圆肥讨喜。在30余种小鲵中，爪鲵可能长得有点儿丑，然而在我眼中，它最可爱而且跟我挺投缘。

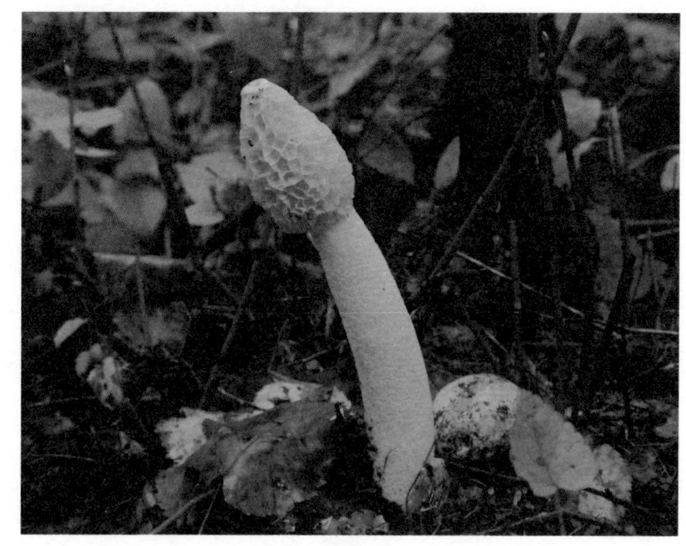

白鬼笔

2时20分月亮升起，月光透过林冠，斑驳光影洒在四周。我关闭灯光，默默目送那个小小的黑影，直到看不见为止。又过10分钟，传来一串清亮明丽的鸟啼，熟悉的绿啄木鸟在鸣叫，原来它如此勤劳早起。回帐篷脱掉裤袜进睡袋。昨天上山一天，晚上负重过多加之迷路，摸索很久才找到这里。酸痛疲劳困意一并来袭，只好喝光所有咖啡硬抗，草草写下观察笔记：

一、从出芽或长出菌株的形态看，此地属白鬼笔发生地，无短裙竹荪或包网鬼笔。

二、白鬼笔的气味并非恶臭，反而具有空气清新剂作用。

三、白鬼笔成长速度每小时一厘米左右，但可能因土质及周边生长环境不同，有快有慢。

四、从去年不完整的观察看，白鬼笔群落每年大约向四周扩展一米。

3时左右沉沉睡去，6时15分醒，天已大亮。7时48分出原始林，负重行至公路旁等车。虽困倦疲惫却十分兴奋，这是我一生度过的最难忘的不眠之夜。

明年的目标已定：看到短裙竹荪和包网鬼笔；拍到极北小鲵和东北小鲵；进深山老林找温泉看看能否在温泉边找到由于修建温泉广场被毁灭的温泉瓶尔小草……

第九课　路标故事·穿银灰坎肩的松鼠妈妈

进原始林行半里路，见小径边一株被青苔覆盖的老倒木上，并排摆着两朵连根拔起的蘑菇。还有一株蘑菇被咬了几口，弃置一旁。我见过狍子吃剩的蘑菇茬，而这株蘑菇柄上有一排小牙印，一看便知是松鼠干的。

菇盖的颜色很特别，柔软的淡肉堇色中透出越橘汁样的浓紫；菌盖呈琉璃般半透明状，长长的菇柄，根部沾满湿润黑土。采蘑人不这么干，只有研究蘑菇的专家才会连根拔出蘑菇，观察菌托、菌柄基部的形状以及残留的菌幕和菌丝，方可准确识别其种类。

同行的王老师看了看说，松鼠干的。花脸香蘑，又叫紫晶口蘑，这蘑菇好吃。

我把鼻子凑上去，一股异常浓郁的菌香立即冲入鼻腔。松鼠这精灵鬼，太会挑选好吃的蘑菇了。原来，这株倒木是松鼠的蘑菇晾晒台，它特意把新采的蘑菇放在倒木的阳面。松鼠的领地上有很多这样的晾晒台，它们把挑选出来的好蘑菇晾在树墩上、石头上，有的还穿在有尖刺的树枝上，把蘑菇晾干后再收进巢中贮存起来。

我把这株倒木叫做“蘑菇晒台”。

寒葱沟的尽头叫八里甸子，从沟门走到头约15千米，我经常在10千米范围内活动。为了方便记忆，沿途设定了许多路标，并根据与路标有关联的特征起了名字，大致如下：

二汊头。当地人的叫法，指沟里两条溪流交汇处。

小兆头。路边一棵红松北侧树干刻有一个约40年历史的巴掌大的兆头。裸露的木质部留有一道刀痕，纪念在此地挖到一苗野山参。

紫貂卫生间。经常在此处看见紫貂的新鲜粪便，表明它在领地内有固定的排便地点。

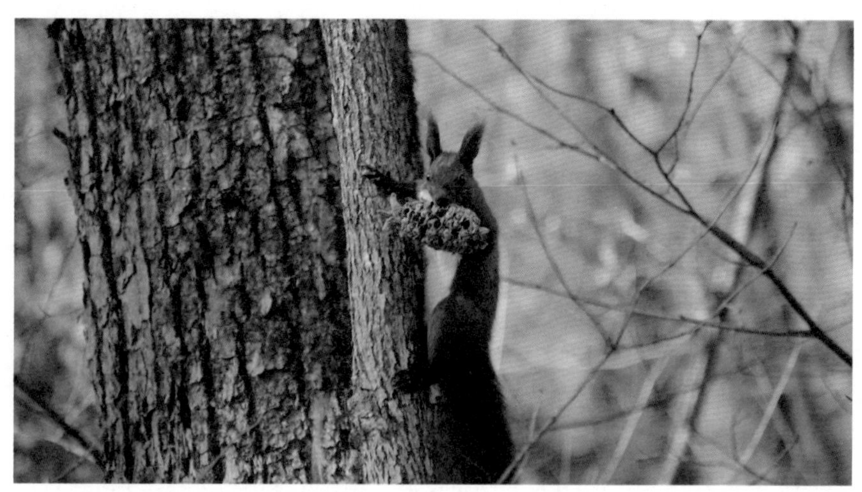

灰松鼠

九孔拦路松。一株大红松倒下横拦道路，树干上留有九个黑啄木鸟凿啄的又大又深的方形孔洞。

鸲鹟巢。在此休息时，一只大胆的鸲鹟从路边倒木根盘的缝隙跳出，喳喳大叫近至身旁，将我驱离此地。

此外还有夹缝树、老仁义、二桦林、泥泞地、松鼠饮水处、打松子窝棚等路标。

每一处路标或附近地域都有故事，先讲一个松鼠饮水处的故事。

一天晌午从寒葱沟归来，与一个捡松塔的老哥同路。“咕咕咕咕——！”一串短促的急鸣打断了我们的交谈，是熟悉的松鼠报警声，声似沙哑喉咙发出的喉音，四声一组。第一声“咕”正常发声，第二声“咕”跳到最高音，后两声“咕”依次急降，以低弱的第四声“咕”收尾。特别像水潭底部石缝里咕噜噜冒水的声音。此种发声具三重意义：向子女报警，宣告领地，向闯入者表示抗议。

“快，快拍呀，灰狗子！”前面的老哥急停并低声催促。

前方七八米远的树干上，一只灰松鼠摆开全神戒备的架势，双前足叉开八字，后肢俯低贴树，竖耳瞪眼，一动不动，直盯盯瞪着来犯者。同时，附近的落叶层发出哗哗大响，有小黑影四散而去。

松鼠世界的抗议或警报大致有三种级别，我个人观察，这是最低级别。而且它原地坚守七八秒不动，确属拍摄良机。但是，我放下了已举起的相机，要珍惜与老朋友的每一次邂逅。短短一瞥，见它肩部有银灰色针毛的亮光。

啊，是老熟人，那只穿银灰坎肩的松鼠妈妈。

由于这个秋天与它多次相遇，这个名字缘自上次见面。那天我在林中漫步，忽然头上落下几片碎屑。抬头看去，一只胖松鼠拱着一双小爪，捧着个大松塔飞快嗑去干透的外皮，嗑得皮屑飞扬，哔哔剥剥作响。不时从松塔夹层内衔出一粒粒松子，转到两腮的颊囊里。看松鼠如此热烈勤勉地干活，人人都会吃惊，小家伙精力真充沛，那一串串剥剥啄啄的嗑松塔声响，像哗哗喧响的小溪快速流淌。这时，一只蓝大胆飘忽而来，在枝杈间上下左右飞舞，围着它打转，想抽冷子快抢一粒或捡拾一粒不慎掉落的松子。果然，一粒松子从松鼠趾爪间掉落。蓝大胆嗖地急转，大头朝下跟着下落的松子一路直追，在松子落地弹起的瞬间将它一口叼住，迅即翻身落地。奇怪，它没有把松子匆匆叼到某个小树缝或小石洞塞进去敲打，却一甩头将它丢弃一边。

我窃笑。有个老山民说，松鼠生来是挑松子行家，只需以爪尖或齿尖在松子外壳轻轻一划，便可诊知里面的果仁是实是瘪，是否虫蛀。如果扒开松鼠埋藏松子的小坑，那些松子的外壳上个个都有一道细小的划痕。

松鼠储存食物采用埋藏法：孜孜不倦地边采集边挖坑边埋藏，每坑埋三五粒，整个秋季在2.5平方千米面积刨上千个小坑，共埋藏三四万粒松子，储存数量远超它的食用量。剩下的松子经过约20个月的休眠期，第三年春天从腐殖层下钻出，头顶撑开两瓣的松子壳，内里一汪葱绿宛如刷子头似的红松幼芽，松鼠种树早已不是秘密。橡子大收季节，松鼠埋藏后吃剩的橡子会在第二年春天萌芽，冒出一弯形似茁壮大豆芽的幼苗，它褪去外壳，张开两瓣碧油油的巴掌，它还埋藏各种松杉椴楸及榛子等坚果。自然落地的橡子经猪拱虫蛀，平均五万粒才长出一棵橡树，松鼠埋藏后遗忘在小坑里的橡子成活率要高得多。所有的橡树、所有的松杉椴楸榛树和所有的人类都应该感激勤劳的松鼠。

山里老人讲，松鼠气性最大。如果它储存的松子被偷光，它会气得爬到树顶最高处，看准下面树枝的分杈纵身跃下，把脖子卡在树杈上自杀。

眼下，它嘴巴啧啧作声，似乎在笑话爱捡小便宜的蓝大胆。一转眼看见了我，“咕咕——”发出一声懊恼的抱怨，沿树干上行而去。明暗无定的光线照在这头灵敏的小动物身上，毛皮色调随之变幻。在暗影里深蓝中透出乌黑，升至较明亮处转成板岩灰，当云缝中透出朦胧的阳光时又变成珍珠灰，进入太阳底下又化作浅浅的土褐。偶尔能瞥见它胸腹整片的洁白毛色，随着它灵巧的攀爬闪现出道道白光。当它停在一根倾斜向上的树杈上，我看到了它的整个侧面。咦？它的后背闪动淡淡银灰色光泽，宛如青灰茸毛上覆盖一层薄薄白霜。这银灰从脊背扩展到肩部及两肋直至尾椎。时值9月，它开始换冬毛，背部出现大片浅银色披毛，这是它独有的特征。它的头颈部、四肢和尾巴呈现素雅的烟灰，再有雪白胸腹的衬托，真像穿了件熨帖合体的银灰色丝毛坎肩。

半个多月前，见它蹲在树杈间，眯着眼望了我好一会儿，忽然间张开小嘴，冲我打了个大哈欠。那天我给它起了个外号叫“小迷糊”，这回得改名叫“穿银灰坎肩的松鼠妈妈”。

众多森林动物对人类带来的工业产品的电子机械声非常反感，松鼠尤甚。它对打火机的嗒嗒声、按快门的嚓嚓声、手机短信声等非自然音响既敏感又恐惧。已经惊动了人家，就不该再次惊扰它。

“老哥，别动，让它走。”

我们目送松鼠妈妈蹿上树顶，又凌空跳到另一棵大树的侧枝，沿一根根树杈架起的空中走廊渐渐远去。

交谈中，我说起松鼠发声表达的含义。老哥说："有一种叫声你听过吗？每当傍黑时，母松鼠招呼小崽回家，那叫声漫山遍野……儿啊，闺女啊，回家吧……"

我马上动心，想亲耳聆听松鼠妈妈的呼儿唤女声。

人是感情动物，总要对可爱的有好感的付出过感情的事物有某种系挂。也许由于这个原因，我几乎每天都去寒葱沟，远远地看望这个松鼠家庭。同时希望再次看见黑啄木鸟并拍到它；还打算看一眼那只总去固定地点排便的紫貂……晚秋季节，大多数晚季蘑菇已干枯朽黑；又大又干爽的三茬榛蘑只余零零星星伞朵肥厚钻满小虫的老熟菌；偶见日本亮耳，也由美丽的绛紫转成凋零前的黄橙；只有冻蘑生生不息。此蘑学名亚侧耳，又叫元蘑、冬菇、冻菇、黄蘑，此种菌类性顽忍，不畏严寒，直至白雪初降的11月，在雪中依然生长，故名冻蘑。2010年11月23日，我还在一堆朽木渣采得三只马勃菌，回家炒了一盘菜。此菌在欧洲有别名叫狼屁。如今狼没有了，狼屁却常见。

见高高的冷杉枯干上有一串串干透蜷曲的刺蘑（尖鳞黄伞），可油炸来吃。用长竿捅下一斤多，都已风干酥脆。又转了两小时，收获二斤多好冻蘑，全是干干净净的小菇头，散发一股青苔味的水湿气。

"吱咯吱咯吱咯……"耳边传来一阵细细的类似拉锯的刮擦声。定睛一看，在短崖顶上一棵水曲柳主干的三根分杈间，盘有一个敞口的深钵形巢，用泥土混以树枝和草茎搭建。一只松鼠蹲在巢边，两个小爪掬着个山核桃正在磨牙。那是个副巢。在它头顶的横枝上，有两只松鼠在追逐嬉闹。再找找，哦，地面还有一只。这便是抢吃苹果梨皮的那四个淘气的小家伙了。而且，我怀疑现在径直冲我跳跃而来的小松鼠，就是那只闯进帐篷的莽撞鬼。

它跳到崖畔，沿着明显走熟的路线，看都不看便踏上一根斜倚在崖畔的枯榆树，迈着匀整的小碎步，下到干河床残留的水潭边。此时，我俩只隔两米宽的小水潭。它从容地俯低头，连啜数口透明的潭水。水面清晰倒映出它那竖直的双耳及耳尖上两撮黝黑的簇状笔毛。我要说，从它攀枝下崖到喝完水的一连串动作中，流露出一种出自天然的顺畅与优美；而它向我张望的闪烁目光里，则透射出一种小姑娘般纯真好奇的神情。此刻，它已绕过水潭，几乎站在我面前。我完全被它给迷住了，彻底忘记了我俩之间人与动物的区别。哦，很久以前，曾有女孩用同样热烈而探询的眼神睇视过我……不知为什么，我觉得它（她）应该是个小女生，毛色整洁干净不说，举手投足隐隐带出些娴雅味道。

记不起那个罕见的片刻有多少秒？我一动不动，仿佛被它（她）的目光魔法定住，直至耳边响起一声轻叫。第二只松鼠也沿着崖畔枯木跑过来喝水，它无声地跳下来，“嗤”的一声喊，随后大尾巴摇上两摇，连蹿带跳跑开，似在邀伙伴嬉戏。这只立刻响应，连跳几步追随。跳跃中它突然在一块石头上停下，又斜瞟我一眼，才转身欢跳而去。

我认定，这第二个来的才是莽撞鬼，有贪吃贪玩特质。随后，崖畔上剩下的那两个小家伙也从枯枝上鱼贯而下，连水都来不及喝，便匆匆一阵急跑从我身边掠过，哗哗哗踏着落叶远去。矮崖下的小水潭由此得名——松鼠饮水处。

第十课　中秋之夜·林鸮天下

那天那个老哥讲的话一直回响在耳边，“……儿啊，闺女啊……回家吧……”

太想聆听松鼠妈妈那饱含母爱情意的呼唤了。于是，在中秋节的黄昏，我揣着录音笔，背着保温水壶和两块月饼，打算在森林里和松鼠一家度过这个中秋之夜。

来到松鼠领地的边缘，在林中小路旁的一棵大倒木下的落叶堆中偎个窝，等待太阳落山。

一阵微风拂过，无穷无尽的落叶沙沙声充溢耳畔，满林子落叶飘香。间或，传来一两颗大松塔的落地声。小鸟们已感到晚秋深山寒夜的湿冷与食物的匮乏，纷纷向山下或林缘移动。见到两个银喉长尾山雀、普通䴓及大山雀的混合群；一只嘀啦啦抻着哑脖子长叫的蚁䴕和四五只一小帮的绿啄木鸟；山鹡鸰飞到小镇边上的树丛中准备集群南迁；燕子偶见两三只，大群已经远徙；黄腰柳莺变成了小胖子，结伙下山为长途跋涉补充最后的能量；芦鹀在草甸上空回旋升降飞舞，兜捕空中飞虫；红胁绣眼鸟加入柳莺群中四处啄食；高高的天际，一只孤零零的苍鹭缩着脖子，稳稳当当往南飞去……鸟类大家庭的各种成员，无论候鸟、旅鸟和留鸟，全都忙忙碌碌，为了南迁和过冬大吃特吃。

秋叶的淡淡香气弥漫在空气中。杨、桦的落叶微苦，槭、椴的干叶泛甜，胡枝子和杭子梢的小圆叶散发新出炉的饼干香气，伴随着淡淡松脂气味四处飘溢。好像时间没过多久，6月初到处洋溢着的阵阵花香和湿润的绿叶气息，已经被干燥芬芳的秋叶气味代替。众多蜜蜂吸了过多花蜜，迷迷糊糊醉倒白丁香花丛的春日印象依然十分鲜活，仿佛就在昨天。可是，一下子所有烦人的小飞虫都消失了，唯有鲁莽的狗蝇突然间撞上额头。

16时许，落日隐入山梁，夕照在大红松顶尖苍翠的针叶上，展露一天中最后一抹金橙色的微笑。众多斑鸫、太平鸟、斑啄木鸟、黄喉鹀、鹪鹩、红胁蓝尾鸲等森林鸟类呼朋唤友，环绕夜宿的大树飞旋起落，渐渐安歇。暗夜的灰纱从山谷深处悄悄扩散开来，原始林的一切都停止活动，仿佛沉入浅睡眠状态。我把这个时刻称为“安详的宁静”。这是一天里最静谧的时刻，似乎比夜森林更加安宁。

暮色渐沉。忽然，前方出现几个灰色人影，原来是盗采松子的人，每人都身背至少50斤的鼓撑撑的口袋。看见我坐在路边，立刻吓得四散奔逃。他们误把我当作保护站的巡护人员了。今年路遇盗采松子的已不下30人次。有科学家测算：20万粒松子落地才长成一棵大树。这四个人盗采的松子大约有200斤。

18时，黑夜降临，一轮明月慢慢升起，阵阵寒意随夜风袭来。我打开饭盒，拿出月饼准备吃晚饭。突然背后响起一声骇人的厉叫：

吱哇——!

整个头皮刷的一下全麻。急回头看去，那怪叫又一次响起，而且连叫四五声。头一声狞厉的“吱”是高音，像突如其来的闪电，后一声扯布似的阴惨撕裂声“哇”拉长音渐降，鬼哭一般，令人毛骨悚然。

在那里!

十米开外的一棵红松横杈上，蹲踞着一个黑沉沉毛茸茸的东西。圆形，篮球大小，是夜鸮还是豹猫?

借着明亮的月色，我死死盯住它，全神防备它的任何异动。然而，对方攻击的方向和突发性根本无法预测。接下来发生的事情让我充分领略到，在山林中面对野生动物时，人的反应多么迟钝，甚至近乎痴呆。

直到写这段文字时，我才意识到，那是一次完美的攻击。

先用连声怪叫吓蒙你，再以身在明处的伙伴吸引你的注意力，然后在你无从预料的方向骤然打你个措手不及。

当晚，我遭遇的就是这种突袭。

在距我七八米的阴暗树冠层中，有根粗枝丫猛地一动，陡地蹿出一条鬼魅般的黑色鸮影，疾快无声地飘临头顶上方。在那一瞬，我来不及做任何反应，连害怕都来不及。当时只会一样，瞪大惊恐的双眼，眼睁睁看着它当头罩下。那可怖黑影似夜魔的风筝，阴风凄凄悄然无声，阔扇般的漆黑双翼遮蔽了月亮。它在我头顶三尺处收住，打个快旋，回落到左侧的树杈上。

月光清晰地勾勒出它乌黑的轮廓，身长近半米，形体圆粗，似一个大树瘤。

佯攻。我脑海中闪过一个念头。刚才那一刻，整个人毫无反应，如同被绑紧的牲口，对方可以用任何方式在任何部位下手。

稍稍回过神，第二轮攻击又至。它直扑到距我头顶一尺处，才猛地凌空敛翅，疾旋一周而去。刹那间，我嗅到了它身上毛羽间散溢的腥气。虽属佯攻，但比上次凌厉。

可能还有下一次！下一次那锋利的铁钩爪恐怕会抓开我的头皮！！

我起身撒腿就跑，来不及收拾背包和杂物。护巢的猫头鹰攻击人时往往直取人的面部和双眼，后果不堪设想。

猛跑了一阵后，我放缓脚步，小偷似的尽量不发出任何声音悄声疾走。还好，它没有乘胜追击。走出一里路之后，紧张的心情才放松下来。这时，一轮圆月已升至半空，整个山林沐浴在银色的月光下。小路两旁的枯草丛和落叶层中，不时有簌簌奔蹿的响动。今年收山，蘑菇、核桃、松子、越橘、蓝靛果、榛子、五味子，只有托盘（悬钩子果实）和软枣子（野生猕猴桃）不收。收山年份一到，林蛙、松鼠、花栗鼠、花尾榛鸡、星鸦及各种小型啮齿类动物像棕背、红背、林姬鼠、沼泽田鼠、黑线姬鼠等数量猛增。它们的天敌——各种猛禽和鼬科动物数量也随之大增。长白山是各种鸮类的大本营，大约有14种，从最大的褐渔鸮到最小的红角鸮。刚才对我发火的那一对从个头和身高看，是长尾林鸮，这种鸮在长白山分布数量远大于其他鸮类。它们大量捕杀各种专吃林木种子的鼠类，辅助食物为大型害虫如蝼蛄及虻蝇科昆虫；此外还有少量蛙类及体质较差易于捕捉的小鸟，偶尔追捕老弱病残的松鼠和花尾榛鸡。这种淘汰法则从客观上维护了松鼠和榛鸡的种群健康。

第二天我重回昨晚鸮影现身地点，取回丢在那儿的背包。见两株高高的红松树冠顶端，各有一个大大的碟形蓬松巢盘。看来，这里是这对夜鸮的家域。白天还好，它们一般躲在树杈上休息。到了夜晚，这一带便成了人家的天下。松鼠们自然知道这里住着一对可怕的邻居，在夜晚来临前早早回到巢中安歇，避免和天敌照面。我哪里知道这些森林中的无形规则，破了人家定下的规矩该当受罚。

第十一课　原始林地·蘑菇世界的真谛

生长灰树花的那片森林是一座橡树红松混生林，全是遮天蔽日树龄在两百年的大树。人仿佛置身于树木巨人的世界，肃穆、宁静、阴凉、疏朗。林下杂木、灌丛稀少，走起来省力，目光能望出很远。哗啦一声轻响，两只狍子的暗黄身影窜进林深处，白屁股像白灯似的闪闪远去。眼前出现一个小水洼，四周的淤泥滩遍布狍子纤秀的双蹄瓣足迹。近前细看，淤泥上有几处被蹄子刨开的泥痕，黑色湿泥中，零星散落着刚磕开的松子壳和完整的松子。

哦，这是狍子无意中暴露的一个小小的食性秘密：它们来小水洼喝水，喝完水顺便偷几粒松鼠埋藏的松子。这几处刨开的浅坑中都有松子壳，可看出狍子的嗅觉多么灵敏，松子的松香又何其浓郁。水涨水消，淤泥把松子封盖得严严实实，不留一丝缝隙，还是被狍子循着气味准确地一一找到。

森林里蕴藏着多少这样大大小小的秘密啊？那么，蘑菇世界呢？

再往密林深处，落叶层越来越厚，多年沉积达四五厘米至八九厘米。林地上开始出现一行行一列列笔直整齐的矮树和幼树。奇怪，是谁走这么远钻进深山老林里种树植树呢？

王老师拨开树下的浅落叶层，露出一长条矮矮的深黑褐色垅台。抓一把土揉捻，原来是潮乎乎的朽木渣粉。树木种子无法在年年累积的落叶层上生根发芽，只好在腐朽成渣的倒木上扎根生长。

我灵机一动，请王老师带我找一棵老倒木。

这是一棵300年树龄的老橡树倒木，巨大、黝黑、死气沉沉。外部的树皮和木质部已一层层剥落、腐朽，留下一道道深深浅浅的沟壑。青苔群落的形状像活的生物，条缕成片地沿树身上部极缓慢地向下蔓延。一团团蕈蚋在秋阳中轻盈旋舞，仿佛从树身裂缝冒出的一缕缕金色烟雾，给这个阴沉沉的物体带来一丝活气。

王老师52岁的那年春天，山上刮了一场大风。大风过后，王老师看见它倒下了，至今已过去了10年。当我提出要找一棵橡树倒木，实地观察菌类对倒木的分解作用时，王老师把我领到这棵他最熟悉的倒木身边。

年轻时每当看见倒木，会觉得那是一曲感伤的挽歌。如今认识大变，它是无数生命的摇篮。

腐木上生长的宽褶拟口蘑

看见它的第一眼，脑海中闪过一个念头：一定要和它交个朋友，年年都来看望它，在它身边坐一坐，数数它身上又长出哪些小树苗？又新搬来哪些小房客？新长出哪些蘑菇？野猪和獾子是否曾来这里觅食？白眉鸫和黄喉鹀是否在倒木树冠零乱的枯枝中搭窝？

森林中的一棵大树倒下，对它周围大大小小的动植物是件大事。它在繁密的林冠中开了个天窗，平时郁闭在阴暗中的幼树们得到光照，笑呵呵抬头向阳。同时这里也多出一片林中空地，来这儿晒太阳的野猪和狍子，还能利用倒木的遮蔽找个放心的过夜之地。各种昆虫和小型啮齿动物们，在这里找到了新的栖身之所，尽管它们许多是有害的，却是森林食物链的一部分。它还是各种草木生根发芽的温床，林木种子落在厚厚的落叶层上，因无法接触土壤会发生干粉或霉变，却能在腐木上生长。

当然，我最关心倒木上生长的各种木腐菌。

森林参与分解倒木有以下几种力量：虫蛀鼠咬，风雨剥蚀，苔藓消解，大型动物翻掘觅食，草木依附生长，真菌分解。其中，真菌起到了最主要的作用。

这天在倒木上记录的菌类有：七个较大的木蹄层孔菌、多簇黑盘菌、皱盖光柄菇、苔藓小菇、晚季小菇、琉璜菌、香菇、簇生延丝伞、齿菌微皮伞、黄小蜜环菌、铦囊蘑、轮纹韧革菌、囊孔菌、卧孔菌、云芝、肉色栓菌、韧革菌、炭球菌、安络小皮伞及两种黏菌。

橡树倒下后第一年生胶陀螺（此菌有微毒，抗癌，用碱水洗泡后凉拌是一道美味，食用以半斤为限）；生两年胶陀螺后，第三年生香菇和榆耳；第四年生冻蘑、榛蘑；冻蘑可连出三至四年，香菇则零零落落出五六年。王老师曾连续几年在这棵倒木上采收冻蘑，最好的年份曾一次采上百斤。在出冻蘑的同时，香菇转至树冠部分的枯枝上生长。倒下七八年后，橡树的树皮脱落，树身也没劲了。这个“没劲”指的是树身糖分等营养物质已被那些蘑菇吸收，所以橡树上生长的蘑菇最好吃。八年后，倒木上开始生长各种木腐菌、苔藓、地衣等，进入加速腐朽阶段，以上列出的22种菌类大多属木腐菌类。50年后，这棵倒木基本分解，树身上生长一排蓬勃整齐的幼树。现在这棵倒木上，已生长出山茄子、九重楼、白花碎米荠、草芍药及禾本科植物；灌木有东北茶藨子、疣枝卫庐、刺五加等；幼树植株有椴、桦、落叶松和云杉。无疑，经过一个世纪的竞争，那株高不及一拃碧葱葱墩实实的云杉将成为这片空地的主人。

蘑菇世界展示的秘密令我惊喜，这就是我苦苦找寻的森林真谛。

山里春季多风，一场大风过后会有许多老树倒下，尤其过熟林中风倒树更多。心疼之余，仔细察看每一棵倒树，发现它们的根部、内部或下部都有根腐和枯朽情况，而且都有菌类侵蚀痕迹。在健康年轻的树木身上，木腐菌根本无法立足。它们专门挑选老朽孱弱的活立木、枯木、倒木、残桩建立新的群落，开始缓慢的腐蚀分解过程，最终把它们逐渐清除。这样便给松鼠、星鸦等动物播种的新生树苗腾出地方，森林自身完成了新老更替。

蘑菇还会给病树动手术治病，这是它们的又一神奇之处：在原始林，经常能见到有些正值盛年的树木的侧干或旁枝或分杈上生长菌类，原来那地方大片染病和出现病灶，遭到真菌侵蚀。这是个漫长的剥离手术，菌类会慢慢把生病部分腐化干朽剔除，使健康机体摆脱坏死部分，继续茁壮成长。

秋叶，秋叶，无尽的秋叶。这是深秋原始林中的特色。梭罗曾在他的笔记中写道："踩在这些新鲜、薄脆与沙沙作响的叶子上，是多么的令人欢愉……树叶完成它们的生命之旅！它们曾经在高处飘摇，现在心满意足地回归尘土，平躺在地面，宿命地在树根旁安眠与腐朽，馈赠下一代同胞以营养……所有的橡、槭、栗与桦的叶子，都混在一起！都准备奉献一叶之宽，增厚一寸之土。我们因它们的腐朽而更加丰饶。"

他提到的"我们因它们的腐朽而更加丰饶"，背后隐藏着蘑菇的功劳。

翻开林中厚厚的落叶层，会看见白色、橙色、黄色的缕缕菌丝，像密网一样丝丝络络缠绕覆盖在下层腐叶朽枝的表面。菌丝是蘑菇的地下之根，是大型真菌的常态形象，也是分解森林落叶层的最大功臣。林木的落叶是森林土壤有机质最经常也是最大量的来源，将它们分解消化之后才能增加土壤肥力，营养物质才能被植物吸收利用。土壤中的真菌、细菌和放射菌，在变形虫根足虫类、滴虫类及蚯蚓等土壤生物的共同参与下，昼夜不停分解腐化枯枝败叶。菌类的地下菌丝是效率很高的清洁工，把植物上脱落的废物转化为肥沃湿润的腐殖质，成为新生植物的营养基。

老话讲：长白山三件宝，人参貂皮鹿茸角。实际上，我居住的长白山北坡还有两宗宝，一个是昔日珍珠门河口所产东珠，一个是两江附近金银壁的产金地。如今珠蚌灭绝，金矿枯竭，三件宝也日渐珍稀。当第一次看见裹在苔藓包里新采挖的野生山参时，立即为它飘逸灵动的舞蹈造型赞叹不已。野山参形态上有很多好听的俗名：跨海、龙爪、金蟾、闹虾、狼头、公鸡、双胎、凤头，等等，虽无缘得见，但可据名联想。唯独眼前这苗舞蹈参，其姿态的舒展曼妙，恰似一个跳飞天之舞的窈窕女郎。再细细端详，发现它从芦头到全身到每一根细小的根须上，长满黍颗大小微带光泽的圆粒。老挖参人告诉我，这叫“珍珠疙瘩”，这苗参有60岁左右。

那天看了五苗参，有四苗长有这种珍珠疙瘩，一苗没长。挖参人说，两苗一样大的山参，长珍珠疙瘩的比没长的分量重1/3，营养物质多2/5。他没法解释其中的道理，只是说：挖参时扒开黝黑油润的腐殖土，总能看见地下山参丝丝相连的细长根须四周，有许多或细线或绒绺的白色絮状物，这种絮状黏挂在山参的根须上，深入并融进黑土中，渐渐消散无形。

多年来，在我心中，野山参上的珍珠疙瘩一直是个谜团。

有一天在倒木上小憩，我向王老师问起这个野山参之谜。

王老师没正面回答，而是反问我：“你知道我们脚下的土壤里有什么

毛韧革菌

吗？”这个我知道：土壤基本是粉碎的岩石微屑和腐殖质的混合物。一把泥土中有7亿个细菌；比细菌略大的三种单细胞原生动物，包括560个纤毛虫、4.2万只变形虫、90万条鞭毛虫，它们以细菌为食，自身又被较大一些的上千只的线虫、螨、原尾虫（即原始的跳虫和缨尾虫）吞噬。此外，还有众多以原尾虫为食的小蜘蛛，会飞的昆虫的幼虫和若干蚯蚓、蚂蚁等。

这时，王老师说出一句令我震惊的话：“原始林地下到处都分布着真菌的菌丝，菌丝体才是真菌，蘑菇是真菌的繁殖形式。这些菌丝和你说的那些土壤微生物、小动物们一起，组成了一个复杂庞大的地下生命之网。”

“菌丝体好像和树木有关？”我有些不确定。

“对，菌丝与树木等各种植物的根须形成菌根，这样的菌类叫菌根菌。它们帮助树根吸收水分和各种营养物质，同时从树根上吸取一点含糖的树液当养料，与树木共生共荣，是森林繁盛的大功臣。”

在关键处指点迷津，这才是良师益友。我知道，王老师在告诉我一个蘑菇世界的最大真谛。

去年在林中漫游时，我多了一个习惯：喜欢在一个地方久坐不动，一边聆听森林中的各种音响，一边深思大自然种种奇妙的事情。菌丝在树木地下无数最小的根须上缠绕扩展生发，起到了根毛作用，大幅增加树根面积的深度密度和广度，增加树苗成活率和抗病抗旱能力，而且从小到大都将与之相伴。从热带森林到温带森林，有数不清的菌类属菌根菌。它们与绝大多数乔灌木或其他高等植物的根系有着共生关系。菌根可同化土壤中的含氮物质，把氮素转给植物。当森林土壤中的氮、磷、钾等元素低于适宜含量时，幼苗幼树的菌根高度发展，吸收的以上元素数倍于不具菌根的幼小植物；而植物短根愈多，菌根愈发达，苗木生长愈高，总重量愈大。即使菌根死亡，菌丝体分解，仍释放出营养物供树根吸收。

温带森林的蘑菇春生冬逝，生命短暂。但菌根在地下年年萌发、代代兴旺。

由于菌根生长期与植物根茎活动期同步，因此对森林发育成长有重大促进作用。当有些蘑菇发育成熟时，菌褶两侧或菌管内壁上的子实层也开始成熟，从担子上向外弹射孢子。还有的菌类孢子的传播要借外力帮忙。于是轻风和雨水、蕈甲和蕈蚋等各种昆虫，还有松鼠、野猪、刺猬、鼯鼠、熊、狍及许多鸟类，纷纷传播蘑菇的孢子，这是大地母亲多么巧妙的安排。

当然，珍珠疙瘩之谜也迎刃而解，它们是菌根菌与山参根须的连接点，有十几种菌类可与野山参形成菌根菌。

原始森林里蕴藏太多神奇、太多奥秘，唉，我只读到她一个隐秘而温存的唇语。

25亿年前，地球上诞生了最早的真菌与藻类，两者结合生成苔藓和地衣。它们依附在石头上汲取营养生长，慢慢把石头表层碎化成微小颗粒，制造出地球原始土壤。经过近20亿年的累积，这种土壤形成的土地迎来了5亿年前地球上诞生的第一批裸子植物。同样是苔藓和地衣，还帮助5亿年前从海洋登上陆地的第一批节肢动物站稳脚跟，为它们提供窝巢、藏身之处和食物，使节肢动物逐步征服陆地。后来，节肢动物进化为形形色色的昆虫，它们与各种开花植物互惠互利，构成了大陆上繁荣的绿色地貌。所有的陆地植物与海洋中的矽藻一起释放氧气，使地球形成20%以上氧气浓度的大气层，各种动物拥有了生存的有氧环境。随后，这种由各种植物组成的丰饶大地，又迎接并养育了陆续从海洋登上陆地的动物。众所周知，有些小型恐龙进化成了鸟类；而众多哺乳动物中的灵长类，最终成为人类的祖先。

今年，是我来长白山的第五年，觉得自己的创作开始“上路”。这个“上路”指的是体验与阅读之后的一种思考：原始森林自身充满勃勃生机，如果人类不去打扰，在自然环境中不断演变的无数动植物的不同个体之间、不同种群之间，无论多么微小或巨大，它们之间都存在着动态的、互惠的、积极的、相互依赖的共生哲学；这是一种在生生不息的生态进化中顽强生

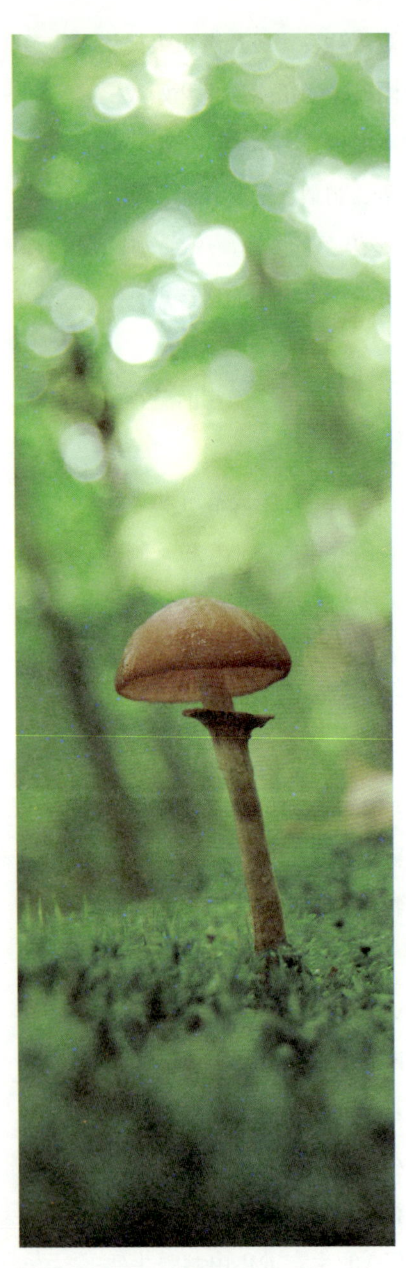
小花褶菌

存，以繁衍更加健康的后代为终极目的的朴素真理。人活着都会寻求活着的理由，思考各自的人生意义和在社会中的价值。在原始森林中，我要寻求我们的兄弟物种——数不胜数的野生生命在地球上存在的意义和价值。中国如果有一万个作家在探求人生的真谛，那我这第一万零一个作家，要专一执拗地、百折不回地探求构成原始森林的那些千姿百态的野生生命的生存真谛。

第十二课　蘑菇宝盒·菌香秘语

去年深秋，我把七八种香气浓郁的干蘑菇放进一个大茶叶盒。回省城过春节时伏案写作，把它放在书桌上。文思滞涩时打开盒盖，深深嗅吸盒内散发的气味，可提神醒脑，更能唤回秋天的林中记忆。

茶叶筒里有对子蘑（榆离褶伞）、斑玉蕈、松乳菇、珊瑚猴头蘑、绣球蕈、蚁巢菌（鸡纵菌），我还特意加进两根白鬼笔的干菌柄用来调味，土法制造出了一个菌香宝盒。每当打开盒盖，一缕轻烟般难以描绘的醇厚经典菌香在充满陈年书香的空气中轻缓缭绕……

两朵对子蘑是初秋时在一个老榆树窟窿里偶然觅得。浅闻深嗅，嫩榆钱滑润明快的叶香中杂糅进冒浆青玉米新爽气息。斑玉蕈是两颗菇蕾，

珊瑚猴头

长在一棵斜倒朽木的苍苔中，凑近去闻，一团海浪飞沫溅落鼻畔，海之鲜气衬托出烹蟹之香，难怪它又叫蟹味菇。在有露水的清晨采摘松乳菇别具滋味，露珠的沁凉夹带松脂香味浸入鼻孔流入胸腔，满腹雨中松杉林独有的水盈盈幽香。珊瑚猴头长在水色木（假色槭）上，与极名贵的猴头蘑同属。除了灰树花，其菌香在菌类中名列第二。23岁那年来长白山曾撷得一捧，如获至宝。晚上放在枕边，总有在夏日黄昏浸水草地的芬芳与淤泥湿气在睡梦中缭绕，那种感受至今难忘。干爽酥透的绣球蕈水香不再，像变了个人似的发出桂皮与榛子仁相混杂的馥郁香味。蚁巢菌凉滑沁人，喜生在蚁冢的陈年针叶和朽木残渣中。一直以为云南才有此菌，经王老师指点，十分惊喜，不由得埋头于蘑菇丛中，整个人一下子被盛满捂熟的山梨瓦盆升腾的暖甜果香笼罩，直到脸上遭红林蚁螯刺才抬起头来。茶叶盒里还有一片白树花菌瓣，它只生长在大橡树裸露地面的粗树根左右。相距三尺，一汪漂浮着秋叶的山泉凉气扑面而来，清凉中充满久蓄在300年老橡树树身深处的木瘤油那种浓得化不开的橡木香。把白鬼笔菌柄采回后晾在窗台上，纱窗外野蝇麇集，是它暗播的腥鲜气味招来了小食客。干透后余味犹存，加在其他山珍中间，如同以麝香做醒脑开窍的药引子，香气反倒更加浓稠绵长。

在野外，夏日的短暂雷雨过后，阳光灿烂，湿淋淋的青草绿叶闪闪发亮，雨滴在花朵上颤颤生光。空气陡然无比清新，弥漫着湿润泥土的芳香。马匹嘶鸣，公鸡高唱，狗儿撒欢，老牛哞叫，它们都感到一种莫名的愉悦与欢欣，自然而然焕发出生命活力。每次闻过林中蘑菇和茶叶盒中的干蘑香气之后，我的感受与它们一样。这是汇聚了地之精华、树之真髓、泉之神韵的秋季山野的美妙气息。

人离开土地不能活，离开了植物不能活，离开了水不能活，离开了空气不能活，同样，离开了芳香的气息也不能活。

记得在一个早秋的清晨，我走在小雨过后的林间小路上。走入一片洼地，偶然俯身观看一朵从头到脚呈象牙色的鳞柄白毒伞。这种洁白无瑕的蘑菇看似美丽却剧毒无比，儿童小拇指大的一朵可毒死一个壮汉。当弯下腰时，立刻有了一个新奇的发现：林中的空气竟然在我齐胸处，分成林下和林上的两层完全不同的气息，上层是清冷新鲜带有树叶气息并飘浮着无数微小雾珠水汽充盈的雨后空气；下层是充满落叶青苔碎朽木残渣腐殖土和蘑菇气息的暖湿林地潮气。一阵惊喜涌上心头，我不停下蹲、起来，反复体验这种奇妙的感觉。这种现象的产生，是雨后的冷气下压，正巧与上升的地气相遇，两者在距地面一米处交汇，形成上下两层不同温度、不同气息的空气层。相比之下，我更喜欢下层的地气，其中蘑菇的气味十分鲜明。经一夜萌动滋生，各种蘑菇纷纷拱出地面，它们散发的菌香被上层秋雨带来的凉气压抑，无法向上扩散。源源不断的菌香宛如一层可掬可舀的雾气，贴着地面缓缓弥漫开去，渐渐掩盖了腐殖土的气息。

我把这种刻骨铭心的森林体验叫做自然奇迹。每当此时，我无比感激自然万物，感激它们在亿万年进化长河付出的漫长艰辛的适应过程；无比感激自然科学家和自然作家，他们的著作滋养和指引我每一步走得更坚定有力；无比感激热爱森林的父母对我从小到大潜移默化的影响，使我最终选定了生态写作的道路……我木讷笨拙且已过黄金年龄，但又无比幸运，至少还能在森林中游历十年，写上十年。

对了，茶叶筒里还有一朵林地花脸蘑，学名粉紫香蘑。干品气味很浓，有甜丝丝的橡果味。

2010年9月，同王老师一道去险桥。刚进暗针叶林林缘的杨桦林，四下张望，各种蘑菇像躲藏在落叶草丛中五颜六色的宝石，闪动着润泽的微光。有白银盘、象牙白蜡伞、粉褶菌、金褐伞、平菇、绣球蕈、黄毒蝇鹅膏菌、尖顶地星、粘盖牛肝菌等许多美丽的蘑菇。

那天最吸引我的是一环又一环由淡紫色蘑菇和乳白色蘑菇形成的蘑菇圈。乳白色蘑菇叫烟云杯伞，有柔和的干朽木气味。淡紫色蘑菇就是粉紫香蘑，色泽有藕粉色或丁香紫色或淡肉堇色。蹲下闻闻，一丝淡香幽悄入鼻。咦，这气味仿佛很久以前在我的生活里出现过，那么熟悉又那么遥远……我索性趴在地上深吸一口，一股馨香猛地闯入心底，记忆深处一道尘封已久的门蓦然开启……这气味太亲切太熟悉了！

三十五年前，我在生产队当副队长。那年开春队委会决定种十亩小麦，过年分给社员家包饺子。冬初时领五个社员去磨米房磨稻子给社员当口粮，白天黑夜连轴转，足足磨了七天七夜，浑身都是稻糠，人都快熬垮了。最后一天磨那十亩地收获的小麦，当热乎乎的新面粉从磨面机里流淌出来，一股令人愉悦……不，哪是愉悦，而是令人“振奋”的小麦粉香气满屋飘荡。那时候一年到头见不着白面，人都馋疯了。当时人人喜上眉梢，空气中都洋溢着过年的喜庆气氛。见大家高兴期盼的劲头，我心头一热，冒着被撤职的危险，擅自决定称出十斤新面让房东大嫂发面蒸馒头。第二天馒头出锅，捧着雪白的大馒头一口咬下去，一下子香到心里，我一口气吃了五个。那天装车的人都疯了似的有使不完的力气……唉，蘑菇的香气唤起了我青春时代那难以忘怀的温暖记忆。

我小心采下两朵粉嫩嫩的蘑菇，一朵放入标本盒，一朵拿在手中，不时在鼻端嗅闻。突然，走在前面的王老师停下脚步，叫道："野蜂窝！"

我登时打个冷战。前几天遭挂在树枝上蜂巢中的草蜂（虎头蜂）螫刺，火辣辣疼。第二天右手肿成一个大馒头，几乎难以握笔。

急抬头看去，大吃一惊：地雷蜂！

地雷蜂是一种地居蜂，筑巢于地下，体圆多毛，个体较大且作战凶猛，常集群攻击入侵者。少年时曾触怒过一窝地雷蜂，当时被闷雷般轰鸣的蜂群包围，眨眼间头部被同时螫刺五处，就像被烧红的缝衣针刺中，灼痛难当。

前面的王老师显然不知此蜂厉害，竟无走避举动，反倒小声说道："你看，蜂窝刚被蜜狗掏过。"说着往旁边让一步，"好好看看，这事以后对你写作有用。"

前方五六米处，一束穿透树冠的午后橙黄色阳光中，有缭绕旋飞的金色光团。十几只野蜂快速飞舞，发出愤怒的嗡鸣，似在搜寻天敌。在一株榆树根部的地巢已被掘开一个坑洞，新土散落四周。蜜狗又叫黄猺，学名青鼬，身形比中型细犬略小，属凶狠机敏的食肉动物，能猎杀原麝和半大狍子。由于它倚仗毛粗皮厚，常上树或掘地侵犯蜂巢盗蜜，俗称蜜狗。这次它掘开地面向深处掏挖时，被地下交错的粗树根阻挡，只好半途放弃。看样子，它刚离开不久。

正欲拍照，忽见一个小光团陡地拔高，径直向我冲来。王老师没动，我亦不能跑，当时唯一的反应是不能让它近身。情急之下，只得将指缝间夹着的蘑菇朝它掷去。

蘑菇划了个弧线从野蜂身边掠过，穿过旋舞的蜂团，落在被损毁的蜂穴旁。蜂团嗡的一声炸了营，狂飞乱舞。

“天哪，闯大祸啦，快跑！”

我撒腿便跑。真难为61岁的王老师了，被我的恐惧情绪感染，也随我开跑。跑出十多米，未见野蜂追来。喘息稍定，发觉镜头盖不见了。前几天为躲避草蜂螫刺，已跑丢一个。这个是500长焦的镜头盖，丢了实在心疼。没法子，脱下厚迷彩服裹在头上，战战兢兢重回凶险之地。在我眼里，蜂巢无异于虎穴狼窝。

奇怪，太奇怪了！蜂巢坑洞四周异常安静，无一丝愠怒嗡鸣，无一只飞舞蜂影。前后不超过5分钟，那些可怕的怒蜂都哪去了？

果然，镜头盖遗落在地上。我爹着胆子挪蹭过去，一边盯住蜂巢洞，一边俯身够回镜头盖。蜂巢四周依然十分安静，那朵粉紫香蘑在坑洞内，离树根夹缝中的洞口只有十几厘米。由于摘下已有一段时间，它的颜色从当初的浅丁香色褪变为污白褐色。然而它香气依旧，可隐约闻到一丝特有的柔和的新小麦粉味道。

为弄清楚地雷蜂莫名息怒的谜团，不死心的我又用外衣把头脸包缠一番，硬着头皮爬行靠近蜂巢——啊，野蜂还在！只不过一个个或安静地趴在地上，或缓缓在洞口内外进出。总之，在我的印象中，它们仿佛中了一道神奇的咒语。陡然收起杀心，安静下来。

粉紫香蘑的气味清晰可辨。难道，是蘑菇的奇妙香气安抚了它们躁动的情绪?

这神奇的咒语绝不是蜂王的命令，而是森林中无数自然的灵咒秘语之一。蜜蜂具有感知花蜜与花香的灵敏嗅觉，这道神奇的咒语只能是粉紫香蘑那奇妙的香气，众多野蜂感受到了菌香的魔力。

我索性甩开畏惧站了起来，招呼王老师来观看这个自然奇迹。这个资深专家也连连称奇，同时肯定了我的猜测。

蘑菇太神奇：能让人癫狂，也能使野蜂镇静；能治病救人，亦能促进森林繁盛；难怪有人把美丽的蘑菇圈叫林中仙女的圆环。

去年雨水多，最多只晴三天便下雨，蚊虫小咬大量滋生。往年拍摄蘑菇，按快门时手背上叮三四个蚊虫是常事。今年它们格外疯狂，按快门时手背落一层黑乎乎的蚊虫。入秋后蚊虫体色转成黑褐，像小魔鬼营营营径直飞来，落下就叮，下口凶狠，让我吃尽了苦头。

有一天，王老师蹲下找垂头虫草菌，顺手捻来两朵纤细的小菇，说：“给，蒜味小菇，抹在身上能驱蚊子。”

结果，那天不但把烦人的蚊虫赶跑了，晚餐还用蒜味小菇炝锅，炒了一个美味牛肝菌加嫩里脊片。此菌欧洲叫黑人头牛肝菌，馋嘴的人认为它是牛肝菌中的极品。可食用牛肝菌的典型气味是榛子、核桃等坚果香气。这种蘑菇在坚果味的基调中焕发出泥土的芬芳。

第十三课　秋末·松鼠战林鸮

进寒葱沟3000米左转300米，在原始红松林深处，有一个打松塔团伙的宿营地。一个宽大的棚屋支架，两铺可睡30人的对面长炕，灶台、烟囱、厕所，还剩下一垛两立方米的劈柴。四周照例遗弃着这类旧营地特有的破衣烂衫、碎碗漏盆及堆积如山的松塔屑。十年来，长白山保护区及周边连续大规模进山打松塔创收，每年约十万人次，广袤的原始林和人工林中到处都有这类营地残留。深山里还有从树上掉下摔死就地掩埋的民工坟茔。这类坟墓用木刻楞垒砌，像一座座低矮的木塔。

用半天时间收拾垃圾，在柴垛一角辟出我的第二个林中写字台（第一个在二道白河边蛇谷附近）。每天带上午饭沿林中小路到这里“上班”。一个月后，天愈来愈凉，几天前下了第一场雪，正午时分才能坐下写字，余下时间林中漫步。

刚成年的灰松鼠

秋末冬初的原始林是一年中散步的极佳时节，叶落草枯，各种动物无处隐身，影踪毕现。一阵嗞嗞嗞的尖叫牵去我的目光，两只棕背鼾头挨头、肩并肩在打架。这两个体重仅20克的小鼠尖叫声竟这么大，而且全身心投入厮杀，我近前拍照仍撕咬不止。母鼠有杀死相邻领地其他幼鼠的习性，公鼠亦杀死外面的幼鼠以图与母鼠交配。从季节上推断，厮杀行为当属前者。今年是鼠类大繁殖年，母鼠可产40只幼仔。它们如果没有松子等林木种子可吃，来年一二月闹饥荒时，便开始挖掘一条细长曲折的雪下地道抵达幼红松根部，绕圈啃食甜丝丝的树皮充饥。早春时见过许多一人高的小松树枯萎死去。近前细察，原来环根部的树皮全被啃光，露出白茬，春天幼树复苏所需营养和水分的输送通道被拦腰切断。

有一天，我从写字台边信步去林深处的头汊河畔，那儿有一株又细又高的枯冷杉，上部长满干透的刺蘑，远看像挂了满树的黄色干花。两天前曾见松鼠妈妈在树上采摘一朵朵干刺蘑卷。自然风干的刺蘑有股干爽的林地土壤与淡松香的混合气味，想必是松鼠在寒冬里的酥脆餐点。

突然，从林深处传来一阵尖利的惨叫，声音高亢刺耳，夹带嘶哑音，一声比一声急迫。流露出极大的痛苦并含有紧急求救的意味，很像濒死前的绝叫。

我循声拼命赶去，生怕那尖叫陡然中断，那意味着一切都结束了。当接近惨叫发生地时，前方猛地爆发一片激烈声响，拍打树木的砰砰啪啪声，暴怒中的嘶嘶怒叫，扑棱棱的迅疾蹿跳，呜呜呜的粗重短吼，与那个凄惨的尖叫混杂在一起，响成一片。

出大事了！脑海闪过一个念头。相隔两棵树，已望见那株长满干刺蘑的枯冷杉。

不好，是松鼠一家！

带着这个不祥的预感从树后探出头去，顿时被眼前的厮杀场面惊呆了。

首先进入眼帘的是一头扇动宽阔双翼的长尾林鸮。它的举动非常奇怪：一边发出呼呜——呼呜——的短促低吼，一边忽上忽下在繁密的树枝间穿插飞旋，翅膀用力打在枝条上发出啪啪脆响。树上地下，数只松鼠不停蹿跳，怒叫示威。大鸮正全力追捕一只蹿腾跳闪的灰松鼠，两个都使出了浑身解数。林鸮转弯低冲上升的速度罕有的凶猛快捷，松鼠的跑跳腾挪也少见的机灵多变，双方上演着一场令人眼花缭乱的追捕大战。眼看松鼠被对手逼上树顶，它纵身一跃，跳进旁边一棵红树的树冠层。林鸮立刻绕树冠飘移半周，寻到枝丫稀疏的缺口，两翼向后背折叠，哗喳喳刮碰着枝条向前猛扑。松鼠即刻从另一端露头，发力猛蹬腾空而起，飞降到六七米开外的另一棵树的树枝上，沿枝干绕圈飞奔而下。此时林鸮已从树冠中脱出，举翅荡下，双爪将搭还未搭上猎物的那一瞬，危急中松鼠吱的一声尖叫，疾闪至树干后，蹬树急跃，从强劲的钩爪下脱出，跳到地上，钻进一片密匝匝的灌木丛。

这时，令我万万没想到的事情发生了：由于这场追捕扣人心弦，谁也没注意到另一只松鼠已从地面飞蹿至旁边的树上，当那只被追猎的松鼠发出尖叫的瞬间，它腾身凌空跃下，在蓝天的衬托下，它那乌黑的剪影像一柄弯曲的飞镖，在空中划过一道灰蒙蒙的弧线，冲至少比自己体型大8倍的林鸮一头撞去。

那大鸮刚刚在树杈落脚，突遭凶猛撞击，嘎地失声惊叫，头上炸起一蓬乱毛，身体发生侧翻，似断了线的风筝，歪歪斜斜掉在地上。由于距离很近，我看得清清楚楚，在撞击即将发生的刹那，松鼠竟在空中弯曲身体，四爪齐出，试图挠抓大鸮的后脑及颈根，不料对方被撞开加之头颈覆羽柔滑细密，只揪下一簇羽毛，而后它也随对方一起摔了下去。

我大吃一惊，后脑是所有动物最难防范也是最致命之处。这只以小击大的松鼠选择这个部位发动攻击真是个聪明之举。

嘶喳——

它发出一声尖叫，立即翻身跳起，后背银灰色针毛随快速运动发出一波波亮光，是穿银灰坎肩的松鼠妈妈！

此刻，旁侧的树上，又出现两只喳喳大叫的松鼠。听到它的叫声，加上先前脱逃的那只，一家四口齐齐上阵，嘶嘶怒叫，从不同方向勇猛地朝在地上拼命拍打翅膀的大鸮冲去。惶急中大鸮拔地而起，双翅拍打树枝发出砰砰啪啪一片爆响，在密集的树木枝丫中直撞出去，飞上一棵百年老山杨。

这时，我面前的树干后突然冒出一只松鼠，冲我喳喳喳狂吠。呵呵，这小家伙杀红眼了。念头及此，其他松鼠齐齐回头，看清有外人加入，随即一哄而散。面前这只也嘎咕咕一声叫，转身开溜。

不知何时，最先听见的那拖长的惨叫已经停止。森林重新恢复平静。抬头望向老山杨，在树身裂开的一个宽缝隙中，那头鸮像个大树瘤呆坐不动，瞪着一双怔怔的大圆眼，似乎还没从突如其来的打击中清醒。是呀，换了谁都想不开，兔子打狼，这不是把老天爷规定好的一物降一物的法则给颠倒过来了么？！

而我，一个原本并不是每时每刻都清醒的旁观者，仍然沉浸在刚才那场丛林大战的震撼中无法自拔，我永远不会忘记这场舍生忘死的战斗。若不是亲眼所见，说破天我也不会相信，弱小的松鼠胆敢向强大的天敌发动疯狂的自杀式攻击？而且选择的攻击角度和部位那么致命！那是多么强烈的母爱，才能激发出如此巨大的勇气，从而创造出真正的奇迹！

作为一个以野生动物和原始森林为对象的写作者，我是多么的幸运和幸福，大自然中的动植物偶尔会展现进化得来的生存奇迹，而当这个极为珍贵的奇迹发生时，我在现场！

但是，我骨子里是个慢火细炖的写作者，永远当不成摄影家。当事件突发时，我右手一直掐着的装有长焦镜头且拨在动作档的相机，还事先启动了连拍模式。好，现在拍那个木瘤般呆定的鸮罴。“呆”不是贬义词，而是真实写照：无论我怎么拍，它都一动不动。最后我拍腻了，大声恭请它换个姿势，人家依然不动。无奈之下，只得在小路边树干的枝头挂一只手套做标记。当向它挥手道别时，它依然视我如无物，呆坐不动。

林鸮栖身的那道宽裂缝正好容纳它的身体，周边的树皮颜色纹理与它的毛色羽纹十分的相似，估计是它经常守候猎物的瞭望点兼出击制高点。做标记为了再来观察它，此外还为了记住这个奇迹发生地。我把这个路标叫做：松鼠战场。

当晚夜不能寐。那一声声惨厉的尖叫一直萦绕脑际，正是这叫声招来松鼠一家与大鸮拼死作战。它们本是五口之家，而我只看见四口。八月节当晚，鸮窝树有一对林鸮现身，今天却只出现一只。种种迹象表明，先有一只松鼠落入林鸮利爪并被带到隐蔽处。家人听见它的濒死尖叫赶来营救，与前来阻击的另一只鸮发生战斗，而我的出现平息了战火。那头被松鼠妈妈舍命撞翻的大鸮落在树上不走，根本不是被撞昏了头，而是为了吸引我的注意力，为同伙赢得杀死并藏匿猎物的时间。它以它的“呆相”相当成功地蒙骗了我这个凯子。唉，我曾同它两度遭遇，上次它极力恫吓，这次它假呆真骗，两次表现都十分完美。而我，一个所谓的万物之灵长则丢尽了脸面。

后来，我向多位经验丰富的动物学家和过去的老猎户讲述这段经历，他们均认同我的推断。

有人问我写东西是不是猎奇？不是猎奇是神奇。不是我的文字神奇，是野生世界无比神奇。

燕隼

2009年的11月30日，我搬到小镇最南端好友借我的新房。第二天醒来给众多亲友发出一则短信：“晨曦中醒来，一只双翼镰刀状的燕隼从阳台上方半米处掠过，薄雾中长白山主峰隐约可见。楼侧的小河有绿头鸭、河乌、麝鼠、针尾沙雉、灰鹡鸰当邻居。橙粉色阳光入窗，今天是响晴天。心情大振，打算饭后沿小河上行散步……”给亲朋好友发短信是我消除寂寞的办法，这次心情却在亢奋中。

稍顷，亲友们热烈的回信纷至沓来。

早饭后，蹚半尺深积雪进寒葱沟。三五只太平鸟在高高的山荆子树顶吃剩余的干浆果。有几只鹀没有南迁，仍在老地方居留。一只在枯杨树上当当当凿洞的大斑啄木鸟不经意间把一串木屑撒到我头上。嘎——嘎，有松鸦在远处鸣叫。五只黑头蜡嘴雀飞来飞去，其中一只在树上歌唱，歌声婉转悠扬。藏在树干后吹口哨与之对歌，往复数遭，它竟飞来探视，在枝头久久不去。一只黑色大鸟在蓝天飞过，咯喽——咯喽——一边飞一边叫。这是只居住在林中矮崖上的老乌鸦，正赶往头道白河边的垃圾场吃早饭。在紫貂卫生间看见紫貂遗下的新粪条，只要有唾手可得的小型啮齿类动物，紫貂不会花大气力捕杀松鼠。

一会儿跟着狍子的纤巧足迹疾走，一会儿与黄鼬活泼泼的足迹链同行。看见狍子的尿迹，它撒尿不像人那样斜出，而像漏斗倒油那样直下，在深雪中浇出一个直通通的小洞洞。可惜没看见过松鼠撒尿。冬季里阳光暖和时，松鼠会在9点左右出来取食，下午1点再出来一会儿，大雪天则一两日不出门，靠储存的干蘑菇充饥。入冬以来，我或者闷在家里写东西，或者去很远的山上看狍子，今天能看见松鼠妈妈么？

沿途的雪地上，松鼠的新鲜足迹随处可见。一跳一跳的呈倒八字，两只后脚在前，一双前脚在后，跟野兔一样。还有大尾巴摆来摆去的扫帚状轻拂浅印，近看，针毛细痕历历可数。

行至松鼠副巢处，咕咕，一声带喉音的轻叫。一只松鼠从地面跳到树上，叉开前肢，竖耳瞪眼，机警地盯着我看。少顷解除警戒，开始飞快地用小嘴清理两只前爪上的松脂。又抬头看看，见我还在，咕噜噜——发出音阶由高转低的抱怨，似轻轻的柔声。好像在说：干什么老盯着我看？起身直立，只一动便攀上头顶枝干。当它飞快展露腹部那一瞬，被我看个清清楚楚：雪白的腹面茸茸纤毛干净洁白，无丁点污渍。还有……它没有小鸡鸡，是女生。沿树干上行时，后背有银灰色浅波一闪一闪起伏。

是它吗，穿银灰色坎肩的松鼠妈妈？还是它的女儿？新一代穿银灰色坎肩的准新娘？

目送它快速升至树顶，又一反常态地跳到我身边这棵树的树冠层，在我头上来来回回兜了两圈，似在打量一个记不起名字的熟人……两年来的观察，从未见过松鼠有这种举动，见了人它们往往跑得越远越好。

它是那年冬天我遇见的第一只松鼠，毛色光鲜、身体健康、举止优雅、充满活力。再过一个月，它将进入婚配季。这位美丽的新娘身边将簇拥着十几个精力旺盛、咕咕大叫的热烈求婚者，它将挑选多位好小子做新郎，逐一与之携手入洞房。不是为了满足情欲，而是为了使卵子成功受精，生育更多健康后代。那时候，沉迷在极其兴奋、极为忙碌的蜜月中的它，应该顾不上羞羞答答遮遮掩掩，拒绝我这个看上去彬彬有礼、内心却狂跳不止的异类，在可接受的距离参加它一个接一个稍嫌匆忙的婚礼……《黑龙江兽类志》上说，灰松鼠第一次发情在每年的一二月间。当时，我下定决心将来一定要亲眼目睹松鼠在早春时欢闹的婚礼。

现在是2011年3月中旬，我在给这篇超长的散文收尾。去年大年初四和今年情人节当天，我两次特意从省城早早赶回长白山，在原始林的深雪中十几次跋涉，都没有看见灰松鼠求偶交配的场景。倒是有一次在深山里，看见一棵老橡树高高的树杈上，一块圆形的菌类在天际闪闪发亮。王老师说，那是香栓菌，有异香。据说北美红松鼠追逐求偶时，雄性要把雌性赶到地面交配。灰松鼠在树间横杈上即可交配，行事时大尾巴像面朝天竖起的小旗，随着它的颠动在空中急剧地抖擞招摇……但愿有一天我能有幸看到这个场面。

去年5月初，在寒葱沟环区公路上行走，忽听嘎——嘎——嘶哑长鸣。这鸣声特别像凤头麦鸡的长叫，来自头汉河边。猫腰悄悄靠过去，忽然叫声又起，来自前面小山冈。抬头张望，见两只黑啄木鸟的身影在一株老枯杨左右时飞时落。当时正是飞鸟归巢的黄昏，看来这对老朋友已选定这个新巢址了。

松鼠家庭人丁兴旺，地盘已扩展到环区公路东边宝马林场的次生林。但这里的树木曾遭林场砍伐，镇里的居民也年年盗伐当作烧柴，而且一年比一年严重。我担心它们在这里居住将一年比一年艰难。

那窝长尾林鸮还在老地方居住。十几天前，刚进寒葱沟原始林，看见一只鸮安稳地栖在树杈上，闭着双眼似在打盹儿。我围着它转来转去半小时，拍下二十几张照片。它一直端坐不动，只偶尔微眯一只眼瞧瞧我，再仰头朝向天空，让阳光烘暖那张圆脸，随后又沉沉作冥想状。

王老师说，长白山西南坡比我们北坡温暖。早年曾见过一搂多粗四五米高的大榆树枯桩上，长满一层层的榆黄蘑。远远望去，在阳光照耀下像一座光闪闪的黄金塔。这些年地球变暖，森林一年比一年干燥，蘑菇数量明显减少，不知还有没有这么辉煌的蘑菇树了。我得去西南坡走走，了却这个心愿。

考查了三个秋天，写下十多万字笔记，断断续续写了很久，这篇长文仍未写完。美丽而又神秘的蘑菇世界，是我终生向往和关注的自然领域，蘑菇比花朵更贴近土地，是原始森林中的绝美造物。地球上80%的植物依靠菌根菌繁盛生长，没有蘑菇就没有森林。我彻底被蘑菇世界迷住了！随着观察和思考的深入，我将不断增补修改此文，力争达到我心目中的尽善尽美。当然，蘑菇宝盒依旧会在案头陪伴我。

对了，我仍将去拜访那株300年的老橡树倒木，年复一年……

写到这里，我又一次打开蘑菇宝盒，里面又飘出梦幻般的干爽林地土壤的奇妙气息。

（2011年4月11日草成）

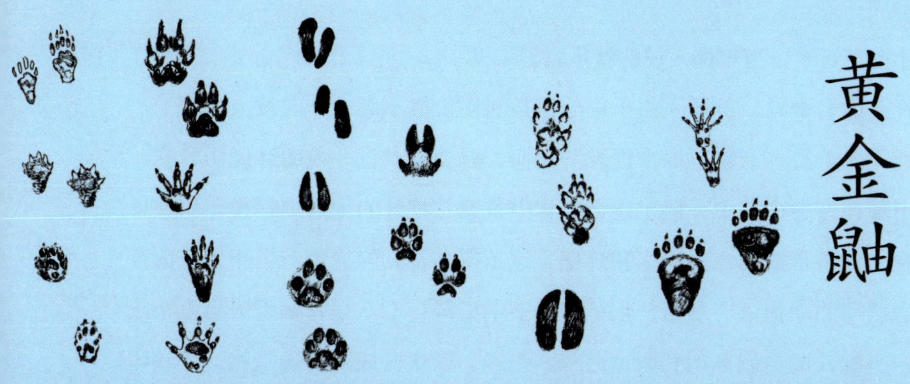

黄金鼬

耳畔传来一阵轻微的沙沙声，它在草丛中出现。飞快上树，在红松树冠中冲荡数次，似在搜寻什么，随后返身下树。

乍看第一眼，我大吃一惊，好个金黄灿灿的动物！毛色如此绚烂鲜明，实属罕见。再细打量，在橙色夕照与阴暗树影下，它的前半部身体忽而发出金橙黄亮辉，忽而转成浅棕黄幽光。随着快速行走，明来暗去，光轮烁烁。它体形比家猫大一倍，停则粗短，动则细长。圆耳黑足，后部和尾巴棕黑泛青，整个头脸亦黑，像戴了个青黑面罩，与喉部鲜黄和颈肩金黄形成极大反差。它身姿轻灵，神态机警，行动中长颈探出，长尾平伸像翘起的扁担。

在金色夕阳光柱和黝黑树干间，它像一团黄金色的火苗渐渐远去。

青鼬！终于看见你了。同时，一个久存心中的难题迎刃而解。

2007年春季，来长白山的当天，把简陋的家安置好，便兴冲冲寻路上山。路遇一捡柴人，寒暄数句，听出我对动物感兴趣，立刻向我描述他当天看见的一只从未见过的动物。这动物比猫大，形似细犬，黑头长尾，身上有大块明黄花斑，色彩鲜艳。当时，自恃多识的我临场语塞，一个字也答不出。不假思索当场答疑，才是真正的行家，我差得太远。这个难题直到遇见青鼬才揭晓答案，当年那人说的就是它。

青鼬俗名蜜狗，黄猺。由于皮毛粗长利用价值不高，一向被人忽视。一般百姓无人识得，专家也很少提及。然而，只要你有过一段山林经历，它一定会出现在你的视野中，偶尔还会在林中看到它挖开的地居蜂蜂巢。倚仗毛粗皮厚，它常常挖掘蜂巢吃蜜和蜂蛹，这是得名蜜狗的缘由。早年曾读前苏联学者撰写的动物语言书籍，依稀记得书中记载：七八只青鼬组成猎杀小队围捕一头狍，成员们各司其职，追踪、包抄、设伏，成功捕获猎物。令我印象深刻。当时怎么也没想到，会在30年后看见这种动物。通过这类零散的阅读，让我觉得它是一种刚毅顽强、懂得合作、智商很高的动物。

我喜欢独自上山漫步，可以任意观察森林动植物并随手记下笔记。当然还可以长时间驻足，聆听自然界的各种音响。这时候，往往有意想不到的事情发生，就是野生动物突然近距离现身。

第二次看见青鼬是在2008年10月初。那天我坐在一片毛榛灌木丛旁休息，忽听踩踏落叶的簌簌跑动声和剐蹭枝条声。脑海中飞快掠过一个念头，野猪，一头莽撞的野猪正冲我跑来……未容多想，跑动声已至身侧。天哪，两只体态苗条、色彩斑斓的动物。

胸前闪现橙斑，颈背大块泛金的浓黄，粗长的黑尾微翘，青黑短健的四肢……青鼬，一对青鼬！

不足3米，隔着落叶的灌木，能闻到它们身上散发的扑鼻骚臭。它俩似处在一种痴狂状态，身体贴倚擦蹭，头颈厮缠轻咬，嘴里发出尖细短吱娇咛，唇齿间有晶莹亮光闪动，一种异样的欢娱情绪洋溢它们中间，像一对热恋的情侣，彼此那么专注，那么着迷。这两个小疯疯过于迷狂，根本没注意我这个近在咫尺的大活人。

我幡然惊悟：这是一对热恋中的青鼬！

在那一刻，想必被它们施了魔法，我呆定定像个树桩，只眼睛在动，从它们来到它们去。紧接着内心狂震，一向神秘的青鼬，刚刚向我展示了它们活生生缠绵相恋的一幕!

我长久地坐着不动，鼻腔里它们臭腺散发的情爱气味仿佛还在，耳畔仿佛还回响着那欢快的簌簌跑动声……我摸出笔记本和笔，想写点什么，却一个字也写不出。胸中有一股激动的热浪在鼓荡奔涌，它们成对了，它们婚配了，这是天底下最大的好事!

北方野生动物的求偶交欢一年只有几天，这是自然界最自然最神圣的事情，就像草木开花结果。它们远比人类要光明正大，在太阳下，在旷野中；天当帐，地为床；青山环绕，绿水奏鸣；想干什么就干什么，想怎么做就怎么做。欢叫长歌，踢踏角斗，振翅旋舞，公开亲热，毫无顾忌。不似我们营香设帐，熄灯噤声，藏秘似偷摸行径。

雌青鼬发情期间臭腺分泌旺盛，嗅觉灵敏的雄鼬闻到它散播的性激素气味，纷纷赶来聚在一处，跟随它爬到一棵大树上，争夺较量。这是一种奇特的求偶现象，据说一棵树上同时聚集八九只雄鼬。这时它们变得异常胆大，对身边的危险包括人群围观视而不见，一门心思围绕雌鼬拥挤推搡，争宠示爱，独占雌鼬。我偶遇的那对缱绻厮缠，旁若无人的青鼬，估计是求偶胜者与爱侣开始了双宿双飞的生活。

那一年的冬天，遇见长白山当地的老画家陶春林，他给我讲了一个奇特的遇熊故事：二十多年前，他进山写生，画的是一棵在崖畔生长的挂满松萝的老云杉。忽然，林深处爆发一阵闹哄哄的吼叫声，粗声吼叫和嘶哑怒嗥相混杂，声震山林。惊惶中，他听见杂乱的跑动声，一头熊，一头百余斤的黑熊从眼前惊蹿而过，后面有只黄黑相间的小动物紧紧追赶。山坡上还有一只黄黑相间的小动物站在倒木上高声大叫，似在为同伴鼓劲打气……老画家大吃一惊，那小动物胆儿真大!个头比熊小那么多却那么勇猛，竟把熊撵得抱头鼠窜。那头熊虽然看上去顶多150斤，但毕竟是头熊啊!

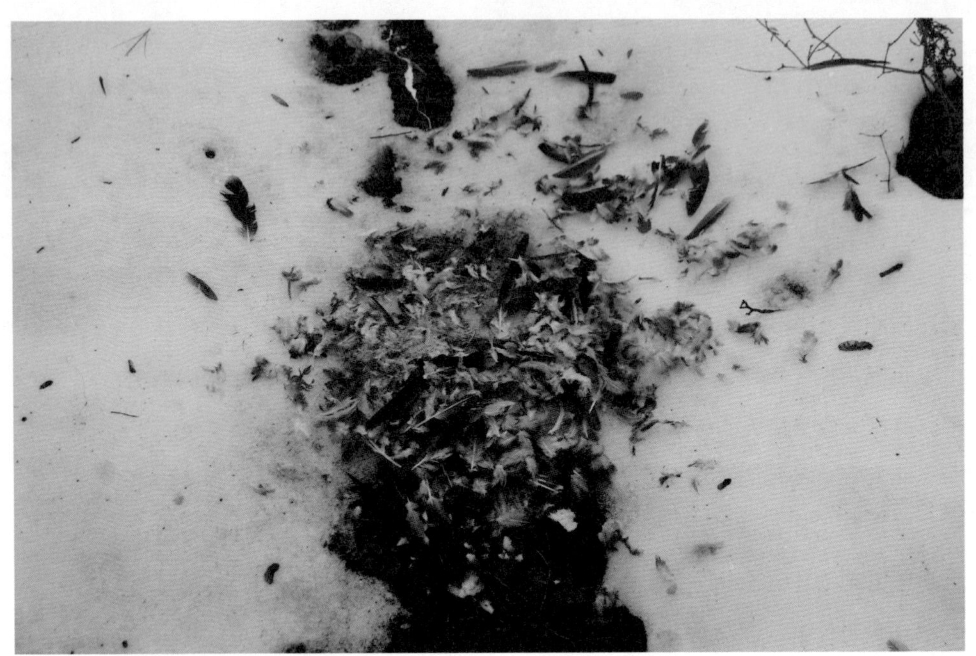

青鼬猎杀斑鸠现场

我插话，那小动物长什么样？

他答，长相酷似黄鼠狼，个头大黄鼠狼一倍。颜色前黄后黑，对比鲜明，十分醒目。

我心里一动，他说的是青鼬啊。估计那头熊刚刚离开母亲独立生活不久。缺乏经验的它无意中闯到青鼬的巢穴附近。正在养儿育女的青鼬夫妇为保卫幼仔奋起反抗。吓了一大跳的熊措手不及，在对手不顾一切地攻击下吓得狼狈逃窜。在自然界，以小胜大的战例往往发生在弱小动物的巢穴附近。它们为了保卫最珍爱的家人，往往不惜性命拼死抵抗。而大型动物只想占点小便宜，又怕受伤，不想动真格的，面对疯狂抵抗只得退却。然而，这故事还是让我非常吃惊：有一个前猎手曾跟我讲，他亲眼看见一个熊巢前面摆放着五头獾的尸体，一大四小。熊把獾捕杀后，放在那里等獾尸腐败一些再吃。獾是鼬科动物中最凶猛的打斗高手，青鼬远不是它的对手，可见这只追熊的青鼬为了捍卫妻小，激发出无比惊人的勇气！但是，熊是一种爱记仇又爱报复的动物。第二天，老画家又到这里写生。熊亦选择黄昏前回来报复。它并没有找到青鼬一家。这对聪敏的小夫妻已经意识到巢穴不再安全，叼着幼崽及时搬家。气急败坏的熊找不到仇家，把愤怒转向陪画家上山的大黄狗，把它咬死了。

老画家养这条狗已十年，感情很深，他伤心了很长时间……当我转述这个故事时，忽然意识到大黄狗可能救了老画家的命。如果他没有带狗上山，那头一心报复的青年熊很可能会攻击人。那一天在密林深处，当黑熊逼近画家时，被大黄狗觉察，它毫不犹豫地冲了出去，替主人挡住了熊的尖牙利爪。

有一天，遇到一个外地摄影家，他兴奋地向我描述在山上遇到的一个颜色鲜明的动物，他没来得及拍到它。那是个什么动物呢？他问我。

黄金鼬。我脱口而出。

就像我把赤翡翠叫做红宝石，把黑琴鸡叫做红眉毛，把山斑鸠叫做珍珠鸠一样，在内心深处，我根据第一次见到青鼬在夕阳中那金黄的毛色，按照自己个人的习惯，给它起了个新名字。

与那对热恋青鼬的相遇，给我的印象极深，开始一点点了解这种不为人注意的动物。它依赖森林为生，生活在各种种类的森林中，有自己的领地。青鼬属偏重肉食的杂食性动物，食谱种类丰富多样，有小型啮齿类动物如各种小鼠、野兔、松鼠及少量蝙蝠；雉类、蛇、蜥蜴、昆虫、蛙、水果、花蜜及浆果；青鼬还捕捉幼狍、小鹿和野猪幼崽；结成家庭群后，会围攻鹿、狍、斑羚群体中的老弱病残者；有时还吃动物尸体。入冬后，它们大量捕捉森林鼠类。夏季小鼠不易捕捉，它们更多地吃应季野果、浆果及植物，如野生猕猴桃、桑葚、越橘、山丁子及多肉的李、杏、山梨、野葡萄等。这时果实和昆虫占进食量的一半或略多。在春秋两季，它们的捕鸟量只占食物的

10%，且多为老弱和笨头笨脑的鸟儿。

青鼬属鼬科，这个科的动物个个嗅觉、视觉、听觉超群。在林中行走的人发出的声响和气味能被它提前侦知，所以极难看到。我的居住地距这对青鼬领地不到两千米，但在那之后的近一年时间，尽管去那儿的次数很多，却再未见到它们的身影。转过年的初冬，三场雪过后，山里的雪不再融化，我开始冬季观鸟和辨认动物踪迹的活动。冬季食物骤减，青鼬觅食时间长，运动量加大，足迹明显增多，我常常特意去它们的领地看看。

有一天上午，刚进沟里，见小路上有一堆鸟毛，凑近去看，是一处青鼬的猎杀现场。翻找到数朵泛出玫瑰色辉光的胸胁覆羽，认出这鸟是一只斑鸠。我在周围的雪地上绕了一圈，寻找它捕猎过程中留下的痕迹。这次袭击是早上7至8时之间发生的，饥饿的斑鸠落在这段裸露表土的小路上，匆匆捡食草籽和树种。青鼬全身贴地匍匐而来，半个身子沉入雪中，仿佛在雪海里半潜半游，在雪地留下一条凹滑道。越接近小路，滑道凹下得越深，表明它往雪层里沉得更深，整个身体几乎钻入雪中，只露出双眼和一窄条微微起伏的黝黑脊背。充分表现出一个老辣捕猎者的机巧。好一个潜行高手！我由衷地赞叹着，潜行中它可能把头也埋入雪中，只在需要观察时才抬头看一下。这条凹滑道笔直通到路边一棵老榆树背后。仔细找找，树前面的残雪中没留任何痕迹。它并没有从树后一跃而出扑向猎物，那它是怎么干的？咦，树干暗黑干枯的树皮上有铁钉头大小浅而清晰的爪痕。仔细察看，这爪痕一路向上，在1.5米的高度消失。明白了，青鼬擅爬树登高，并可在树与树之间跳跃飞蹿；入冬前足底生软毛，踏雪防滑又消减声音，攀爬亦无响动；它倚仗这两个优势选择了登高下击这个最稳妥的攻击方法。再细看爪痕，果然渐渐绕至树侧，一对较深的后足蹬出的深痕历历在目，一块枯树皮也连带被蹬下来……我眼前出现一幕场景：借助树干的遮掩，它敏捷地从雪中起身上树，全身紧贴树干，无声而缓慢地向上攀爬，停在猎物的上方。这时的它，像个长而扁的树瘤与树干融为一体。而且，它悄悄探出小半个侧脸窥视下方，这时很可能处于斑鸠视野的盲区。耐心等了一会儿，待四处啄食的斑鸠行至攻击范围之内，一条金黄色暗影凌空扑下。斑鸠只发出惊哑短鸣，在猛扑之下蹿射一道稀屎，扑腾两三下便一动不动了。

斑鸠属候鸟，应该在秋季远徙。它可能由于年老体弱，无法胜任漫漫长途，选择留下来过冬。这样的鸟儿大都熬不过严酷漫长的北方冬季，一天天挨日子，终有一天冻饿而死。从这一点看，我觉得青鼬干了一件好事，提前结束了老斑鸠饥寒交迫的煎熬，又让自己吃了顿饱饭。细细翻寻那堆鸟毛，只找到一颗完整的胗肝。它可真贪吃啊，连鸟头带鸟爪全都嚼食干净，不留丁点残渣。

青鼬的正式学名叫黄喉貂，是鼬科貂属中体型最大的动物。最古老的鼬科动物与食肉动物的始祖非常接近，可追溯到下中新世（约800万~1000万年前）。它们在250万年前已经占据了原始大陆冈瓦纳的广袤森林。和其他貂属动物一样，黄喉貂在100万年前的更新世出现在欧亚大陆并向东扩张，其中部分貂属动物最终穿过白令海峡进入美洲大陆演变为美洲貂。漫长的进化史打造出它们极强的适应能力和优异的生存本领，成为适者生存的典范和森林生态系统的维护者。它们大量捕食各种鼠类，消减森林小鼠数量；吃下野果和浆果后排出植物种子，沿途播下无数树种；捕食数不清的大型森林害虫，消除部分虫害；虽然有捕鸟偷蛋行为，还捕食蛇、蜥蜴、蛙和少量蝙蝠，但数量有限，对森林的益处远大于弊端。

随着对这种原本陌生的野生动物的深入了解，我对它更加着迷，隔三差五便去它的领地，尽量往远往深里走，巴望着能再看到它。然而，和以前一样，它的行踪太过诡秘，再一次看见它实在太难，足迹倒常见。于是，看见新鲜足迹便连忙打电话，向过去的猎人打听如何跟踪。人家说，沿着新鲜足迹一直跟下去，大约3个小时后，足迹一般会在一棵大树底下消失，它肯定上树了。围绕大树仔细察看，能看见它趴在粗树杈上正盯着你看。接连两次，我沿着青鼬的新鲜足迹开始漫长的雪中跋涉。一次由于它的足迹与另一只的足迹混淆，最后分不清哪个是我追踪的正主而中途放弃。一次是由于扭伤了右膝的韧带无法再走，一瘸一拐回家转。终于在2010年春节过后的第四天，追踪到一处青鼬追杀小野猪的战斗现场。

那是一场雪后的早晨，膝伤刚见好转，我急不可耐地上山去看动物的新足迹。新雪过后上山是我的老习惯，所有雪地留痕都是新的，一笔一画、勾勾捺捺、点点线线，无论什么痕迹，哪怕风动枝条的雪上划纹和落叶滚动的轻细轮印都看得清清楚楚。它们像雪地上的文字与图画，向你讲述林中发生的各种有趣的动植物故事。看，小河冰面上细密成片的狍子足迹。它凌晨时来过，刨开积雪，舔食黄颜色的冰面。这种颜色表明水中富含矿物质，狍子需要补充这些有益的东西。看，跨河横倒的悬空倒木下，一只紫貂悄悄走过，在薄薄的雪上留下一串清晰足印。倒木顶部留住了厚厚的积雪，下面的空隙只有一层飘雪，从下面接近小鼠又省力又无声又隐蔽，这个小滑头哇。看，岸边向阳面柳树丛周围，有一行行纤细小巧的鸟爪痕迹。这是刚刚飞走的那两只灰鹡鸰觅食时留下的，远处正传来它们脆亮的鸣声。看，枯树下散落在雪中的新鲜木屑。大斑啄木鸟在这棵树上干完木工活，又飞到下一棵枯树上，正悬在撕裂的树皮上荡秋千。为了御寒，它整天到处凿树找虫蛹，只有吃饱了才不冷。接下来，接下来，那是什么?

前面的雪坡上，有一个个排成一线的大雪窝。雪窝之间相距两米，列成单行，一直通往山下。走近看，雪窝餐盘大小，四周散布着溅落的雪花，雪窝中可见动物脚掌蹬踩的新鲜足印，而且是三四个或深或浅相互叠压的足印。显然，这是动物全速奔跑留下的足迹。动物飞奔时前足前伸，身体拉长，双前足落地一点，双后足迅即跟至前足落点发力后蹬，完成一连串疾速动作，这样便留下四足聚在一处雪花四溅的大雪窝。我心里一动，猛然想起九年前跟随一个动物专家进山考察，也是在这个季节，在山上曾见过一模一样的雪窝。专家说，这是青鼬飞奔下山的足迹。猎行中人用农民刨坑撒种来

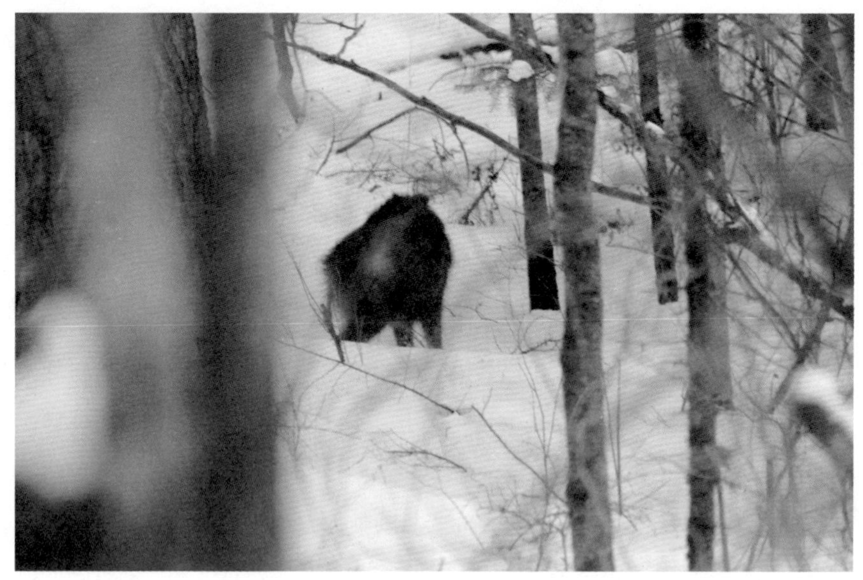

雪地野猪

打比方，把这种足迹叫“种埯子”。

当时对青鼬不甚了解，现在却十分惊讶：最大的青鼬身长不足70厘米，怎么可能跨出如此大的步幅？想必它四肢肌腱发达，腾空远，高速奔跑如草上飞。再有，山上没有其他人的足迹，它不是见人逃跑，而是在全力追赶猎物……且慢，猎物，是什么猎物让它如此卖力？

它金黄与棕黑相间的身影，在洁白的雪地上大步飞奔，身后有蓝天的映衬，足下有飞溅的银屑，那是怎样一幅美丽的图画！

跟，跟上去看看。眼前的足迹太难得了，也许能赶上好节目。下山时，我尽力跨大步与青鼬的步幅比较。不行，差多了。

望着这串洋溢着旺盛活力的雪窝，不由从心底里发出赞叹：多么生龙活虎、多么欢腾飞跃的野生生命，多么强烈的生存渴望、多么惊人的力量与速度！

跟到沟底，这足迹与另一只青鼬的足迹汇合，排成双行，在并肩奔跑。还有，它们的足迹间，夹杂着另外一种动物足迹。两个手指肚大的双蹄瓣并拢着，隐约现后面的悬蹄。野猪，它们在追捕野猪。我加快脚步，抬头张望，啊，前方的雪地被践踏得乱糟糟一大片——那是猎杀现场。果然，场地边上，躺着一只被吃去一半的小野猪尸体。上前打量，这是一头去年清明前后出生的野猪，11月大，正常情况下应该长到80~100斤。可看它的身架，估计顶多40斤，这是只小拉呃。插队时当过一年猪倌，知道在一窝新生猪羔中，总有那么一只抢不到母亲乳头吃奶的小不点。母猪前端的乳头产奶多，被最大的猪羔抢占了，依次排序，最弱小的猪羔被推挤到最后，连一只乳头都抢不到。由于常常挨饿，长得又瘦又小，所以叫拉呃。野猪和家猪一样，也有这种现象。

野猪尸体已冻硬，这场战斗是昨天傍晚前后发生的。可以这样推测：这对青鼬当时分作两下，一个在冈上，一个在沟底分头巡行。沟底的青鼬发现了这头因虚弱落在大群后面的小野猪。它一边向同伴发出召唤，一边把它向野猪群相反方向驱赶。山冈上的青鼬闻讯飞奔下山，两下合在一处，追上小野猪，展开厮杀。要知道，青鼬虽身手矫健，但体重顶多3.5公斤，小野猪再

林中静坐，一群七个月大的小野猪来到面前

弱体重也有20公斤，况且生性顽强，这场仗不好打。

从厮打践踏的痕迹上看，可分成三处战场。看第一处战场，显然这对青鼬一前一后围绕野猪转圈，困住了它。掠食动物像狼、野犬等，专门能挑出大型食草动物中的弱者，针对对方的弱点进行攻击。这只野猪的弱点一看便知，虚弱导致的体力太差。于是它俩展开周旋，耗尽野猪的体力。从蹄迹上看，野猪站在中间转圈，应付四面攻来的利齿尖爪，留下一片圆形猪蹄踩踏印。青鼬在外围兜着圈子，伺机上前咬一口便退下来，引逗对方反击。野猪力量很快耗尽，不再缠斗，一头拱进密匝匝的柳树丛。这时三只动物的足迹混在一处，十分杂乱。表明两只青鼬已扑到野猪身上，开始贴身作战。柳树丛中雪格外深又有枝条挡路，野猪陷入雪中，留下一个深深的卧迹。同时，雪上可见殷红血迹。意识到陷入绝境，野猪鼓足余劲站了起来，跌跌撞撞走出树丛，马上被凶狠的对手包围在第二处战场。在这片践踏痕迹上，到处遍洒血迹，野猪在这里被咬得很厉害，估计力气已

青鼬围猎野猪现场

耗尽。它不再反击，只是硬挺着扭挣身体，不让自己倒下。一只青鼬可能咬住它的喉咙不松口，另一只在后裆掏开它的小腹。疼痛万分，喘息困难的野猪意识死亡将要降临，使出最后力气，拖着两个敌手拼命挣扎着爬向一个土坡。刚走了七八步便没了力气，用流着血的长嘴筒拄在地上支撑身体，在深雪中留下一个沾满血迹的筒形雪洞。接着雪地上出现第二个与之并列的筒形雪洞，也沾染大量血迹。显示野猪被对手连咬带拖，第一次以嘴拄地没能撑住，又尝试了第二次。第二次也没能撑住，侧倒下去，这第三处战场便成为它绝命之地。两只青鼬合力把它拖到坡下，开始大吃大嚼……我翻看了一下野猪残尸，肉被吃去一半以上，心肝肺和胃也被吃光，只剩下一坨冻硬的肠子被弃置一旁。看情形，它们吃了很长时间，最后肚皮撑得滚圆才离去。

在山林中，每当看到这类涉及野生动物生存行为的珍贵遗迹，我都十分兴奋，流连忘返，那天即如此。等到搞清楚这场猎杀的来龙去脉，已下午3点。日头卡山，光线暗淡，无法拍照，只好第二天来再回来补上。第二天起早进山，阳光明亮，雪地洁白。快到现场时，引来四五只松鸦嘎嘎大叫。它们气冲冲地耸起头颈的羽毛，对外人接近它们的食物表示抗议。雪上有小而圆的动物足迹通往现场，细看，足迹有一角硬币大小，小巧秀丽，是白鼬足迹。这小东西身长20厘米，重100克，冬毛雪白，极其稀有，如果能拍到它该多好啊！我立刻趴在地上，慢慢向野猪尸体爬去，到七八米处停住不动，等了好一会儿，没什么动静。近前去看，原来聪明的白鼬怕进食时遭天敌袭击，从空隙

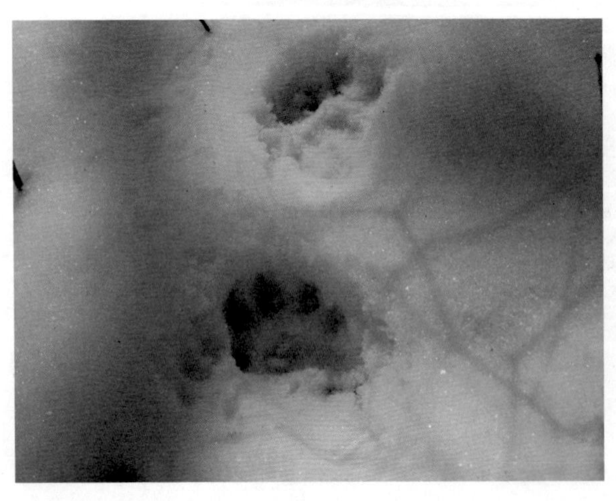

青鼬足迹

处钻入野猪残尸底下，在下面啃食冻肉。我掀开残尸，呵呵，这贪吃的小家伙，已在冻肉上啃出三指宽、半拃长、5厘米深的凹槽。据说白鼬食欲旺盛，一天可吃下相当自身体重近一半的食物，足见此言不虚。我还在现场发现了紫貂的足迹，它把那堆冻肠子拖到一棵大树后面的隐蔽处，美美地享用了一番。周围枝头上栖落着普通鳾、煤山雀、沼泽山雀和大斑啄木鸟，它们都是来捡食尸体残渣的。青鼬又干了件好事，它遗弃的这具残尸，招来了不少饥肠辘辘的小动物。它们会天天守着这得来不易的美食，直到吃个精光为止。

狼一般生活在丘陵地带，海拔较高的森林没有狼，青鼬恰恰在这里代替了狼。它们捕食草食动物和杂食动物族群中的老弱病残者，为那些健壮机灵的年轻动物清除了一些争食者，使它们顺利生存并产下更优良的后代，促进其族群健康壮大。所以，不要为青鼬捕杀若干狍、鹿、野猪、松鼠和鸟儿感到愤慨和惋惜，它们绝不会追逐那些机警而敏捷的年轻动物，它们捕捉的大都是有某种缺陷的动物。在这方面，青鼬是大功臣。

交颈而眠的青鼬夫妻

2010年12月5日，又一个难忘的日子，这天，我去邻村买蘑菇。路过一户院落，见两个人蹲在地上翻看一个死去的动物尸体。近前一看，不是一个，是两个，两只死去的青鼬！

进院攀谈数句，顺口问一句：这蜜狗子谁打的？

对方说是一个亲戚打的，捎到他这儿请他帮着卖掉。

身上没枪眼，怎么打的？

那人说：下套子套的。先套住个母的，套脚腕子上。去蹓套时还活着，拿棒子打死，再在原地下上套。公的见母的没回来，出来找。一路闻母的留下的味儿来了，也被套住脚腕子……这蜜狗子是一对。

我想照张相，他同意了。

我想了想，把这对恩爱夫妻摆成交颈而眠的姿势。它们如此情深意笃，生死相随，活着时一定相依相偎，交颈而眠。

它们活着时那耀眼的金黄毛色，现在已变成黯淡的土黄；曾经灵动的四肢，现在已僵直冷硬似铁……

我永远忘不了这一天。因为这难忘的一天，无论过去与将来，偶遇青鼬的那一天，或者看见它活动过的珍贵现场的那一天，也都成为难忘的一天。于是，我把这几个难忘一天的片断记录下来，让读过文章的人也随我一起难忘，难忘在林中像跳跃火苗似的黄金鼬。

2011年7月13日中午，在公路旁的树荫下休息。忽听林子里刷刷作响，一只动物正向我这边走来。静坐不动，等它现身。低头打开镜头盖时，听路边树丛树叶哗啦一声轻响。那只动物要过公路到对面去，先谨慎探头观望，第一眼即扫到我，急遽调头返回，前半部黄金毛色被灌木丛遮蔽，我只看到它的后半身和一根像扁担一样的长尾巴，尾端微微上翘……

山猫河谷

新雪的清冽凉气能浸透人的身体。每逢这种雪后的早晨，乍闻雪香，我便幻想：自己的鼻腔如果能像初生婴儿那样粉嫩洁净、未被玷污该多好，这样也许能更准确地描写新雪的气息。

什么样的雪是最干净的雪？这只早起的山猫最有发言权，它把这个小秘密告诉了我。

它步履轻盈地行走，一个个桦树叶大小、圆圆团团的足迹排成单行蜿蜒远去。雪被的基质决定动物足迹成像的清晰度，眼下这层3厘米厚的白雪十分理想地呈现出它的印记。山里人把清晰的动物足印叫掌花，是呵，的确是雪地上压塑的一朵朵秀气的小花。它比家猫足迹略大，四个前趾印像四粒大芸豆粒呈半椭圆形紧凑排列，外侧两粒稍大于里面的两粒；掌垫印似小云彩卷，上凸下凹，左边一个卷，右边一个卷。整个足印四周被毛茸茸的雪轮廓衬托，趾与掌之间有走动践踏带起的雪尘，透出一只活生生野生动物的勃勃生气。凑近细看，不由得屏住呼吸，唯恐鼻息吹起这朵毛茸茸小花上轻敷的花粉。醒悟后我笑，这不是娇柔的春花。多年在山里观察野生动物足迹，我觉得，松鼠在湿雪上足痕最精细也最美丽，像极了婴儿五个纤小可爱的手

印；狐狸与山猫的足迹排第二，其中山猫足迹比狐迹稍许秀美。因为猫掌形状更圆且由于尖爪收在爪鞘内显得谦和内敛，而犬科动物的尖爪外现，流露出一丝杀意。

看这儿，它站住了，一双前足印之间的雪地上有个浅雪窝，很像孩子毛茸茸的手套在雪上来回擦蹭留下的。我好奇心大起，趴在地上细细端详，在浅雪窝边缘，隐约可见四五条细长刮划纹印。哈，是猫的硬须留痕。

野生动物留下的种种雪地谜团一般难不倒我：山猫为了更清楚地辨别空气中游丝般猎物气味，刚刚在雪中涮了涮口鼻，清除鼻腔里的浊气。所有靠嗅觉生存的动物都有这类习性，这能使鼻腔充满单一的清新空气，让嗅觉保

持高度灵敏状态。在蓬松洁净的雪中涮鼻子，自然要挑选最干净的新雪。

我小心地把鼻子探入这浅雪窝，尽量不使鼻尖沾雪。山猫是嗅觉大师，在漫长进化长河中形成一套异常精巧的嗅觉构造，人类的笨鼻子永远体会不到它那繁纷复杂的气味荒野。明知闻不出什么，只能做个样子向它表示敬意。

深吸第一次时，一股寒冽净澈的雪香扑进鼻腔，凉透咽喉，直入肺腑。吸第二次时，冷不丁地嗅到了雪香之外的气味，那是一丝轻微的木炭气息。

噢，山猫在告诉我：最纯洁无瑕的雪到底是什么气味？就是微微带点木炭味儿的纯冽雪香。

谢谢你，凌晨漫步的山猫。

山猫又叫野猫、山狸子，学名豹猫。在森林或林缘地带活动，是非常机警的夜行性动物，也是孤独的黑夜杀手。冬季住在树洞或地穴或石缝中，黄昏外出游猎，清晨返巢，平时极难见到。这场雪给山地盖上一层松软的白雪毯，我并不担心丢失这条长长的足迹链。背包里有干粮，保温杯里有热咖啡，可继续跟踪下去，看看它大清早起来到底干些什么？幸运的话，说不定还能瞥见它敏捷灵活的身影。

雄性豹猫

第一次听说山猫的故事，是2006年冬天，在山里认识一个从前打过猎的大栓子。他给我讲述了与山猫遭遇的恐怖经历。

二十年前，他一个人上山打蹓围。打蹓围指一两个人循动物的新鲜足迹追踪，看见正在吃食或休息的动物相机射击的狩猎方法。那天他追踪的是一头耐力极好的健狍，连续5个小时紧追慢赶，得到多次开枪机会，由于过于慌张，都被他错过了，还有两次击发未中。这时已近黄昏，弹药用光，眼见日头西

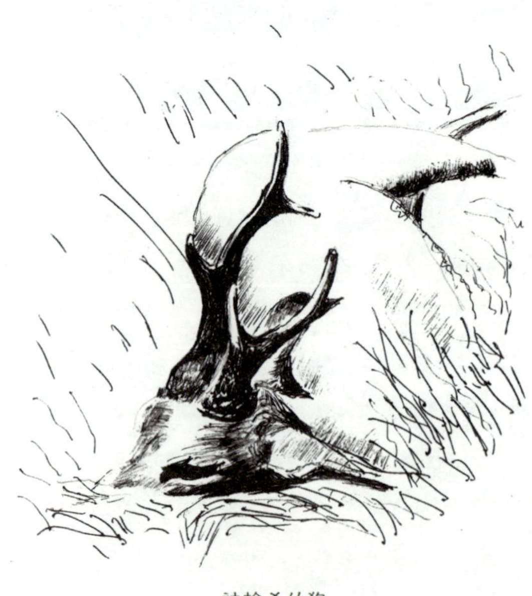

被枪杀的狍

沉，只好返家。暮色蒙蒙中，见路边不远处灌木丛中，有个黑乎乎的东西横卧地上。定睛看去，一头中套勒毙的狍子。

他大喜过望，这是别人下套获得的猎物，那人没来蹓套，白捡个大便宜。抢前数步，果然是头长着枝枝杈杈双角的大公狍，个头不少于90斤，比自己今天没打着的大公狍还大。

心跳像打鼓，跑到狍子旁边去解套。手碰到狍子脖颈上的软毛，突然心头一震，狍子尸体轻轻动了两下。

出鬼了？他心里直发毛，死透腔的狍子怎么还动呢？！

瞪大双眼，惊恐地盯着狍子侧腹。尽管黑夜将至，还是能看出它的腹部已被开膛，流出大摊的黑血，一堆白花花的胃囊和肠子泡在黑血中，冒着缕缕热气。最让他心惊肉跳的，是一只黑乎乎毛茸茸的动物。它后半截身体露在外面，前半截身体钻在狍子的腹腔内，脑袋把瘪下去的狍子肚皮顶起一个圆包。这个包正拱来拱去，用力撕扯鲜肉。

寒气中弥漫着浓浓的血腥味。

猛地想起师傅曾说过：猫科动物杀死狍子之后，先从后大腿内侧根部吃起，它们最爱吃那地方的嫩肉。

难道这是一头土豹子（猞猁）？

土豹子个头跟狗差不多大，重60多斤，性情凶猛，动作灵活，能从树上一跃而下，跳到500斤的马鹿脖子上，一口咬断它的颈椎，是个惹不起的狠角色。他见过土豹子标本，那一口雪白的利齿，那四颗弯曲突出的可怕犬牙……想到这儿，头皮像过电似的一阵阵发麻，浑身不由自主颤抖。双手拄地跪在地上，一点点往后挪蹭。但是，扔在地上的枪碰到了一根树枝，树枝一动，刮到那动物的身体。

坏了，心一凉到底……土豹子听力极其灵敏，由于探进狍子腹中大嚼鲜肉受到影响，并未觉察人到近旁，但身体被触碰，它肯定有反应。

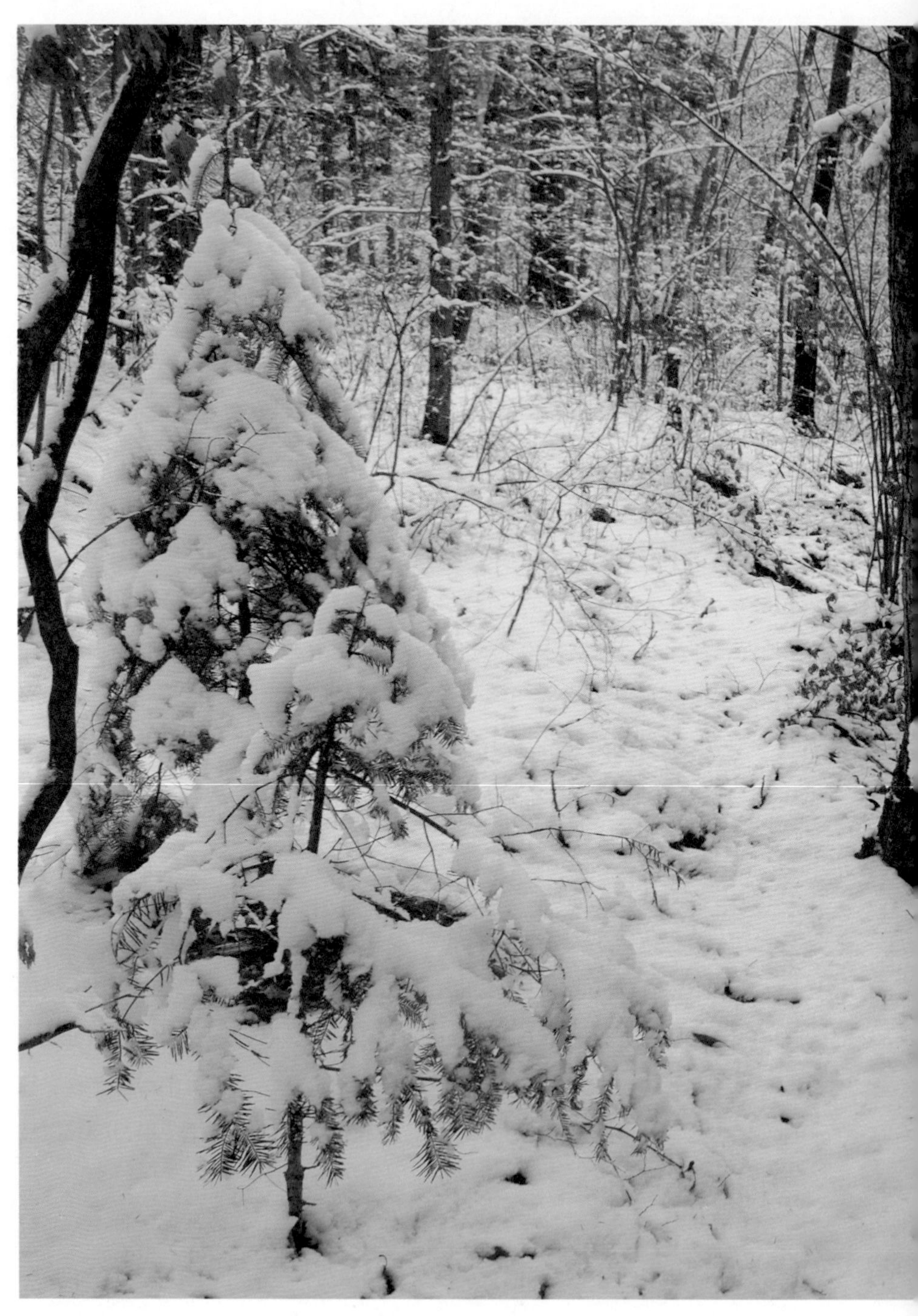

山猫河谷雪径

伴随一声短促嘶叫，那动物暴跳着抽出身子，目光灼灼瞪着猎人，作势欲扑。它满头满脸沾满深黑的腔血，寒风中蒸腾起白雾般的气团。在淋漓而下的黑血中，亮起两盏绿莹莹的小灯，那是它喷射绿色火苗的凶睛。

嗞哇——！它发出撕心裂肺般刺耳厉嚎，长针样白须和锐利犬齿在暗暮中闪烁森冷寒光。

一人一猫近在咫尺。大张血口喷出鲜腥哈气直扑面门。

寒毛倒竖，心头剧震，大栓子转身落荒而逃……

那是一种能把人冻住的冷彻眼神。被一只母山猫恼怒地盯着，感觉很糟糕。寒冰般晶澈的浅黄绿圆眼中没有黑瞳仁，有的是一条竖着的狭细冰缝，冰缝里闪烁着刺骨的黑水。

它比家猫大一些，重约3公斤，毛色似老苍苔那样深沉的青灰，分布着稀稀落落烟熏般黑条斑。脸腮和圆下颏略突凸，有眼角延伸至腮帮的长黑纹。尾巴比家猫尾巴粗大许多，毛茸茸圆滚滚，隐现粗黑环。整个身形浑圆紧凑，欲蹲又起的身姿如同一块青灰色火山石，一次又一次挡在我的面前。尽管它姿态沉静似水，不过这沉静的表面仿佛撒在闷燃炭火上的煤粉，稍加搅动，立刻火星四溅，红光大盛。

怀着一丝惊惧与一只不屈的山猫对峙，在我是第一次。我不是胆小之人，但我知道，猫的攻击疾若闪电，多机灵的狗也躲不过。我反应远不如狗，傻瓜才去招惹它的利爪。山猫周身散发莫名的野气以及时刻盘算与你对抗的心机。它的每次后退不是调头逃走，而是双眼全神贯注死盯着你，侧着身子，轻捷却不情愿向你右侧或左侧迂回。动物之间发生对抗寻找对方破

与我对峙的雌山猫

绽，大都采用这种迂回方式，看似避让实则在移动中观察对方反应，只要你稍显怯懦或暴露弱点，当即发出迅猛一击。要知道挡路的不是忿牛躁马，更不是暴虎怒狮，只是一只小小山猫，它却显露咄咄逼人的气场和明明白白的对抗情绪。在野生世界中，动物相遇讲究身形大小见高下，这是至高的丛林法则。我体重比它重25倍，身形至少大10倍，它本应避让，可它却没有流露一丝畏惧神色。这反倒使我进退两难，只好匆匆拍下两张照片后调头离去。

那是个大晴天，灿阳银雪，枯草金黄。这个暗夜猎手刚从河边过来，也许在那儿伏击麝鼠未果，正转往下一处猎场。当晚写山林笔记时，心中隐隐预感：在那双近乎摄人魂魄的山猫眼背后，也许隐藏着更多永不妥协的山林故事。

自2007年春，用两年时间在森林里识花辨草，认识了一种喜欢在河边沙质土地生长的植物东北大戟，俗名山猫眼。每当想起这个故事，眼前便浮现出第一次见此花乍开时的模样：花呈明亮夺目的鲜黄绿色，形态似浅碗，碗口只两瓣合抱叠压的椭圆萼片，萼片向中心凹下成碗。碗底挺出两颗乍开还闭的花苞，苞内隐现一团碎米似的花蕊与柱头。食肉动物和人一样，双眼朝前额下并列，这对花苞即如此，在阳光与树影变幻中，时而光晕朦朦，时而灼灼耀目，阴晴不定。冷丁一看，心内顿生寒意，像极了一双黄中带绿、诡异无常的山猫眼。

不禁由衷赞叹：老百姓给花鸟虫鱼起名真乃形神俱备，远胜书斋里的老学究。

后来我搜集了一些有关山猫的资料和图片，认定那天偶遇的是一只母山猫。相遇地点在小镇南端保护局地界、老吊桥与检查站之间西南方荒地中。

2011年11月17日，大晴天。为跟踪山猫足迹，我在背包里又塞进一双棉胶鞋。山猫通过沼泽时不会陷进去，我却可能一脚踩进草墩旁的雪坑，雪下积水会顷刻间灌进鞋里，穿湿透的鞋无法远行。

沿河边上行，岸边树丛里传来银喉长尾山雀、沼泽山雀、煤山雀歌唱。远远望见水面上有个小黑点忽浮忽沉，举望远镜观看，原来是那只早已熟悉的小河乌。这么冷的天气连野鸭都不敢下水觅食，它却忙碌地水上水下翻腾打转，好一只不畏酷寒的小精灵。山猫显然不像我这么有闲心，它一直沿河边洁净的狭窄雪路巡行。忽然，它原本匀整的步幅发生变化，脚印间距开始变短，小心翼翼迈步，这说明它发现了什么，正竖耳引颈，双目直视，进入搜索状态。什么引起了它的注意？我缓步小心前行，努力以一只山猫的心态观察前方那片树丛中的开阔地。

它站住了，四足在雪中踩下融化暗湿的深脚窝，想必凝神聆听的时候不短。

它肯定觉察到可疑气味或声响。到底是什么？足印变得更细碎，四只脚的掌印全部出现，一个挨一个，像两串紧凑的珠串，而且每个单个足印后都出现浅拖迹，这是它发现前方猎物低身潜步蹑行的典型步态。

有好戏看喽。 这场山猫猎杀的好戏不是现场表演，而是迅雷突袭后的雪地遗痕。

在山林中，如果能亲眼看到野生动物的重要生存行为，例如捕猎、交配、分娩、哺乳、争斗和领地之战等等，实属目睹一次自然奇迹。但这种奇迹只有偶遇或苦等才能见到。否则，只能靠雪中留下的各种形态的足印、血迹、羽毛、兽毛、猎物残骸及断肢碎皮等剩余物，来解读和推断当时发生的事件。其实，能碰见这类由雪地足迹讲述的山林故事已经是一桩幸事。

我轻手蹑脚跟着它的足迹深入灌木丛中。昨夜下中雪加4级西北风，矮灌木丛留住了随风斜飞的雪花，雪层比开阔的平地厚很多。它盯上什么猎物了呢？

野猪和狍子对山猫来说显然太大，野兔、野鸡、榛鸡可能在林中过夜，当然还有那些冬季仍旧四出觅食的啮齿类动物。现在是早上9点，唉，再怎么小心也没用。我的踏雪声、喘息声、枝条的刮掠声早已被它收入耳谷，索性快点接近谜底。

这儿，那儿，还有几处，眼前开阔的空地上好像发生过一场多处炸点同时引爆的小型爆炸，整个空地被炸得乱七八糟。细看单一炸点，一块洗衣盆大小的厚雪从底部嘭地炸开，雪碴雪尘四处飞溅。能看出一个藏身雪下的动物陡地从雪底蹿跳出来跃入空中，雪坑边缘现翅膀大力拍打留下的扇形夹带飞羽条纹的扑打痕迹。噢，原来是花尾榛鸡。

我大致数了数，在这片近百十平方米的雪地上，至少有20处这种小型“爆炸”痕迹，说明昨晚这里栖息着一个不小的榛鸡群。前几天，在这附近看见七只榛鸡落在杨树上，啄食枝头的冬芽和葇荑花苞。看来，它们觉得这里食料充足，又招来一群有血缘关系的亲友。在冬季，花尾榛鸡白天飞到一片又一片树丛中觅食，夜晚在雪中留宿。

争斗中的花尾榛鸡

临近黄昏，它们选定一块宁静安全、雪层齐膝的林中空地，一个个倒栽葱从树上飞下，一头扎入雪海。进入雪层后，它们又钻又挤，在雪下潜行一两米，离开钻雪的入口，然后在雪中扭来扭去，偎出一个可容身体转动的圆雪洞，在挡风隔寒的松软雪被底下沉沉睡去，一觉睡到次日天光大亮。和过夜的雁群派出雁哨一样，它们也留下一个值班的哨兵。哨兵在族群中辈分低下，年轻机警。它特意在白雪天花板上掏出的一个露天小孔，不时从孔中探出小脑袋瓜听声（榛鸡是夜盲眼）。当黎明到来，小哨兵更加尽职，在小孔中不停转动脖子向四周张望，一旦发现异样动静，它立即咯咯咯低声报警。听到警报，所有榛鸡立即警醒，纷纷从雪下探头观望情况。它们一直直勾勾地盯着来者的行动，能躲就躲，不到万不得已绝不起飞逃避。我曾多次在雪地跋涉时误入榛鸡的夜宿地。当时，绝看不到它们在雪底露出的小脑瓜，也绝不会料到四周有十几双黑晶晶的小圆眼睛在盯着你的一举一动。这些小脑瓜与周围的碎石、树茬、灌木丛及横七竖八的枯枝融为一体，极难分辨。直到人几乎踩到它身上，它才蓦地在你脚前啪啦一声拍翅跳出雪洞，噗噜噜急剧升空，像长着闪光双翼的炮弹，在碧空银雪间带着嗖嗖嗖的振翅声疾速飞去。老猎人说，从深雪中探头探脑的榛鸡眼力很好，能分辨走过来的人是否带枪。它们认得枪支，只要看见人带着枪走来，它们会立即远离。如果你没带枪，它才不怕你呢，而且还吓你一大跳。

猫科动物的捕猎方式是潜近、冲刺、扑杀，山猫准确地在执行着这套路数。然而，意外出现了：山猫潜行的足迹链，在一处小型爆炸坑前突然断掉，又在一米开外出现四足齐齐落地的印记，雪上还散乱着数朵半寸长带斑纹的肋上鸟羽。一眼便知，那只雪下藏身的榛鸡在最后关头突然起跳，大力拍翅紧急升空。山猫迅即以具强劲弹跳力的后腿蹬地，身体如弹簧在空中弓屈舒张，前掌利爪疾若闪电，奋力勾抓。山猫一蹿能跃出六七米，跳至五六米高。怎奈榛鸡已升到最大速度，灵敏的山猫虽及时挥爪，也只沾榛鸡侧胁，搂下一簇羽毛。

看山猫落地伫立的足印，似乎半天没动地方。可以想象，此时周围的榛鸡群已拉响警报，纷纷从雪下跃出升空，雪尘飞溅，雪雾腾腾，山猫的前后左右连续发生雪下“爆炸”。

二十余只榛鸡在两秒内先后起飞，发出响亮急促的拍翅声，紧张惊惶的咯咯叫声，还有疾速飞离挥翅发出的嗡嗡哨音，汇成一股响彻森林的巨大声浪。

山猫一时蒙了，呆望着倾听着榛鸡们四散飞蹿的身影及发出的声响。这种失败不是第一次，但自尊心遭严重打击，这么多肥美的猎物啊，一只也没抓着！

我不知道该为山猫的失手惋惜，还是为榛鸡的脱险庆幸，自然界发生的任何死亡与新生、繁盛与衰落、枯萎与萌发、伤病与健康、悲痛与狂欢都是进化的一部分，都有其合理性。只要人类不加干涉，万物各有其生存之道与生死定规。

我跟踪的这只山猫，就是五年前冬季偶遇的那只雌山猫。自那天见面之后的几年里，它的领地周边发生了天翻地覆的变化。第二年，包括它领地在内的大片荒地被主管单位卖给投资商，投资3亿多元在这里建豪华大酒店和别墅群。昔日我与山猫相遇的二道白河河畔，现在已成该酒店别墅群大门的入口。山猫虽有固守领地的习性，但人类如此大兴土木，也只好向后退缩。一直后退到直升机场西南方向的原始林，落脚在二道白河老河身两岸。明年它还得后退，因为它领地边缘的植物园也将大兴土木。五年来，长白山脚下的投资开发进入高潮，高尔夫球场、商铺群、大酒店、滑雪场、住宅楼群连片开发，计划引进开发资金800亿。后果就是大片树木被砍、天然植被遭破坏，保护区周边不断遭蚕食，松花江源头出现多处污染源……

眼下，它的足迹又恢复到均整的正常步态。看来它已从失手的沮丧情绪恢复过来，开始寻找下一个猎物，它受伤的自尊将随着下次狩猎行动的展开被抛在脑后。

幼年的山猫与老年山猫的领地相邻，只有两平方公里大小；雄性山猫的地盘较大，约5~11平方公里，在它的领地上还重叠着3~5只雌性山猫的地盘。根据多年观察山猫留下的粪便和足迹，我大致知道它的新领地范围，大约两平方公里左右。前年和去年的夏秋两季，我在这条山猫小径上发现了它和子女们的厕所。山猫有固定的排便处，猫妈妈在巢窝附近刨一个土坑，带领子女定时到土坑处排便。土坑内的山猫粪一坨压一坨，层层叠压，足有七八层。上面的一坨最新鲜，呈深褐色，湿黏有光。粪便的前面松软黑土上，还留有山猫排便时翘尾下蹲踩下的两个后足窝。我每隔三五天来它们的厕所看看，小心地铲起一两条湿黏粪便，放在旁边晾干后收走。回家后用水泡开，用小棍细细翻拨，分析它的食物构成成分。我的目标是凑足100份山猫粪便，得出它所吃食物如小型啮齿动物、鸟类、昆虫、浆果、植物的百分比。

去年冬天，陆续听说小镇周边有山猫潜入民居，猎杀家禽的消息。我有个熟人老安，住在老粮库墙外。入冬刚两个月，家里养的鸡已被山猫偷走11只。接着，又有几十户人家的家禽被山猫捕杀。三十年前，老安的老丈人家也曾遭到过山猫的偷袭。当年山猫偷的不是鸡，是更让人心疼的大鹅。

当年，老安的老丈人住在村边盖房开荒，侵占了一窝山猫的领地。入冬后，大雪封地，山猫一家生计艰难，便趁月黑风高之夜来邻居家觅食，除捕捉仓鼠之外还偷鸡摸鸭。他老丈人家养了一只十多斤的大公鹅，看家护院是把好手，每见陌生人进院便率领群鹅昂起脖子嘎嘎大叫 ，低头伸颈攻击来犯者。人马牛驴猪村狗闲猫，只要是外来者，统统驱赶出境。在一个大雪纷纷的深夜，农人被鹅舍发出的喧噪惊醒，拎着打猎用的老洋炮冲出房门，见鹅舍洞开，鹅群中唯独不见老公鹅。他持枪四顾，黑暗中一片茫茫白雪，了无疑踪。遍寻数遭，发现雪地上隐约有一道拖曳痕迹。循踪行至屋后矮仓房前。房前有柴堆，拖曳迹爬上柴堆，登上仓房房顶消失。他绕到仓房后面，见拖曳迹抵围栅边，栅上粘挂数团鹅毛和血迹。山猫多狡计且力大，选择了一条人根本想不到的逃离路线安然离去。

这只大公鹅的丢失，令他格外心疼，这是只功勋鹅。它不但帮主人看家护院，还曾干掉了一个偷鸡贼。这个偷鸡贼是一只嗜杀成性的黄鼠狼。这只黄鼠狼钻入邻居家偷鸡时，经常把整窝的鸡全都咬死，不留活口。它干得既快速又熟练，主人家一点儿喧闹声都听不到，最后它叼着最肥的鸡悄然离去。有一天，它趁着凌晨的大雾溜到农人家院外，贴着栅栏往鸡架方向溜去。没想到，当它找到一个缺口溜进院时，却误入了鹅栏，把一只母鹅吓得连声惊叫。估计那母鹅是大公鹅最宠爱的小娇妻，它立刻挺身而出，嘎嘎大叫扑将上来，一记爆凿啄中黄鼠狼的鼻梁，啄得偷鸡贼眼冒金星，遍地打滚。群鹅立即围住黄鼠狼，硬嘴雨点般落下，掐的掐、拧的拧、凿的凿，黄鼠狼瘫在地上一动不动还继续猛啄，一会儿工夫，黄鼠狼竟被活活啄死了。

自从老公鹅丢失后，山猫隔三差五便来打劫鹅舍，而且每次进出都精心选择路线，下夹子和布毒饵均无收效。无奈，农人将仅剩的两只鹅赶进木笼放在存粮食的西屋。一天半夜，农人被西屋的悲鸣惊醒，提火枪举灯冲进西屋，暗淡的光影中，鹅笼门破，一鹅横尸于地，一猫影蹿上粮囤顶部黑暗处。

终于困住你了！他随手捞起一柄锄头欲上前击打。

嗞哇——山猫眼陡地绿光四射，张嘴狂嚎。在油灯光影中，红嘴白牙烁烁发光，髭须猬张，状若疯虎。

农人不禁一怔，他是个业余猎手，曾听说猎行中有个禁忌：绝不要与猫科动物正面对峙，无论虎、豹、猞猁还是山猫。前三种大猫早已灭绝，但禁忌还在，主要针对山猫。它会闪电一样扑上猎人面门，拼命抓挠撕咬，虽不致命，却能造成可怕伤口。

放下锄头重拾猎枪，他瞄向暗处猫影，准备击发。

老洋炮属前膛枪，即往枪筒里装填火药和枪砂。枪砂分四种：一种叫米砂，专打成群的苏雀、麻雀用的细枪砂；一种叫鸡砂，专打榛鸡、野鸡、野兔所用枪砂；一种叫狍砂，专打狍子、獐子用的大粒铅砂；一种叫独子，一次只发射一颗的大号弹丸，专打熊、野猪、马鹿。这杆枪里装的是鸡砂，一个个绿豆粒大小，一次装填120粒，打山猫绰绰有余。况且击发后密集的枪砂聚成小盆大的打击面积，无须瞄准也能击中目标。他的脑海里已经出现一幅画面：中弹后的山猫尸体软绵绵从粮囤上掉了下来……

见黑洞洞的枪口对准自己，山猫深知生死攸关，嗷的惊叫一声蹿下粮囤，钻入屋角的农具堆，又觉屏障单薄，再一蹿避入油缸后存放稻种的麻袋空隙。枪亦如影随形斜移下挪，直指着它的藏身处。农人紧扣扳机，只待猫影出现，当即击发。

忽然，猫从油缸另一边露出毛茸茸的半边脸，一只幽幽绿眼窥视农人，发出嘶嗷——嘶嗷——嚎叫恫吓对手。

见它如此猖狂，农人火冒三丈，二拇指一动，嘭！一团枪烟弥漫开来。

“嗷呜——”

那只罪大恶极的山猫发出遭受痛打的哀叫，一个腾跃几乎飞过半个房子，撞破窗棂上的油纸，箭也似的蹿将出去，再无动静。

宁静中，农人听见一种奇怪的声音：

嗒嗒嗒嗒嗒——连贯密集沉实类似水滴落地的声音。

他脑袋嗡的一下，不好，打着油缸了！

这口瓦缸装着大半缸全家人一年吃的豆油。刚才山猫就藏在油缸后面……

两步跨到油缸前，见大肚子瓦缸上布满大大小小的洞眼。小洞眼是单个枪砂打的，多得数不清，往外一股股冒油。大窟窿酒瓶盖大，是多颗枪砂攒射的，正咕嘟嘟向外喷油！

“媳妇，快来呀……”他边喊边手忙脚乱封堵那些喷油的窟窿。

哗啦一声闷响，瓦缸在他怀中骤然炸裂，金黄色的豆油呼嘎一下子漫溢开来，满屋子登时飘满油香。

当山猫的领地被人类侵占后，它的第一反应不是逃跑而是对抗。它不断刺探和评估入侵者的声势，最后决定对抗还是撤退。它的选择基于遗传本能和后天习得的对危机的把握，它选择了与农户对抗。而且，家禽呆笨肥大和十几只挤在狭小空间的状况，使它觉得远比森林猎物更易得手。

老安媳妇心疼丢失的下蛋鸡，到野地里到处寻找，最后只找到一堆又一堆鸡毛。有一天，终于在一个老树墩下找到了山猫洞穴，树墩周围的雪已被山猫踩化一大片，树洞内外到处是山猫脚印。她找来汽油，一把火烧光了那个树墩子，但山猫仍旧隔三差五来偷鸡。无奈之下，老安请来一个当年的老猎手，在山猫出没的雪径上下了一盘大铁夹。十几天过后，铁夹机关被触发，却什么也没打着。山猫知道自己干的勾当将招来报复，每次来袭都走不同的路线，当然不会上当。老安家附近原来没有山猫活动，自从二道林场被开发商买下，大兴土木修建高尔夫球场，把那边的山猫赶到这边来了。

东北虎、远东豹、猞猁这些高大美丽的猫科动物，有的已确认灭绝，有的只剩五六只在边疆一带苟延残喘。唯独山猫，这个进化优异并随时调整生存策略的物种呈现种群扩大趋势。去年山猫在小镇周边神出鬼没，拖走家禽的消息骤然增多，发生了所谓的“山猫之患”，正是由于小镇向四周疯狂扩张，侵占了原本安宁的山猫领地导致的。

山猫的足迹到这儿又停住了，似乎发现了什么可疑的东西。想起来了，去年初秋的一个黄昏，我在这地方看见过它……当时，它正专心做一件事，粗尾巴轻轻摇动，慢条斯理又聚精会神地研究地面，当然不是用眼睛，而是用鼻子。

当山猫暗影幽灵般出现在林缘小道的那一刻，面对耳聪目明的它，我恨不得化作空气。

黄昏将至，秋风微拂，路边的狗娃花、紫菀和山马兰紫色的花朵模糊发暗，只有一片片白色的山飞蓬花发光似的清晰醒目。森林的阴影越发浓重，这只夜行性动物刚刚出巢，开始今夜的第一场狩猎。山猫生活的地方必须有森林，秋冬两季它栖身在地穴、树窟窿、粗树杈的凹处或地面上的小坑洼中，夏季与初秋喜欢住在森林地面和旷野荆棘丛生的灌木丛中。此刻，它身上的斑块、尾巴上的粗环、唇边的胡须一概看不清，只隐约看见它脸上闪动的白条纹。

轻盈身姿似一缕在秋草间缓缓流动的暮烟，它在一丛低矮植物前停下，伸颈摆头，细嗅一团微微发白的小花球。立秋时节，各种开花植物急匆匆施展各自本领，释放不同的气味吸引授粉昆虫。黄艳艳的旋覆花有青蒿子扑鼻气息；高高的当归白色伞状花序散发清淡草香；益母草花浓重的蒿香气中透出松脂味；珍珠梅的大白花穗发出略带腥气的袭人花香；东风菜花香略似咸牛肉干味道……山猫啊，你嗅的是什么花的香气呢？

看那紧贴地面绿毯似的植被，看那一团团高低错落的小花球。呵呵，我有点儿小得意，白车轴草花。此花香与人类的脂粉香气类似，只稍显浅淡。山猫闻过白车轴草花后，又低头嗅闻地面，捕捉一丝若有若无的沼泽田鼠气味。这时节，新生的幼田鼠出巢自谋生路，有些倒霉的小家伙将成为山猫的点心。

看着它无声无息地消失在草丛中，我幡然醒悟：和深吸新雪气息一样，它刚才在用花香清洗鼻腔啊！

初秋的林地气味纷繁芜杂，各类蘑菇、新鲜落叶、盛开的秋花、刚落地的草木种子、刚出蛹的昆虫及各种虫卵，等等，无数自然物种新陈代谢，散

红背鼾

发的气味格外鲜活扑鼻。它用单一气味的花香清除鼻腔内其他杂味，保持嗅觉的敏感度，以便把混杂在各种气味中的猎物气味挑出来，循味追踪下去。想想啊，它能利用森林中各种散发纯粹气息的自然物清洗鼻腔，新雪、嫩叶、清潭、松针、鲜蕈、冷泉、树汁、草茎，甚至晒热的石头与芬芳的新土都可以当驱味剂。

山猫鼻子红粉中透橘黄，呈娇嫩肉色，四周镶一圈鲜明的黑边，形状似半朵迎红杜鹃。内部的嗅觉系统纤细精致如同蜿蜒曲折的回廊，回廊四壁遍布细小嗅神经突，一道道回廊最终通向恢弘的嗅球大殿。可以想象，森林中数不清的花香草香菌香虫香叶香籽香水香土香木香脂香露珠香，等等等等，或浓稠或清雅或辛辣或芬芳或甘甜或苦涩或狂放或素淡或鲜冽或温暖。总之，无论春夏秋冬，自然万物的美妙气息时时刻刻在它的鼻腔里百转千回，涓涓环流，馥馥润润，嘤嘤絮语。

有一天，山猫与家猫在绿篱下相遇，它打个喷嚏后发问：“喵呜，伙计，你打哪儿来……地狱吗……啊嚏！再见。”

目送它模糊的暗黑脊梁在草浪中时浮时沉，渐渐隐去，我心里千般不舍又万分喜悦。三年了，在原始森林漫游三年，这是我第二次目睹山猫神秘的身影。

山猫离去之后，夜幕降临大地。我在山猫小道旁盘腿打坐，缓缓吸气吐纳，这是山猫呼吸过的秋野空气。秋季山水在一年中的这个时候最为清净透澈，秋野的空气亦如此，我要带着满腹清气回家，书写我清新的山林笔记。

已经在没脚踝深的雪中走了近两个小时，付出的体力是其他季节的两倍。还走吗？走，一直走下去。它时不时在雪地上“写下”一个个有趣的故事，成为我前行的最大动力。

山猫足迹在这儿又偏离道路，去往一株小松树下。嘿嘿，看这儿，一个海碗大的雪坑，四周有松鼠新鲜足迹。它扒开积雪和雪下的落叶直达冻土层，坑底有一个乌紫发光的山核桃，是松鼠秋天埋在地下的过冬存粮。松鼠记忆力惊人，冬天回来找存粮时，依靠埋藏地点四周的标志物辨别埋藏地方位，一找一个准儿。奇怪，它花力气扒这么大一个坑，为什么没搬走这颗又大又美味的核桃？核桃仁富含油脂、蛋白质和各种营养物质，这么明晃晃暴露在外，极可能被其他啮齿类动物偷走，松鼠怎么干出这等傻事？我伸手碰了碰那颗核桃，它纹丝不动。稍用力扳一下，仍不动。哦，山核桃被牢牢冻在了坑底。看来，松鼠刨坑埋核桃的那天，正好赶上绵绵秋雨，坑底淤积泥水，上冻后把核桃冻住了。干这个活儿的大概是只缺少过冬经验的当年生松鼠，它虽然记忆超群，却没预料到严寒把核桃冻得如此牢固。看看雪坑周围，遍布一环套一环的杂沓足迹，小松鼠曾围绕这颗藏着香喷喷核桃仁的大坚果团团转，费尽力气也没能搬动它。

且慢，雪地上还有一条细细曲折、细碎雪屑好似密针脚般凸起均匀雪线。这应该是一条沼泽田鼠的雪下通道。天亮了，它从铺满细茸茸纤草的暖和巢穴中醒来，沿雪下通道四处巡游，灵敏的尖鼻子嗅到了核桃的香气。于是用两个前爪飞快扒雪，快速开掘一条雪下通道直奔这个意外大礼。可到了跟前，却没法搬动这个生了根似的大核桃。急匆匆转了几圈，探了又探，最终放弃，钻入来时的通道返回。这时已天光大亮，它生怕在雪地上暴露身形，被哪个眼快的天敌瞧见，闪电般冲下来一把抓了去。

瞧哇，山猫大步流星往前赶了。它不用看，只消鼻子一闻，就明白雪坑周围发生了什么事，而且知道沼泽田鼠的巢穴就在附近。它不打松鼠的主意，在树上追松鼠等于跟跳树冠军斗法，白白浪费宝贵热量。接近沼泽田鼠的家域时，它步子缓下来，蹑手蹑脚一步步靠近。猎物的主巢在一块大石下的凹处，杂草落叶遮蔽着一条黑暗的石缝，石缝四周的雪地上，遍布四通八达的雪下通道。

这个小精灵鬼在家还是外出？若出去觅食，现在躲在哪条通道里？

山猫万般小心挪动数步，步幅缩短到五六厘米，然后立定。身姿高挑、弓颈探头，绷紧四肢、双耳竖直，又薄又大的双耳似雷达碟盘，吸收一切细微声响。

小鼠已觉察山猫临近，趴在雪下通道内一动不动。同样双耳竖起，胡须蓬开，身体团缩成球，一双小黑眼珠瞪得滚圆，惊恐而紧张地谛听天敌下一步行动，待机而动。

没有，没有快速追击与机巧多变的闪避，一切那么简单利落。小鼠终因耐不住恐惧的高压奔回巢穴，但它只一动便拨弄雪末，簌簌出细声，那可是自然界最轻微的声音啊，跟摩弄棉花又差几何？然而，它到底发出声音了。

山猫一个长纵跃（我量出三步半），身体像拉长的弹簧蹿将出去，犹如从皮鞘内拔出短匕，前掌在空中弹出利爪，疾快向下一按，猎物已在爪下，随即咕唧一咬，早晨的第一块小点心入口。洁净的白雪上，除了两滴血迹和鼠尾垂死前搅动的小圆涡外再无留痕。

走过山猫厕所约一里，它的足迹径直朝一株横拦路上的大红松倒木行去。

我眼睛一亮，哈哈，下个月山猫进入发情期。它会用爪子抓挠树干，把脚掌缝中的腺体分泌物留在抓痕上；或者在排出的粪尿中带出外激素；再或者以头颈擦蹭树干，留下标记气味。它用这些方式告知经过的异性山猫，自己的身体状况、年龄、身高、发情程度等诸多信息，吸引异性来与之交配。虎和熊均有此等行为，它们在树上留下的爪痕土语称“挂爪”。我见过熊的抓树痕迹，多年来一直想看看山猫的抓挠留痕。也许，它会在这棵大倒木上留下爪痕。

这株大红松生长在河对岸的悬崖上。今年早春刮过一场10级大风，将这棵树龄150年的大树拦腰折断。折断后强风推着小屋子般蓬松的树冠，将上半截树身在空中向斜下方送出十多米，重重砸在河这边的小路上，整个树冠摔得七零八落。由于大树正值春液涌动的复苏期，散碎的枝干松脂流溢、鲜香扑鼻。每次经过这里，我都在树干上静静坐一会儿，驱除杂念，全身心沉浸在这片浓烈松香与沁凉水气交融的气味场。气运丹田，缓缓吐纳，导引意念，让微冷的松香气息沿体内的一条条血管与经脉清清润润蔓延开去，通达身体每一处细小褶皱、每一个微小毛孔……原本身在山林已满腹清气，日子长了便习以为常，而山猫以它感受气味的方式教导我：要更加珍视所处的山林，珍视身边万物散发的各种美好气息，深深体会其中的精妙之处。感受和体味各种自然气息，这是山猫活命的最基本要领，也是山中所有动物甚至所有植物的生存方式。人只要活着，每时每刻都要呼吸，你所呼吸的空气质量与其中所含气味，决定你的身体健康与生活质量。为何不像山猫学习，细细品味林中气息。况且以松香之气清洗身心是大好事，其中富含萜烯类物质和负氧离子，提神醒脑又杀菌祛病，属品质极佳的森林浴。每次经过这场十分钟的松香洗礼，整个人感到气旺神足，浑身是劲，走起路来脚下生风，数小时不觉疲累。

眼下，经近一年的日晒雨淋，流脂已风干成蜡泪，仍有余香缭绕并丝丝渗入河畔冷冽雪香里。我停下脚步，看山猫足迹从凌乱的枝条间曲折拐弯行去，走的是一条灵活多变路线且熟门熟路。幸亏有雪，我能欣赏它选择隐蔽又省力路径的精明眼力。同时，注意观察每一根枝干，均不见抓挠痕迹，看来母山猫未到发情期。它一年有一次发情期，排卵期只有十天左右，它必须在这十天中遇到心仪的雄性山猫与之交配方能受孕，这也是它生活的终极目的。

再走不远就到了“山猫癫狂地”。这是我给山猫小径一处地标起的名字，以此牢记山猫发生怪异行为的地点。

前年盛夏沿小路去山里，覆盖火山灰砂的土路上，印着一片杂乱无章的山猫足迹，还有胡乱翻滚的身体压痕，这现象立刻吸引了我。火山灰砂细如粉末，印迹十分清晰，然而，这种清晰中却透出怪诞难解的意味。这只山猫仿佛失去理智，像个酩酊大醉的小酒鬼当街耍疯，忽而踉踉跄跄，东倒西歪；忽而乱蹦乱跳，四处瞎转；忽而满地打滚，撒泼耍赖；翻跟头打把式拿大顶打醉拳，怪态百出，痴狂疯癫。

面对这些杂乱印迹，一知半解的我如同观看离奇天书。百般不解之际，一阵异香扑鼻。抬头看，路边生长一大丛正值花季的植物。此花是柱状花穗，无数密集小花齐聚花柱四周，深暗紫或紫红，暗炽灼灼，在烈日下散发方圆一米的气味场。养猫人都知道猫爱摆弄花草，陶醉其中难以自抑，山猫亦如此。唇形花科植物对猫有一种神奇魔力，像藿香、香薷、薄荷、裂叶荆芥、香青兰等，还有一种木天蓼，又名葛枣猕猴桃，这些植物的花朵均有浓烈的薄荷味辛香。似乎含有薄荷醇物质的花香令猫格外迷狂，其中藿香尤甚。藿香俗名叫猫把蒿、把蒿，国外称猫薄荷，整个植株散发的特异香气晾干后依旧萦绕不去。山猫的领地中有多处藿香群落，最大的一片约半亩地。

秋阳似火的正午，花丛弥漫浓郁香阵。山猫尽情吸嗅，随后精神恍惚，眼神茫然，半张着嘴，上唇扯向两边，咧嘴痴笑，一副陶醉模样。它东歪西倒，摊手摊脚在花丛中躺倒，四处蹭磨身体，胡乱擦抹面颊，仰天手舞足蹈，同时发出喵喵的春日媚叫，吃了迷幻药般深陷奇妙幻觉。国外专家认为这类植物的芳香气息中含有某种化学物质，与母猫分泌的性信息素相类似，猫嗅觉系统中的雅克布逊器官感①受到性刺激，将信号传送大脑，猫进入性幻觉状态便神魂颠倒起来。这种性诱惑不但对公猫起作用，母猫嗅到这类含有薄荷醇类芳香气味的植物亦有同样忘情表演。

当春寒笼罩的荒野之夜响起响亮悠长的嚎叫，有点儿像婴儿一声紧似一声的哀哭。我颇感不安，甚至有点恐惧。再听才觉出这嚎叫野性十足，尖厉高亢直刺夜空，充满人类叫喊声所不具备的昂扬生气！哦嗷——哎——哦嗷——哎哦——高低起伏，声息绵绵。有时，这长嚎被凶暴的咆哮和恫吓打断，最终变成断断续续、怪异刺耳的嘶喊，黑暗的旷野深处发生了短促激烈的打斗。

每当听到这种叫声，乡下人会念叨一句：猫叫春，快打春了。

山猫在白雪皑皑的1~2月进入发情期。那时正是食物最贫乏、度日最艰难的时日。雌山猫体内那座隐秘的情爱时钟，感受到大地深处的萌动春意，开始滴答滴答均速走动。它静静地体会这生理脉搏，若干天后，便发出打破寒夜的求偶召唤。这种人类听来十分难听的叫声，在雄山猫耳中，却是爱意浓浓的曼声歌吟，一年里最动听的撩情欢唱。于是，山猫的求偶欢会开始了。

初春季节，怀孕的雌山猫会选择极为隐蔽的分娩场所，枝丫堆、空树洞、岩穴、林中旧窝棚或鸮类的弃巢等。总之要背风避雨、整洁安静。一般一胎产三四只，哺乳期6~7周，断奶后的幼猫开始跟随母亲出去学习狩猎本领。幼猫到10个月大时已性成熟，将离家出走建立自己的地盘。

---

①在脊椎动物中，两栖类以及哺乳类、爬行类的某些种类，其鼻腔的一部分左右膨出形成一对囊状器官，其内面被覆有感觉上皮，并有一部分嗅觉神经分布。亦称锄鼻器。

我的雌山猫在2008年的初春，顺利生产并带大了四只小山猫。它是个好母亲，秋季，有人看见它带领四只7个月大的小山猫在林缘边玩耍。这个人是个退伍兵，亲口对我讲述了跟小山猫打交道的惨痛经历：

那天，他在老丈人开的小片荒摘豆角，见几只胖乎乎的小猫在树林里厮打嬉耍，便想抓一只带回家给孩子玩。老丈人家院里晾了些小干鱼，他抓一把回到树林边，隔一两尺摆一条，一直摆到事先选好的一个土坑旁边，然后悄悄埋伏下来。小山猫鼻子灵，闻到鱼腥味，马上跑来你一条我一条争抢，叼到僻静处咂咂大嚼。小干鱼太香了，小猫吃完立即回来再抢一条。这时，一只小猫直奔坑边的小干鱼跑来，一眼看见坑里趴着的人，不由愣怔一下，对鱼的贪馋和对人的恐惧，两样它必须选择一样，它选择了逃跑。第一只刚溜走，第二只马上冒出来。这只个头稍大，胆子也更大，上前一口叼起小鱼扭头就跑。这人眼疾手快，一把揪住小猫的后脊梁往怀里一带，同时左臂横过来一夹，试图夹住小猫。岂料小猫反应更快，一个侧翻身四爪齐出，闪电般挠在人的左上臂，利爪如尖刃深深刺入肌肉。剧痛中他本能地往外拽猫。那猫厉叫一声，伸颈探头，张大嘴巴，一口咬在左上臂内侧。

在写这篇散文时，手头有一本书《与动物对话》，克雷格·查尔兹著。他写道：“猫科的每一种动物牙齿都有精确的宽度和位置，便于切入猎物的椎骨，无论山猫抓野兔，还是美洲狮猎鹿或麋。犬齿后面有一个空隙，这样牙齿便都可以陷至牙床。”

事实上山猫非常胆小谨慎，尤其怕人。只有被人逼入绝境，才不顾性命动用全部利器向人发起攻击。

猫掌的每一根尖爪加上满口利齿全部没入手臂，不断往深处狠咬猛抠，让他感到前所未有的剧痛。同时，这只小猛兽露出一种疯狂的劲头，双睛暴突，全身发力，喉间闷吼，看来就是把它撕烂扯碎，也死不撒口！

这个当事人我了解，属瘦削有力、眼疾手快的那种人。在边防部队大熔炉锤炼十三年，车开得好，枪打得准，头脑灵活，反应快速。他当即松开抓紧猫颈的手，不敢施压，咬牙硬挺，任小山猫尽情撒野。直到它咬够了挠够了，才转身跳到地上逃入丛林。

讲到这儿，他挽起袖子让我看那些可怕的伤疤。当时我脑海里却转着另一个念头：小山猫的游戏场距离我第一次见到母山猫的地点约一公里，那里是它的地盘，这只勇敢的小山猫肯定是它的后代。它真是个好母亲，养育出如此出色的子女，才7个月大就打败了人类，这个小勇士将来肯定是山猫之王。

在恐龙灭绝后距今6500万至4800万年之间，一种在古生物学界称为小古猫的远古动物由食虫动物进化而来。专家估计它形似黄鼠狼，具备以尖爪利齿捕猎的全新技巧。小古猫以后又分化出众多动物分支，其中包括猫科和犬科动物。根据古生物学家用分子技术得出的结论，在400万至600万年前，猫科动物又分化出两个派系：山猫与丛林猫从属的小型猫科和狮、虎、豹、猞猁从属的大型猫科。山猫的祖先最早出现在欧洲，在更新世中期向现代山猫转化。约两万年前，欧洲和非洲两地的山猫产生了明显区别，同时还存在着第三种山猫——亚洲山猫。现在除美洲和南极洲外，全球各地都有山猫分布，大约15种。在长白山生活的山猫被国际动物界称为孟加拉湾豹斑猫，是分布最广的小型猫科动物。

去年晚秋，我在寒葱沟深处小溪形成的水潭边休息，忽见对面有只毛茸茸的动物，沿着斜伸至水潭中央的一根光秃秃枯树蹑手蹑脚上行。由于树干在对面，那动物在树干背面，大部分身体被树干遮挡，只能看见树干两边正起伏运动的轮廓。

松鼠？没有大尾巴。青鼬？个头比它大。紫貂？身体比它细长……扑通，一个小黑影从枯树顶端掉下来，落入水潭，然后马上冒出水面，急速游开。噢，原来这只看不清长相的动物在追踪一只林姬鼠，将其逼入绝境，林姬鼠无处可逃，从高处跳入水中逃生。见猎物跳水，它犹豫了一下，原地转身，沿树干很快下到地面，回头向水潭张望……哇，是只山猫！

我伸手去抓身边的相机，但它没有片刻停留，调头没入草丛深处。山猫爱干净，常常清理皮毛，不喜欢打湿身体，所以中止了这次捕猎行动。

现在想来，我们相遇地点与母山猫领地隔着一道山冈，相距约3公里。这只山猫个头稍小，是只少年猫。它也应该是那只母山猫的后代，到了离家自立的年龄，便在与母亲领地相邻的地方建立起自己的地盘。估计它是母山猫的女儿，小母猫的领地常与猫妈妈的领地相邻，小公猫喜欢独立远行。不知它是不是那只与人类拼死作战的小斗士？至少，这两只少年猫是同一窝的兄弟或姐妹。我从心里往外高兴，山猫一家在克服种种艰难顽强生存着。

当你研究一个野生动物的粪便时，会觉得离森林的灵魂更近了。

2009年8月10日观察蘑菇至晌午，归途中在河边洗去脸上汗渍。凉水泼面，顿觉无比清凉。每天下山在这里洗脸已成习惯，然后坐在太阳晒得暖洋洋的倒木上歇息一会儿，看看花听听鸟鸣，再一口气走回家。四周极宁静，墨绿色的大翠凤蝶飞起来懒洋洋沉甸甸，可听见噗噗噗的轻微扑翼声。野蓟、风毛菊、伪泥胡菜开花，粉中透紫一团细丝状花冠高高挺立。东北玉簪大片盛开，一排排颜色浓粉中透浅白，花形似半开雨伞的筒状，恰似斜插美妇云鬓一侧的俏簪。悬钩子果实正熟，一颗颗红宝石般鲜红果实在绿叶丛中耀眼夺目。林地中各种蘑菇色彩纷呈，背包里有数朵香菇、一坨树鸡蘑（硫黄菌）和几株虎皮乳牛肝菌，炸酱、煮汤、炒菜的食材都全了。

歇息后起身十几步，见河岸软沙上有一条三天以上的干粪。前面不远处，还有一条深绿褐色、油亮新鲜的粪便，是凌晨刚便的。两条粪便均有大拇指粗细，有细粪尖，是山猫粪。于是小心翼翼用草叶拾起包好，放在上衣兜里。粪便是揭开山猫食物构成的一把钥匙，在找不到任何关于山猫食材资料的情况下，只能用笨办法，尽可能多地实地搜集山猫粪便，一个一个仔细

硫黄菌（树鸡蘑）

分析，如果能搜集100例，便可得出其中各种食物成分的百分比，才能了解山猫最基本的生存奥秘。

山猫粪便

山猫经常在领地边缘排便来标明领地，而且它和紫貂一样，喜欢在开阔的地面或突出物上排便。于是，那天在山猫巡游小道上的漫步，变成了一次匆匆“寻宝”的疾行。下山时，帽子夹层里顶着一坨紫貂粪，上衣四个口袋各揣一坨山猫粪，还多出一坨狐狸粪舍不得扔，纸包纸裹收入背包侧袋。归途进入居民区，担心在路上遇到熟人，怕打招呼时身上的臭气把人家熏跑。

那天的收获很大，那条新鲜山猫粪便的后半段竟然是一束植物青茎，3厘米长，撕成条状，紧紧挤压在一起。经胃液消化后青绿已变棕黑且味道不在，只大致辨出属禾本科植物。我有些吃惊，熊与猴这类聪明的动物知道某些植物含有药物成分，可以用来驱除肠道寄生虫，或针对性地医治身体的不适症状如消化道疾病等，甚至利用植物来排毒和解毒。山猫是食肉性动物，吃鼠类时连皮带骨一并吞下；在舔毛过程中，它那长满倒刺的舌头也会把毛绺带入肠胃，致使消化道积存毛团。为了排出毛团造成的梗阻，它故意吃些植物，从消化道挤出毛团。它还吃植物的茎叶和浆果，帮助消化和促进肠蠕动。还有文章说，山猫吃某些植物是为了补充叶酸。

到今年10月才断断续续积攒和分析了69例山猫干粪，加上在山上就地翻动分析的33例新鲜粪便，共分析了102例。别小看动物粪便，时间长了，可琢磨出其中蕴藏的丰富内容即动物的饮食秘密。

山猫的粪便像一个各种小型啮齿类动物骨骼的微型博物馆，内含大量的各种小鼠碎骨渣和一个个下颚骨。下颚上镶嵌着一排比小米粒还小的珍珠般的小白牙，有的前端还长有犬齿，颇似精细的微雕作品。有的粪便中有裹在鸟羽团中的完整鸟嘴，像黄喉鹀的短钝嘴和鹡鸰的长尖嘴，其中稍大点的鸟嘴可能是榛鸡幼鸟的。还有的内含蛙类纤细的前肢与后肢腿骨，小蛇或蜥蜴的脊椎残块，蛇类的鳞片，鱼的骨刺，昆虫的闪亮甲鞘，等等。植物类食物消化得较彻底，只能模糊辨出青橡子、榛子的种皮，再就是各种野果如山楂海棠、山丁子、山葡萄、野生猕猴桃的果核及种子。我坚持对每一条粪便内容一一记录，最后做出分类，其中小型啮齿类动物占79%；鸟类占5%；两栖类和昆虫占3%；野果和植物占11%；其他2%不清楚是何属，可能是稍大些的老弱松鼠、榛鸡等猎物。从中可以看出，如果一只山猫能存活十年，它将消除多少森林害鼠啊！

眼下，这条雪路上还有三种动物的足迹，三只狍子和两头野猪，足迹都很新鲜，这些足迹在冬季十分常见。罕见的是路边的草丛中出现了一头大马鹿的足印，步幅约1.8米，蹄迹阔大，似在大步流星赶路。山猫看见这些足印后，开始要起隐匿足迹的花招，一会儿踩在野猪的足迹里行走，一会踏在狍子的足印里前行。山猫的小脑瓜在打什么主意？它的天敌很少，除金雕之外，估计雕鸮都不敢惹它。它如此小心应是出于本能。

嘌嘌嘌嘌——哩哩哩——耳边仿佛响起一串尖脆急促的嘹啼，多么熟稔的尖叫声呵。

前年春天，听见我的脚步声，河对岸一只小鼠兔站在大石头上，仰头向天发出一连串抗议声。我立刻趴在地上，慢慢匍匐过去。不见了入侵者，它仍原地不动，却放松警惕，开始搔首理毛。瞧这个胖墩墩的小家伙用短脚爪做出一连串可笑的动作，如同看一段令人捧腹的滑稽戏。尤其洗脸动作，它身体团成球，一个劲儿胡噜搓拭头顶、脸蛋、两腮、脖子、前胸，且一处不落。看那股认真劲儿，真像幼儿园小班爱干净的小囡囡。

我着迷地盯着这个活泼好动的小家伙，直到日头偏西。后来还两次重回此地，特地来看望它。经五年观察，在山猫的领地里，有如下常驻居民：两窝高山鼠兔，一大家麝鼠，三个鸳鸯家庭，五对绿头鸭及子女，一对红角鸮，两对三宝鸟，一群山鹟，两三窝灰松鼠，四头狍，两棵鼯鼠科小飞鼠居住的大树，一对狗獾，大斑啄木鸟、白背啄木鸟、绿啄木鸟约五只，多个花尾榛鸡家族，一小群松鸦，一对白鼬，五六只鹡鸰，一对河乌及其他各类小鸟，这里还是一对黑啄木鸟领地的东界。另外，一只黑熊、一对马鹿母子、灰脸鵟鹰、普通鵟、大嘴乌鸦等动物曾在这一带出现。

今年夏天，山猫的土地上发生了一桩诡异事件：两窝常年在此居住的高山鼠兔突然全部消失。鼠兔不太怕人，7月份之前，每次来都能看见它们圆滚滚的身影。7月中旬以后，就再也见不到它们了，同时消失的还有那两窝在树洞里居住的小飞鼠。小飞鼠的粪粒分别堆积在一棵榆树和一棵云杉树的根部，粪粒比绿豆粒稍大，油汪汪黄澄澄，中医界叫五灵脂米。有一天黄昏，我见过小飞鼠像一大张落叶，在林间斜斜滑翔30多米。现在这两棵树下，只剩经雨水冲刷日渐稀少的陈旧粪便……事件发生后我极其痛心，多次实地查找原因，但毫无结果。正当困惑之际，这个难解之谜却意外寻到答案：中央台纪录频道播出《动物生存指南》，美国生物学家跟踪研究高山鼠兔时发现，它的御寒毛皮到了盛夏就变成热腾腾的小皮袄，当气温超过29℃，由于耐高温能力差，鼠兔会在一小时之内脱水而死。今年二道白河镇超过30℃气温达10天以上。全球变暖正导致北极冰川迅速融化，等我们的孙辈长大后，将失去北极熊、海豹等众多美丽的动物及这片大陆完整的生态系统。同样，地球变暖也对长白山的野生动物产生致命影响。高山鼠兔和小飞鼠为了保命， 紧急迁往高海拔的山上避难，至今仍未返回。然而，并非所有在酷热中难以存活的寒温带动植物，都能像它们那样转移到安全地方去，这些动植物正在默默消亡。

2007年冬，我在山猫地盘的小河汊拍到用来药林蛙的剧毒杀虫剂“速克毙”的药瓶。2008年秋，在与母山猫领地相邻的晚辈山猫领地上，发生一次火情，百余平方米林地起火。我一边扑火一边联系林场灭火队直到他们赶来。2009年春，在山猫领地北侧占地万余平方米的紫玉度假酒店开工，占去它1/3的领土面积。2010年夏季，有两伙人到山猫领地捕蛇；秋季，又发现三个盗猎者设置的捕捉榛鸡的围栅。与此同时，这几年都有人往山猫领地北侧倾倒垃圾……二道白河镇更名为池北区以来，依托旅游开发向城市化大步迈进，森林植被和野生动物栖息地面临空前危机！

山猫足迹走过飞鼠树，再前行一里，即到大树洼。这片树林全是一两百年树龄的大树，树林尽头有一棵盘根错节的大枯杨，过了大枯杨，就进入山猫女儿的地盘。山猫家族有个规矩：为避免近亲交配，绝不允许独立的雄性后代在

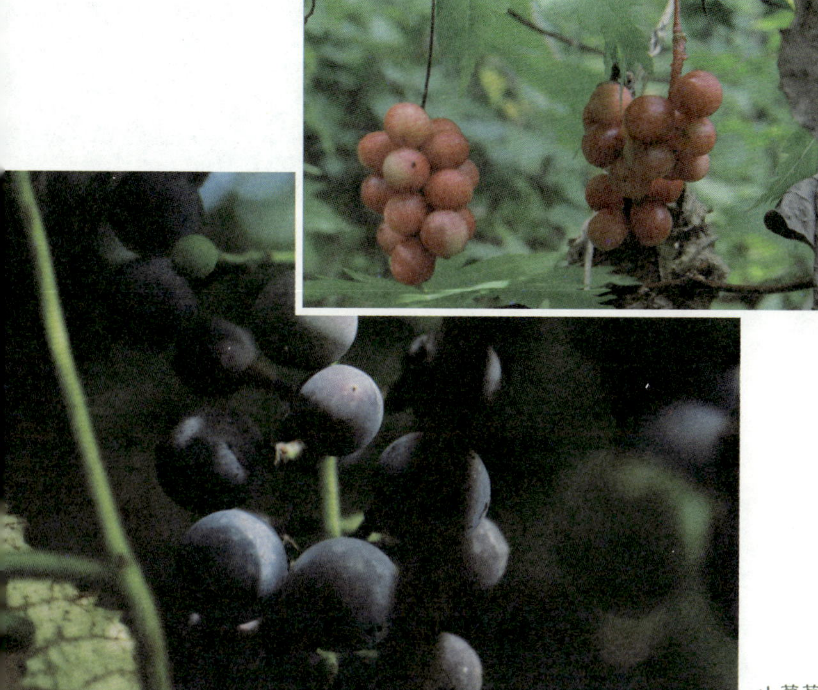

初红的五味子

山葡萄

相邻领地立足。野生猕猴桃正熟，山葡萄挂紫霜，五味子果实嫣红。这天，我起大早进山猫领地守候一对红角鸮。此鸮仅巴掌大小，双目大而晶澈，体态小巧可爱，堪称鸮族中的袖珍版，十分罕见。山里人叫它“王干哥”，缘起它响亮粗犷的鸣声。来长白山5年，这种鸟我只见过两次。

沿露水未干的小径慢走蹑行，忽见大枯树旁有黑褐矮胖动物伏地蠕动。急忙下蹲举望远镜观看，尖尖的长嘴巴，扁口袋体型，矮趴趴的姿态，鼻梁上有三条醒目的白条纹——獾，一只胖獾。看上去比成年獾个头小1/3，估计是只刚离家单过的獾小伙儿。

獾嗅觉极佳，正巧我处于下风头，况且它正忙着掏土打洞。大枯杨盘桓虬曲的粗大老根四处伸展，似一个大土堆，它选了个好洞址……且慢，从树根缝隙忽地冒出个灰色东西来，圆头圆脑的，弓身一跳到高处，噢，那只刚刚自立的小母山猫。

高山鼠兔

高山鼠兔报警

它居高临下冲獾怒叫。

一看便知它处在暴怒中，张嘴龇牙，长而白的须针银光四射。圆拱后背，粗尾下垂，双眼死盯对手。恶狠狠的低音从喉咙深处吼出，低哑粗粝：哦——哦——哦——

獾毫不示弱，扬头掀鼻似打量对方，随即咧嘴梗脖，呲白牙迎战。同时发出紧促夹杂喷爆声的短吼，粗放野蛮：噗呜——噗呜——噗呜——

双方的吼叫交织在一起，听来惊心动魄。这两个初涉江湖的小家伙都动了真怒，一旦打起来可能不顾死活。伴随着吼声，两只杀机毕现凶兽彼此凑近，激战一触即发。

我的心一下子悬了起来，双方实力相差太大。

山猫体态娇小，体重约两公斤，好似一球灰毛线团。獾至少比它大4倍，重8公斤以上，圆滚滚像个鼓胀的粮口袋。山猫虽然灵活机敏反应迅速，但獾性固执耐苦战，而且毛皮粗厚不怕受伤，连一头豹都拿它没办法，山猫哪是它的对手啊！

突然，伴随着一声拖长的骇叫，山猫骤然下扑，前掌倏扬，拍在獾探过来的长鼻梁上。旋即转身上树，全身贴在垂直树干上，扭头冲獾连连嘶叫。它出手快如闪电，根本看不清细微动作。我猜那一拍之下，缩在爪鞘内的利爪全部弹出，深深叨进獾的鼻梁——全身最薄弱的部位，收掌时顺势一挠，造成更大创伤。獾挨打后喷出一股急吼，挺上身，大张嘴，露白牙，追着猫影咔的一口。咬空后仍张嘴露齿，冲头顶上的猫呼呼闷吼。

早有传言说獾能咬死狼。我没见过，但见过当地有个掏獾洞被獾咬断脚趾头的人。一口咬透胶鞋，将第二脚趾齐根切掉。它战法简单实用，一旦咬住死不撤口。

我的心提到了嗓子眼，多年的关注，我已经对山猫一家产生了深深的牵挂，就像一直放在心头的亲友。

吼声中，獾猛然长身起立，前爪搭在树干上，伸出冒血的鼻管，试图咬住对手。山猫调头上蹿，随即横移，躲到树干后面。獾探寻片刻哽的一声落地，回到洞址继续埋头掘土。看样子，它已无意再战。

山猫呢？獾的感官远比我灵敏，它恢复正常劳作，说明山猫已被它的强大反击吓得逃之夭夭了。

我正疑惑着，山猫忽然从远端的树根孔洞中冒了出来，幽灵般绕至獾的身后，嘶嘶嘶恫吓声大作。哪知獾竟头都不抬，自顾自埋头掘土。它干活效率很高，前足扒出的土一个劲往外扬。山猫一边虚张声势嘶叫，一边不无谨慎绕圈，寻找对方破绽。但面对毛粗皮厚的大笨獾，像面对一辆小坦克，它一点招法也没有。无奈之下，只得冒险去咬獾的耳朵。哪知人家耳蜗周边生一轮灵敏听毛，早已感觉到它呼出的气流，蓦地一声呵斥，甩头欲咬。山猫一个纵跳闪开，退到更远的地方兜圈子。它知道獾齿颚厉害，咯嘣一口可咬断自己的小细腿。

獾仍旧劲头十足挖洞，山猫却越走越远，渐渐消失。无疑，这场遭遇战让两个刚刚自主的小家伙学到了新的一课。它俩都很聪明，惹不起就后退，这是基本生存法则。

这场好戏让我明白，山猫今后将与獾共同拥有这块地盘。

这里就是那个獾洞。山猫知道这蛮不讲理的邻居冬天睡懒觉，便从洞口径直走过，绕树一周，告诉女儿自己来过。

6天前，我同期刊界的朋友李薇等三人走这条河谷。小河中段有个清澈的水潭，宁静碧绿，是一处美景。路过水潭时，她们忽然惊呼起来，透过一人深湛清的潭水，只见水底横七竖八地仰躺着许多小林蛙和大头鱼苗的尸体，浅水处还有成堆的死石蚕蛾等水生昆虫。

有人往河里投毒！用的是剧毒杀虫剂“速克毙”。

投毒人已把稍大些的林蛙和死鱼捞走，拿到市场售卖，剩下的小蛙小鱼被随意丢弃在水中。我们沿河上溯，发现投毒地点在上游的蛇谷中。湍急的河水夹带着毒药向下流淌，所到之处将所有水生物通通毒毙。

今天，我选新雪刚过的天气进入河谷，就是想寻找山猫的活动踪迹，确认它们还活着。同时，还想了解这个山中邻居的黑夜秘密，踏雪跟踪是最直接的方式。我跟踪过赤狐、水獭、青鼬、灰松鼠、紫貂等动物，没有哪一次像这次这样令我感慨万千：五年了，这个多灾多难的山猫家族在严峻的环境压力下，在贪婪的人类逼迫下逃避着、对峙着、抗争着，顽强地生存下来，在一次又一次的危难中演出了生命中的奇迹，这一次也是如此。山猫的生活离不开水，却害怕皮毛被水浸湿，所以没有下水捞取含毒的食物。另外，这些肚皮朝天的鱼尸蛙尸的死相非同一般，引起了它的警觉，也因此逃过一劫。然而，还会有下一次，一定会有。那时，它们逃得过吗？！

初识山猫时从没想过写它，它的隐秘生活几乎无人知晓。然而，五年山林行走与民间访问，它的苦苦挣扎和近乎绝望的抗争赢得了我的尊敬：它柔软得能以脚掌探摸埋在雪下的铁夹，又刚毅得任何力量都无法征服。断断续续8个月的写作是一段认知过程，山猫成为我山上的近邻和心目中的英雄。山猫河谷位于中国唯一一座寒温带原始森林边缘，于我如同活生生的自然博物馆，也如同神圣之地。生态环境关乎生存与毁灭，当下的动物写作不同以往，必须揭示动物主人公的生存之道与森林万物互利互惠、共生共荣的进化奥秘，使读者去了解、尊重、呵护它们，进而思考如何珍惜我们身边的环境。山猫和自然万物一道，在默默无闻地维护着森林的健康亦维护着脆弱的地球生态系统。当人类利益与野生世界发生冲突时，我永远站在野生世界一边！

人类最古老的宗教萨满教认为，自然万物皆有灵魂。那么，山猫有一个永不屈服、苦难中求生的灵魂。

我跟着山猫足迹拐了个弯，踏着积雪的河石横穿老河身。忽然，不远处传来别——别——别——的清晰鸣叫，一只两翅如折刀的中型鸟类从河床飞起，低空掠过我的头顶向上游飞去。飞行时双翅呈夹角形状的鸟应该是鹬类。每年深秋，都有由于老弱伤病无法远徙的涉禽留在繁殖地，它当属此类情况。我不由暗暗高兴，它注定在漫长艰难的寒冬冻饿而死。当它过于虚弱时肯定被巡行的山猫发现，当作一顿美餐。

跟随山猫足迹穿过树林来到水渠边。这条渠道二十年前由人工建造，使二道白河改道，用渠水为水电站发电。水渠两边砌着石墙，墙头是尺把宽的平台。山猫登上了平台，这里是它领地的北部边界，它经常来此巡视，对先前留下的臭迹标识一一检查、补充和更新。

水渠石墙上呈现一派令人振奋的景象：石台上隆起约一块豆腐高积雪，纷乱杂沓的印记中无一行人脚印，全是动物活动痕迹。仔细看，至少有三只山猫足迹，一大两小。哈哈，山猫妈妈同它一南一北两个相邻领地的女儿在此聚会啦!

昨日傍晚下雪，后半夜雪止。冬季凌晨三四点钟最寒冷，山猫改在五六点钟出行。山猫母女在各自领地巡猎至此，用时约两个小时，正好曙色初露。晨曦在洁白的新雪上洒一层淡淡的玫瑰色涂层，晶莹的雪花在阳光下闪闪烁烁，似无数水晶颗粒发光。空气寒澈，四野宁静。相聚在此的山猫妈妈和女儿们无比高兴。从石墙上的雪中痕迹看，它们撒欢嬉闹，跳上跃下，忽而在雪中打滚净身，忽而在雪上擦蹭头脸，想尽办法清洗身体，去除灰尘污迹。这帮爱干净的小家伙，知道新雪最洁净，况且今年雪少，一场新雪就是一次洗脸洗澡的大好机会。

我小心踏上石墙，一步步向前走去。看，长长的一条宽凹痕，是它们以下颏贴地，在雪中边钻边拱留下的；那一块起起伏伏的压痕，是它们连续翻身打滚造成的。瞧，一坨雪尘连同四个并拢的脚印落在墙下。这是小山猫推推挤挤厮闹，一只将另一只挤下石墙。还有这里，一片雪尘扬溅开来，留下一片扫帚状的溅落痕。那是最淘气的那个把脸插进雪里，再向上猛地一扬，向同伴抛出一蓬白雪，似乎在打雪仗。我一步步走完了这段长约一里的石墙，石墙上到处布满了这类玩闹痕迹。一小段矮墙下还留下一大片践踏、翻滚、奔跑、跳跃的印记。我猜想，一定是山猫妈妈被儿女的欢天喜地的情绪所感染，不由自主跳下墙头，在更大的游戏场与儿女们厮耍起来。它仿佛又回到儿女年幼时候，带领它们尽情打闹，在游戏中练习各种技巧。呵呵，它在和孩子们一起重温那段快乐的时光。它们太爱玩耍了，就像五六岁的孩子，好动又贪玩。只洗一把脸，涮一回澡，立刻把这次晨间洗漱变成了一场游戏，而且玩起来精力无限，没完没了。

每个人都有一生，山猫也有。它只想活下去，像我们一样吃饱睡好，养育后代。这场与儿女团聚的嬉戏，是它艰苦挣扎一生中罕见的狂喜与高潮。

我小心翼翼又恋恋不舍地走完这500米石墙，站在土堤上，望向眼前的山猫河谷。五年了，母山猫和我做了五年邻居。这五年我不曾动摇，你也仍在固守。那就让我们继续下去，我和你，守护这条河谷，守护我们共同的领地。

（2012年1月10日凌晨）

狐狸的微笑

山上刚下过头场小雪。从林场下来的人说，荒沟的狍子脚印多得跟羊圈似的。初冬时节，草木枯萎，狍子吃草比冬候鸟早，天刚亮便起身觅食。

凌晨，去山上看狍子。

天光初现，四野灰蒙蒙一片，这时须注意看树林里那些黑沉沉的物体。它们大多是些上世纪60年代砍伐后遗下的树桩，还有1000年前火山喷发溅落的火山弹。乍一看，它们有的像藏在灌木后隐蔽身形的狍子，有的像匍匐在草丛中梗脖观望的野猪，有的像林深处倚树站立的马鹿，而且越看越像，这些自然物的形状有时能蒙住老山里人。

同伴叮嘱，狍子身上没有雪，身上落雪的不是狍子。再有，狍子耳朵偏大、耳壳薄，迎着光线看，头顶两边有两个模糊光斑。

果然，熹微中见一头狍子黑黝黝剪影，远远呆望我们，随后一纵一纵蹿入丛林，雪白后臀镜子般闪几闪便消失了。

呱，呱，前方传来鸦鸣，低音喑哑，含警告意味。

同伴望了一眼，说："胡老师，记住啊……"每当他讲话用这种口头语开头，我立即打起精神，注意听讲。"乌鸦如果落在树尖上，那是吃饱了呼朋唤友呢，如果落在树冠下边的横枝上，树底下准有东西。”

看见那头狍尸时，心猛地一沉。进山这几年，没有比看到遭人类猎杀的野生动物更让我感到心痛的了。

那是只初春出生的小母狍，才7个月大，未曾婚育。一根钢丝套勒在它修长的柔颈中间，深深没入细茸茸乳黄色冬毛，留下一圈暗色凹痕。近前两步，它那被乌鸦啄空的眼窝撞入眼帘，眼窝黑洞洞的，仿佛深得没有底……似乎乌鸦啄出眼珠后，又往深里啄，啄穿了眼窝下的骨膜，一直啄入颅腔。它的后臀被某种食肉动物撕咬得血肉模糊，吃去一斤多肉。下腹部也被撕开，胃囊破裂，淌出绿糊糊草浆沫，隐隐有臭气，表明它已经反刍消化了吃下去的食物。

唉，可怜的小母狍，临死前好歹吃了顿饱饭。

四处寻看，见两段条索状粪便，暗铅色表皮泛白，比青鼬粪稍粗长，有细粪尖。

“狐狸粪。粪条上有不超过四个轱辘滚儿，臭味中还带一股狐狸臊。”

果然，油亮的粪条上有三个微凸的圆隆结节，粪臭味中混合着类似狐臭的腺体异味。有高手仅凭闻味就能辨别出粪便的主人身份，如此我也试试。嚯，根本闻不得，臭气怪异且熏人。这么形容吧，这股怪臭黏在鼻孔里不走了，一整天闻什么似乎都带一股怪臭，睡一宿觉才恢复正常。

同伴翻动一下死狍，贴地的一面已冻硬，他说：“狍子死不过两天，肉挺新鲜。狐狸昨晚来过，还得来。”又问我：“捡不捡？能剔二十来斤好肉。”

少年时在乡下，吃过狍子肉馅包子，也尝过狍肉汆丸子汤，有股子出自山野的鲜亮味。现在才7点，剔完肉上车回家，中午能吃到嘴。想到这儿，口中不由泛出些涎水。这时，脑海里掠过一段往事：前几年在鸭绿江中游的山林游荡，曾见一头大金雕从树丛中蓦然起飞。凑过去看，林地上有一具被吃去大半的狍子残尸。它被圈套勒死后，被乌鸦发现。后来金雕赶走乌鸦，霸占了这具狍尸，守着吃了好几天。由彼及此，这头狍尸应当归狐狸所有，乌鸦自然也有份。

同伴立刻同意，还提议把狍尸藏进路边的沟里，免得被他人路过捡走。说罢，他伸手去拽钢丝套，不料套绳嘣的一声断作两截。

“唉，这狍子死得真冤。这套子下了至少五年，都脆了。换个大公狍子根本套不住。小母狍被套在致命处，要套在腿上，踢蹬两下也能挣断。”

我把钢丝套从小母狍的脖颈上褪下来，再一次被它苗条娇美的身姿打动。唉，就这么个扭曲锈蚀的陈年旧套，夺去了一个活泼美丽的生命。

我们把死狍抬进山沟，藏在一棵倒木后面，又捡几根干树枝稍加遮盖。狐嗅觉极其灵敏，能很快找到这里。凭它的个头和力气，逮不住这么大的猎物。我很想知道，当美食失而复得时狐狸笑逐颜开的模样。

从山上回来刚两天，一场大雪铺天盖地而至，山上雪深三尺。当气温降到-13℃以下，狐狸必须增加进食来补充热量。它腿短个矮，深雪中行走艰难，冬季常有一半以上的当年小狐冻饿而死。那头狍子能让它和乌鸦们至少吃上十天饱饭。

归途中，同伴讲起一件往事：

七十多年前，姥姥家住长春孟家屯附近，当时四周全是大草甸子。春天早上天凉，姥姥穿件大棉袍在院里搗酱。忽听远处犬吠马嘶，四个蒙古族猎手骑马在穷追一对狐狸。突然，一只被追得无处可逃的狐狸蹿进院里，它跑得张嘴吐舌，耷耳拖尾，脊梁上有血。自家的狗当即迎上去。在前后遭逢强敌的危急关头，狐狸竟一头钻进姥姥的棉袍底下，蹲在她脚边。匆忙中，她瞥见狐狸的肚子鼓鼓的，是一只怀孕的母狐。姥姥当时正怀着老舅，也挺个大肚子，因此格外同情遭难的狐狸。于是她斜坐在酱缸沿上，大棉袍底襟垂地，把狐狸遮挡得严严实实。猎人们骑马冲进院子，兜了一圈没找到，便问

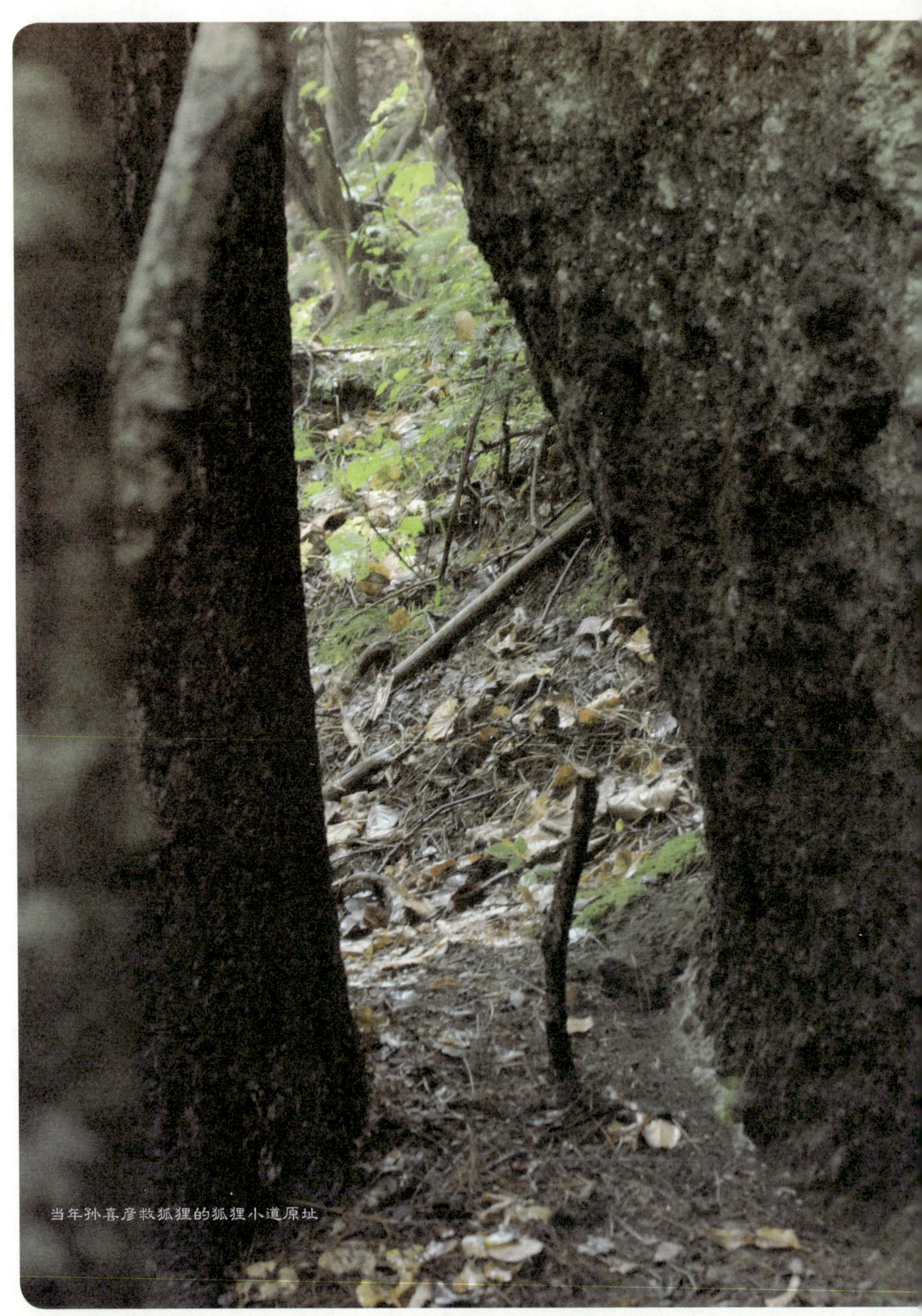

当年孙喜彦救狐狸的狐狸小道原址

姥姥，看没看见狐狸进院?

没看见，只看见一群狗撵个东西往东去了。

家里的男人们见外人骑马进院，以为胡子杀来了，纷纷操起家伙迎了出去。猎手们见状只得悻悻离去。

姥姥懂些中医药常识，会配小药治常见病，经常背个药匣子给附近人家看病。她生前使用的药匣子至今仍保存在家里，里面分成一个个小格，盛有不同的膏丹散剂。她常对人讲，救下那只狐狸以后，便无师自通地会给人看病，专门给小孩和老人治病。我想，这当然对病人会产生一种心理暗示。

从此，姥姥给儿孙们立下规矩，谁也不准打狐狸。姥姥长寿，活到九十七岁才老去。

近几年，觉得自己的写作方式跟在群山中跋涉的淘金人颇相像。有一天，找到了一条矿脉上流过的小河。挖一捧河沙漂洗，指缝间常留下几粒亮烁烁的沙金。把沙金一点点积攒起来，回炉冶炼，融化铸坯，然后细心琢磨，直到做出满意的雕刻。同伴孙喜彦是我的好友，一个精明的山货生意人，从前是猎手兼挖参人。他好比这样一条河，五年来，我幸运地与这条河为伴。

我曾在初夏之夜倾听雕鸮饱含情意的呼唤，像小狗唱歌，欧——欧——欧——欧——欧——音色圆润、柔和悠扬。少顷，从另一座山上传来多情的应答，两者的叫声几乎一模一样。这边立刻来了劲头，对方应答的尾音未落，它的歌声又起，如影随形，绵绵不断。它俩就这样你唱我和，像一曲配合默契的情歌对唱。暗夜中，春风拂动，花香阵阵，伴随着久久回响的雕鸮之歌，我长时间驻足，直到歌声渐渐远去……

这次聆听荒野之歌，却是在2月的亚高山雪原。黑夜沉沉，严寒肃肃，蓦地，远山深处传来一阵嘹亮的长叫，咯——咯——咯——嗞哇哇哇——嗞哇滋——

我一下子定在原地。这是什么动物的叫声？如此野性而陌生，却又像雕鸮之歌那样流露出热切的呼唤。前面的三声高叫“咯”，类似咕与咯的混音，准确的像声应发“够”音。这三声连贯高扬，一声高似一声，直入夜空，像初学打鸣的小公鸡头三声高叫。后面的“嗞哇哇”啭音，乍听上去近乎刺耳咆哮。再细听，仿佛又带出半娇嗔半着急味道。极似春日里灰背鸫一曲高歌的收尾，音质与音调陡地一转，拧个劲儿似的发出一串撒野般的裂帛声。这种呼叫四声至六声一组，呼叫者明显处在某种躁动性急的情态中，一组连着一组，叫起来频繁急切，没完没了。它肆无忌惮，透出荒野主人的身份；它高亢嘹亮，要把心事昭告四方；它声声催促，有股子心急如火的劲头……这到底是什么动物的叫声？

难道是另一种夜鸮长歌？在大冬天，不可能。在这片荒野，只有几种动物能叫这么大声。狍子？从未听过它这般鸣叫。这种谨慎的食草动物只在发怒时吭吭大叫，平时并不出声。鹿鸣？也不是。马鹿的长调牛吼般阔大粗犷，拖腔悠长，况且它在9月里发情。猞猁？不对。它躲在更远的边疆深山，只剩不到十只。我曾在电视中听过公猞猁的情歌，那种凄厉刺耳的怪声跟这种声音大相径庭。狼回来了？没有。它喜欢在100公里以下的丘陵地带生活，从未听说高山上有狼。还剩下三种动物：狐狸、青鼬和紫貂。后两种动物在3月发情鸣叫，现在不属婚育佳期。

狐狸？只能是狐狸。

少年时在乡下听村人说，母狐狸痛失爱仔时，发出一种像小孩哭似的哀恸。后来在外国电影里看见狐狸在城里寻食，发出一种难听的干嚎。也有研究者撰文，说狐狸能发出46种不同声音与同类沟通，其中有发情期公狐警告对手的尖利叫声，母狐寻仔的尖声急叫以及呼痛声、吠叫声，等等。猛然间，想起不久前重读第四遍的保加利亚作家埃·斯塔内夫的动物小说《黑狐》。二十六年前初读，成为我了解狐狸的最早启蒙。文中说母狐狸在2月的发情季，望着月亮咕咕长叫……作者早年是狩猎爱好者，森林知识扎实，有多篇动物作品传世，不信他信谁！于是，在茫茫雪原，我眺望母狐狸叫声的方向，眼前浮现出一只毛茸茸母狐窈窕侧影。它像小狗似的蹲坐着，双颌大张，仰头向天，肋扇大起大落，向漫天飞舞着银屑般冰晶的漆黑夜空，放声高喊狐狸世界的求偶召唤。这是一种歌唱与呐喊的混合表达，也是一种疾呼、一种宣告、一种迸发。它在夜空中上升上升再上升，形成一个不畏严寒穿透黑暗的锋利声线，从太阳落山一直叫到夜半时分。它不是语言、不含词汇、不带含义，只是发自本能的情感表达，发自体内沸腾的火辣辣春情，必须叫出来、唱出来、从喉咙口冲出来。相比人类，这回荡在荒原的歌声没有旋律，更无音韵，令人感到非常陌生甚至疑惑不安。然而，在公狐听来却大胆直白，炽烈如火。它当即血脉贲张，热血滚沸，似离弦之箭向母狐叫春的方向撒腿飞奔……

最早的类人猿捕猎成功后，学会了囤积食物，使种族得以延续。狐狸也有这个特性，把多余食物东藏西埋。我跟喜彦探讨过，那只狐狸在大雪中找到狍尸，肯定会埋藏起来。他说，狐狸一顿只吃4两到6两肉，如果把狍子肉叼走埋起来，够它活半个月的。

早些年，喜彦还是个初把，把头领他们五人进深山挖参。那次贪多赶路，最后断了粮。师傅找到一个狐狸藏食物的储藏洞，他至今记得十分清楚，里面藏着一只大嘴乌鸦、两只飞龙（榛鸡）、一只野鸡、三只高山鼠兔、一只斑鸠、两只野兔、三只山耗子（大林姬鼠）。9月下旬，海拔1500米的山顶地寒，尸体未腐烂。参帮凭借这些东西维持了两天，最后走出大山。

大年初四回长白山，见大集有人偷着卖野兔，背篓里装着6只肥肥实实的大兔子，随后连续蹚雪上山，见次生林带遍布野兔踪迹，才知去年是野兔大发生年。过冬的野兔刨不开厚雪，专靠啃青树皮，吃小树嫩枝为生，对幼树危害很大，狐狸恰是捕兔能手。狐狸正常寿命为12年，但由于猎杀、疾病和在雪灾中冻饿而死，平均只能活三到四年。野兔多食物也多。也许，那只在雪原上高歌的母狐能存活下来？

狐狸山（我给发现母狐的地方起的名）距青松林场7公里，我的住地距林场30公里。为了观察那只（或那对）狐狸的生活，我打算开春去林场租房，写一篇狐狸的散文。这个念头缘于七年前在鸭绿江采风，听当地人讲述的一个传奇狐狸的故事，我一直当压箱底的宝贝，这回总算可以亮出来给人看。

上世纪70年代，集安一带猎行中有个名头最响亮的猎户，人称姚老大。此人每次上山只带三发子弹，不管飞禽走兽，三枪响过，肯定打够自己能背动或拖动的猎物回来。可是，有一年冬天，他彻底栽了，栽在一只罕见的狐狸身上。

那天上山，半路迎面遇上两个猎人。刚一照面，对方年长的那个便迎住他的目光。双方眼神对住，彼此略一点头，心下都掂出了对方的分量，各自暗吃一惊。

互通姓名之后，双方又暗吃一惊。他俩相互早已听说对方的声名，但谁都没想到，相邻两个县猎行中的顶尖高手竟能在山上碰面。

两人各自暗想，对方果然有异于常人之处。好猎手都具好眼力，因此眼神格外明亮锐利。同时心下也各自起意，都想看看对方身手究竟如何。

对方二人中年轻的那个说道，一块儿走哇。

一块走。言下之意，如果在途中遇上猎物，正好比试一下枪法。这在姚老大看来，对方摆明了是在叫阵。

走呗。让道是礼，他示意对方先行。在自己的猎场，能见着什么东西，心里大致有数。再者，打头的人看见猎物的概率高，打猎讲究谁看见谁打。一旦失手，自己正好收鞘，一下子压你一头。

对方似看透姚老大心里拨拉的小九九，并不领情，示意让年轻人走在头里。啊，姚老大明白了，对方这是要抢打前边猎手打伤或打丢的猎物，这叫真功夫。打好了自己便没机会捞本，还反过来压自己一头。

咔嚓，他推弹上膛，枪上肩头，意在告诉对方：你小心，到时候谁打着可说不定。

那天下着蒙蒙细雪，视物不清。走在后头的姚老大看见，在西面山坡的雪地中有个小黑点。细看，像个蹲坐不动的狐狸，又像半截枯树桩，影影绰绰的，那东西头顶似乎没有积雪。姚老大眼力好是出了名的，这回由于正在飘雪，只有六成把握。但出于好胜心理，他冒险向对方叫板："看见山坡上那东西没有？是狐狸还是个树桩？

对方果然分辨不清。

"那我打了啊。"

姚老大当仁不让。无论按猎行规矩，还是礼让客人，他已给足对方面子。话音刚落，右手举肩上枪，迅即抡到眼前，左手托枪，抵肩贴脸，立马搂火。

这种出枪习惯早已在二十多年的行猎生涯中练成，赶路时扛着枪，猎物甫一出现，手动枪起，枪从肩膀抡到眼前这个过程即为瞄准过程。待枪至眼前端平，三点一线，目标已是囊中物。

枪声响处，三个人全看清楚了，那狐狸左肩处噗地迸出一撮碎毛，同时惊得向上蹿跳，落地后依旧蹲在原地，一动不动。

看样子，狐狸被打蒙了。距离虽远，仍是死靶。

击发毕，推弹上膛，枪回肩上，早已养成的习惯动作。枪响见物，没必要再持枪。他万万没想到，这次竟失手了。

一言不发，枪随手动，从肩上起。稍慢，中速降至眼前，抵肩贴脸，搂火。

狐狸右肩处噗地炸起一蓬长毛，同时惊得向上蹿跳，落地后仍蹲在原地，一动不动。

枪没离脸，二十年来第一次，瞄准约5秒，搂火。

狐纹丝不动。子弹在它面前两米处溅起雪花。

子弹打光。姚老大肩一晃，哐！枪砸在柞树干上。

那是他花去半年时间，东拼西凑，精心组装的一杆七点六二步枪。这枪他用起来特别顺手，有人曾出价1500元，他没舍得卖。多年来，他把这枪当命根子……

很多人对我冬天还天天上山甚至打车进深山感到不解。我只回答一句，看动物足迹。

在雪地上，尤其是银白洁净的新雪上，细察和分辨动物与飞禽可爱的雪地留痕，这是在其他季节的森林无法找到的、令人心动的、别样的接近野生动物的方式。你会得到满足好奇心的小得意，探秘的小惊喜与愉快的审美享受。许多平时无法看见的夜晚出来觅食的动物，在雪地留下了各种足迹与活动记号，你会感到这些森林里隐秘的兄弟姐妹仿佛近在眼前。你能猜出他们想干什么，要什么花招，心情怎样；是吃饱后的嬉闹，匆匆觅食的脚步，受惊后的奔跑和有意无意留下的种种雪地谜团；甚至能感受到他们快活的叫声，跑跳动作与身体的热度。当然，根据他们的脚印及其他印记，来辨识他或她属于你哪一门亲戚，是最先要做到的。其次，最好弄清他或她的性别、年龄、到哪儿去，等等。有时候，解开这类谜一样的雪中疑题之后，获得的小小成就感和欣喜心情，会使你高兴得整天都不由自主地哼唱歌曲。洁净的银雪地，树木的蓝色阴影，或远或近的鸟鸣，透明晶亮的冰树挂，新雪的清香味道，突然闪现的动物身形，冒着雾气的不冻溪流，纵横交错的银砌兽径等数不清的美丽画面，构成了冬季原始林的无尽魅力。所以，多年来，只要能挤出时间，我都要想法满足自己这个不太奢侈的享受。

2月份听见母狐叫春之后，又下了两场雪。苦等一周，道路通车， 我立刻赶到青松林场。跟上次一样，车只能开到林场3公里外的养殖场，从那去狐狸山还有4公里。有上次车陷深雪的教训，只能步行前往。

今天，其他动物雪上印记呈现的活力与美感记录暂时保留，只讲讲狐狸。

第一眼看见那五瓣金露梅花朵般的足印，直觉告诉我，那就是狐狸，这片荒野最常见的动物有狍子、野猪、青鼬和野兔，山狸子（豹猫）偶见，还有一些小型啮齿动物足迹和鸦科鸟类落地觅食的爪痕，犬科动物只有狐狸。

犬科动物中狼的足迹印最大，狗次之，狐狸印最小。成年赤狐的足印一般长5.7厘米或略多，宽4厘米左右；狐的前脚五趾，后脚四趾，但通常只留下四趾的印记，故一枚清晰的脚印由五个爪尖印、四个趾垫印和一个掌垫印三部分组成；印记呈椭圆形，其中的掌垫不算大，只略大于趾垫印；由于脚掌的四个趾垫与掌垫彼此靠得很拢，看上去像团缩一团，所以像五瓣倒三角形花瓣组成的花朵；其中前端的两片花瓣近乎平列，另两个花瓣横着分列两边，下边是一片略大的单个花瓣（掌垫）。冷眼看，小狗与狐的足印十分相似，如何区分两种动物的足迹有个窍门：看泥踪时，狐的单足印中心隆起部分呈清楚的五角星形；狗足印比狐的略圆，脚趾头张开着，中心的凸起七扭八歪。因此，雪踪时的狗足印浅且模糊。当然，最大的不同是狗足迹出现在民居附近，而赤狐的足迹在山上。在银白色雪地上，狐足迹链不像野兔那样弯弯绕绕，也不像黄鼬那样跑跑跳跳，而是跑一条直线。它迈左前足时，右后足跟上来不偏不倚地踩在左前足留下的足迹上，迈右前足也如此迈步，一步是一步整整齐齐排成单行。足迹间的步距约25厘米，足印后带出蹚雪划开的拖迹。

在林中运材道没膝深积雪中跋涉一公里，已顺脸淌汗，气喘吁吁。下道后跟在狐狸雪踪后边，深一脚浅一脚，雪时而没膝盖，时而没大腿，有时还掉进齐腰深的雪坑里。半小时后，已汗流浃背，张嘴干喘……两个小时过去，眼下这行狐狸足迹毫无变化，依然洁净新鲜，未沾一星灰尘，尤其足印后边划开松软雪面的拖迹，白砂糖一样白得耀眼，在晨光中闪烁无数银亮光点。这行笔直的足迹链犹如拴在我脖子上的链条，牢牢牵去我的全部心思。要看到在银雪上的火狐狸，只有跟定这行足迹……唉，实在走不动，雪太深，右腿膝盖内侧韧带已被拉伤。还往前走么?

走，不能走就试试在雪上爬，爬可能比走更省力。看看人家狐狸，小小的圆足印踏破浅雪层，踩在下面的陈雪上，嚓嚓嚓，轻松自如迈步，5公斤左右毛茸茸的身躯，像一缕火红的流云在雪原上飘移。在林区漫游多年，这辈子我决不指望目睹东北虎、远东豹、棕熊、原麝等这些已经灭绝或正在灭绝的野生动物，但是我想在有生之年，亲眼目睹冬日里火狐狸那深红火红橙红相间的夺目姿影。

对了，在聆听母狐叫春的当晚，回住处查阅了《黑龙江兽类志》，证实我当时的判断是对的。

据说公狐听见母狐的呼唤，大老远跑来与母狐见面，母狐会一连三天挑逗诱惑公狐。它俩像两团火球在雪原上飞奔戏耍，欢快地兜圈子，厮缠着翻身打滚。母狐使出各种妖娆狐媚手段，迷得对方不吃不喝，神魂颠倒，像被牵着的小狗，死心塌地紧跟在母狐身后，在炽烈欲火的煎熬中度过漫长的三天时间。

发情母狐的受孕期一年中只有短短的一到六天，这是它主动发出求偶召唤和连续数天引逗公狐的原因。雌性动物在排卵期交配才能成功受孕，母狐了解自身生物钟变化，精准把握住排卵的那几天。繁殖高于一切，它只想达到受孕的目的。

我实在爬不动了，眼巴巴望着公狐在平整整的雪毯上碎步小跑留下的细长足迹链，一直深入到白茫茫的雪原深处……平时狐狸昼伏夜出，只在繁殖期间白天活动。也许，在雪原深处，雌雄赤狐正在表演时而交缠、时而转圈、时而疯跑、时而跳跃的欢爱之舞……明年吧，明年再来，不知幸运之神会不会让我一饱眼福？

狐狸跳上陡坎，利爪尽出，扒挠光滑的雪冰，像人的登山鞋钉，留下五道划痕。

小孟打量新鲜狐印，这家伙个头不小，估计是只皮毛丰厚柔软、滑润生光的大公狐，这张皮可值老钱啦！跟，跟十天也跟！

小孟是姚老大最喜欢的徒弟，也算成名猎手，在一场新雪后追踪狐狸再清楚不过的脚印，自然有十分把握。从早上5点跟到下午2点，望见远处有个小红点。再近些，他心头一震，这不是师傅三枪都没打中的那头火狐狸吗？

姚老大的事在猎行中议论纷纷，那头狐狸也随之成名。人人都觉得这事邪性，狐狸、黄皮子、蛇这三种动物，自古在乡下人心目中是三位大仙，伤害它们怕要遭报应。

这头狐身上有记号，左右两边肩胛处的皮毛被子弹各打出一个缺口。所以小孟一看就认识。

他心头涌上一股热流，钱不重要，放倒它才重要。

当把狐狸撵进一块庄稼地，顺垄沟向前飞跑时，他开了枪。一连五枪，打得它身上乱毛四溅，它依然在奔跑。地头有趟沟，当狐狸跑到地头尾巴一晃要下沟时，他换完弹夹，又打两枪。

七枪响过，狐狸跑过的雪地上不见一滴血迹。

有老猎户说，这俩人犯了两大忌：第一，打枪时心没放平，憋股气，发挥失常。第二，这狐狸特别，冬毛比一般的狐狸长不少。本来身子有酒瓶这么粗，冬毛蓬松起来看着有四个酒瓶那么粗，因此造成误差，子弹贴着肉皮飞过去了。

事后小孟去找姚老大，两人商量，豁出这个冬天啥也不干，专打这只狐狸。过了几天，两人在山上发现了狐狸踪迹。于是决定，姚老大埋伏，小孟赶杖，伏击狐狸。

小孟体力好，满山兜圈子撵，花一上午工夫，终于把狐狸赶到姚老大的伏击点前面。累坏了的小孟坐在一棵倒木上，在山坡上居高临下，目送那团红火球似的狐狸迈着小碎步，颠颠颠一溜小跑，在姚老大的枪口前面横穿一片毫无遮挡的河滩地。

已进入有效射程，枪随时会打响。小孟紧盯着从容跑动的狐狸，只等枪声响起，狐狸一头栽倒的那一刻。

可是，枪却一直未响。眼睁睁看着狐狸走到正对枪口的最佳位置，枪仍未打响。

距离30米，多清楚的目标，多好的机会呀！

难道老大睡着了？不可能啊？！

他忍不住跳了起来，扯开嗓子大吼：师傅，快开枪啊——狐狸过去啦！

姚老大埋伏的树丛一点动静也没有，由于在高处，他隐约看见那里有个一动不动的小雪包，那是穿着白色伪装服的师傅身影。

狐狸被他的喊叫所惊，加速奔跑，眼瞅着跑出了射程，渐渐消失。

小孟急火火朝伏击点跑去，生怕师傅出了什么事情。可快到地方时，姚老大却自己站了起来。

小孟吼：你怎么不开枪啊，刚才狐狸就从你眼前跑过去啦！

姚老大答：我没看见狐狸呀，只看见一个穿红裤子红袄扎红头绫子的大姑娘，飘飘悠悠从眼前过去啦……

又过了一年。

一伙猎帮从山里归来，告诉姚老大说，百草沟看见一趟狐狸踪，又圆又大，估计是那只出了名的大公狐。

姚老大二话不说，叫上小孟，背上干粮直奔百草沟。那里有姚老大过去打猎搭建的地窨子，两人收拾一下，当晚住下。第二天上山找狐狸踪，不但找到了，还找到了狐径。

这次出猎，小孟多了个心眼，背来三把自制的地枪。两个人忙活一下午，把地枪下在了狐小径上。三把地枪，一把上制式步枪子弹， 两把上火枪弹。

当天夜里下一场大雪，两尺深，把地窨子埋在雪底下。小孟从窗户爬出去，用木板在门前铲出一条道，喊师傅开门出来。

地窨子是简易门，用一层厚草加上下两道横掌做成。里面一推门，只听当啷一声，一个金属东西从上横掌掉下来，碰到下横掌，落在地上。

姚老大捡起一看，脸登时变色，脱口而出：坏了，狐狸成精了！

手上是一颗步枪子弹。

两人赶紧蹚深雪跑到下地枪的狐径。果然，上步枪弹的地枪，子弹已被卸下；上火枪弹的地枪，弹筒里的火药已被倒掉。

这两件事在猎行中越传越广，姚老大亲口所言，又有小孟在场，于是，一个打不死的狐狸传说在民间流传至今。

獾洞穴

金刚龙胆

霞盆花与飞虻

4月里在野外第一次看见狐狸，和听见鸫鹟唱响第一曲嘹亮春歌在同一天。

这是棵已枯死的空心杨，被人从南面半米处割一锯，从北面1.5米处又割一锯，倒地后留下这个坐椅似的空心树桩。坐进南面的缺口，身体被凹成半圆形的树筒子挡着，既隐蔽又舒服，还是个便于观察各种小动物的好地方。

西南方50米开外，一棵枯榆树高处，有上中下三个大斑啄木鸟新凿的洞巢。昨天遥见两只啄木鸟在林间穿梭，可抽空来这里观察这对小夫妻的蜜月生活。距此20米的山坡上，还有一棵百年老枯杨，树顶有一对灰松鼠夫妇的洞巢。3月的交配季节，曾看见这对不安分的小家伙吱吱咕咕欢叫着在树上追来追去。估计现在雌松鼠已产仔。这不，雄松鼠又悄悄溜下树干，下地找去年埋藏的山核桃。我这个厚椅背的横截面，曾被它当作临时餐台，遗下六爿从中间咬开的山核桃壳。这地方距林场约两公里，位于狐领地外缘。从租住房走到这儿正好歇脚。所以每次去狐狸山，都在这儿小憩一会儿，倾听各种小鸟的鸣唱，看看机灵的小松鼠和大斑啄木鸟忙碌的身影。幸运时还能看见粉艳艳的北朱雀，罕见的猛鸮和一两只亭亭玉立的狍影。

今年来狐狸山寻狐，心态放得十分平和。前两年曾去黑啄木鸟和长尾林鸮各自的领地寻找它们，去十次能看见一次已属幸运。狐狸也一样，领地范围至少20平方公里，山高林密，枝繁叶茂，它能跑善走，行踪诡秘，偶遇概率可能连1/20都不到。

17日下午1时左右，我静静坐在这个散发着微湿朽木香气的天然圈椅中，在午后阳光温暖的抚慰下，一边聆听一只小鸫鹟生气勃勃激昂跌宕的歌鸣，一边在本子上用文字记录它一曲又一曲花样翻新的春歌。突然，侧上方的山坡上传来簌簌簌刮擦枯枝叶声。急扭头看，一头矮个长身橙黄毛色的动物出现在坡顶。由于它在上风头，根本没察觉我的存在，迈着轻快利落的步子，自东向西，径直向我正上方走来。

狐狸！

我惊呆了，扭着脖子一动不动，那一瞬竟不敢相信，这十年九不遇的幸运居然降临我的头上！

我马上回过神来，全神贯注死盯着这个浑身沐浴在春日阳光下仿佛从天而降的金灿灿生灵。

简直是天降神物！

它火红的毛色在阳光中泛出金黄色光亮，随着它轻捷的行走宛如篝火明亮的火舌活泼泼跳动。下颏及胸口像猴头蘑似的白得耀眼，闪动着一波波明晃晃的反光。金黄与黑褐相间的粗尾巴比它的一半身子还长，斜斜耷拉到地面，尾端有一簇洁白如雪的毛尖。忽竖忽收的三角形耳朵像一对黑蝶，沿平行路线扑闪扑闪缓缓飞行，在矮树丛里时隐时现。四条黑黝黝的短腿灵便地迈着小步，带动颀长匀称的身体无声前行，仿佛一朵贴地拂过的熠熠红霞，微微起伏、盈盈浮动……

它嗅到了松鼠的气味，猛地停下脚步，仰头向斜倚在一棵树上的倒木尽头看去，双耳耸立前倾，鼻子在树干嗅嗅，双眼直视上方，抬腿踏上斜倒木，猫一样全身匍匐，悄悄上行三步，又停下来，再次抬头嗅闻空气并向上方探望。它刹那间一动不动，抻脖抬头，双目直视。这时的它，宛如从森林哺乳动物中精挑细选的举止最优雅的模特，身披闪烁着金橙色光辉的毛皮衣，专门为我登上舞台，摆出一个捕猎动物仰头窥伺猎物的典型姿态。

老天爷，狐狸真美！

轻轻取出望远镜，它的整个侧脸清晰呈现眼前：湿润乌黑的圆鼻头，长尖吻，鼻梁上的浅毛区亮黄橙色，上唇边缘用画笔勾勒似的，从鼻头沿唇线至下颏描出一条前扬后凹再扬的雪白曲线。正是这条在嘴角处上翘的曲线与微眯的眼睛搭配，使它的面部给人一种笑眯眯又透出狡黠意味的典型印象。下颏亦现纯白，似乎专为衬托这抹微笑而生。前眼角下方沾黑，在鼻梁与脸颊的凹处形成一抹圆括形暗褐色斑块，这就是老猎人常说的黑色纹眼线。它的底部压在上唇的白唇线上，造成低凹的曲线，使嘴角上翘的笑纹更加鲜明。

相机！我这才想起还背着新买的500毫米长焦。唉，把相机上的广角换上长焦，得用一系列小心翼翼的动作。不知哪一声轻微的磕碰，被驻足聆听的它收入耳谷，倏地扭身从倒木上跳下，似一团棉絮轻悄落地，沿坡顶行走数步，黄澄澄的大尾巴晃了几晃，消失在低洼处。

早年买的一本小书《动物的语言》讲道：狐有本事听见250米以外的吱吱鼠声，在500米距离内可发现在树上飞来飞去的黑雷鸟。狐的听觉特别发达，三角形耳蜗边缘有长长的毛边用来过滤杂音，极端灵活的耳朵能迅速准确定位声音来源及估算声音方向，误差不超过一度。可被辨别声音的频率范围在700~3000赫兹之间。猎物或天敌稍有动静即被它觉察。

我起身沿山坡兜了个圈子，从侧面悄悄接近洼地。一边小心行走一边在心里痛责自己：永远当不了摄影人。刚才那一套笨拙的动作，应当在踏上山路的一刻完成。而我却心不在焉，痛失千载难逢机会不说，还惊走了极其机敏的狐狸。

洼地中央有座土坟，狐足迹清清楚楚印在正在融化的残雪上。它沿坟墓东侧由南向北兜了半圈，随后又出现返回的重叠足迹。西边有公路，路两边插着防火旗，被风刮得噗啦啦翻动。估计它从坟墓后刚露头，看见那排防火旗，吓得马上调头回来转到另一侧，但立刻又停下来，双前足并排踏在一个小土墩上观察动静。瞧瞧，这双前足掌印在湿雪上多清楚啊，整体凸凹有致、黑白分明，就像精心制作的印模。掌垫印底部可见黑色冻土和纤细草茎。我不由呆望了半分钟，像揣摩女儿小时候天真心思一样（多数时候为吃好东西动脑筋），参透了狐狸脑海里的想法：早年的猎手利用动物怕火的心理，常用系着许多小红旗的长绳围住有狼或狐藏身的树林，在特意留出的缺口外布下阻击线，一次能把它们一大家子全部射杀。它们像怕火一样害怕红色的、带有难闻酸涩气味的人造布料。这只狐也一样，远远望见路边飘扬的红色防火旗，立刻止步不前。

咦，下一步，下一步狐狸上哪去啦？

我怎么也找不到狐狸在小土墩驻足后离开的足迹，就这么大一座坟头啊。我围着坟转了两圈，还是没找见它下一步的足迹。不能啊，它围绕土坟来回只兜了半个圈子，而这些足迹全在眼皮底下呢，清清楚楚的，就是没有它离开的印记，难道它长翅膀飞走了啦？

无意中向坟头上扫了一眼，哟嗬，在这儿呢。原来它蹿上坟头，从坟顶横穿过去跑走了。估计它在坟头扭头回望，发现我正悄悄走来，马上往坡下溜并用力一蹬，纵跃4米多远（狐可跳跃7米），钻进树从跑掉了。

唉，不是狐狸狡猾，而是我太笨。人大多对坟墓敬而远之，而我在潜意识里觉得狐跟人一样，不会随便踩踏坟墓。我犯的错误在于，把人类的世俗观念加在了毫无顾忌的动物身上。在前有防火旗挡路、后有人跟踪的情况下，转身翻过坟头快速离去，是它采取的再恰当不过的逃避方式。

当一个人面对野生世界，如果把自己当成野生动物，以它们的视角去思考如何维持温饱，如何保证家人安全，如何在恶劣条件下渡过难关，如何合理利用生存资源。学学它们，我们便不再妄自尊大，可能会避免走上自我毁灭的道路。

它应该是头公狐。小两口在2月下旬交配，怀孕52天，如今幼狐刚呱呱坠地。母狐一般平均产崽5只，在育儿哺乳期，由公狐承担养育妻小的重担。现在万物复苏，冬眠的花栗鼠、高山鼠兔纷纷出洞，森林小鼠和昆虫也开始活跃，野禽陆续迁回北方，它获取食物的机会将大大增加。

当晚我翻阅《中国兽类踪迹指南》，有美国动物学家分析亚利桑那州的狐粪中含有的季节性食物成分比较表，表中显示狐狸一年四季都捕食啮齿类动物和昆虫，而且这两种食材在粪便中出现的频率（百分率）较高，以冬春夏秋四季依次对应，啮齿动物为16%、27%、33%、39%；昆虫为11%、47%、

88%、57%；浆果出现频率最高，分别为90%、75%、13%、44%；其中鸟类仅为0%、3%、21%、13%；爬行类与鱼类最少，为0%、3%、4%、0%。

在夏秋季，野豌豆、山葡萄、野生猕猴桃、越橘、桑葚、犬蔷薇的果子等各类野果、浆果可构成狐狸90%的食物。它们还热衷捕食昆虫的幼虫、鞘翅目昆虫、蚱蜢或蝗虫。

当然，上述地方的地理、气候等自然条件与长白山不一样，读者依然可看出我大费周章查找资料的用意：生物的存在即合理，况且以人类的庸俗价值观衡量，狐除了消灭大量危害林木的啮齿动物外，采食的大量浆果种子随粪便排出，成为一个漫游四方的播种机。可见狐狸是森林健康的守护者。一座森林若没有狐狸，这座森林将逐渐显露出生态失衡所带来的影响。

冬季除上山观赏、辨识动物足迹之外，还有一大好处：由于这个季节山里人比较清闲，好友们喜欢凑到一起喝酒。这时，只要我把话题扯到野生动物上来，在座的那些过去在山里讨生活的人（我这类朋友占多数）便立刻开讲，如此能听到许多山林故事。我一般不做记录，只认真提问。这时的大脑好比筛子，筛去沙石，留住璞玉。有一次，为引出狐故事，我讲述了姚老大的猎狐故事。当时酒桌上有七个老跑山的，他们竟对姚老大把火狐狸看成大姑娘，狐狸卸下地枪子弹等离奇之事深信不疑。可见姚老大不愧是猎行中的出类拔萃者，他了解乡下人的迷信心理，还知道如何利用。

酒桌上，勾起一件孙喜彦亲身经历的往事。听罢故事如获至宝，立刻感到这篇生长缓慢的散文已到开花结果时令。

为写好这个故事，遍翻以往的札记和相关书籍，还找到魏晋时期诗人王粲所作《七哀诗》。诗云：

山冈有余映，岩阿增重阴。狐狸驰赴穴，飞鸟翔故林。

1985年春，孙喜彦进山采灵芝。夕阳西下，他走到一列长长的矮石崖前，见崖根隐隐有兽径，找找脚印，原来是狐径。再往前走，想找个天然崖窝或石缝搭帐篷过夜。忽见前方阴影中，有一团蜷曲的赭黄色东西，是一只落入圈套的狐狸。原来，有猎人看见狐狸紧贴崖根行走，便在狐径旁钉根木桩，在木桩上绑了个钢丝套，又在圈套前面布下一盘铁夹。可怜这狐狸不慎连脖子带一条前腿钻进套里被勒住。中套后必然拼命挣扎，结果啪的一响，前脚又被带一排铁齿的铁夹死死咬住，鲜血直流。

那天，喜彦走进了古诗描绘的落日余晖中的美丽图画。同样是归巢，1500年前的诗中狐狸与当代狐狸命运迥异。

他打定主意救它，小心翼翼靠近。狐勉强扭挣，肚皮侧翻，露出腹部八个微黑的乳头，乳头根部有鼓胀的粉红奶包，白色乳汁正从乳头一滴滴往外冒。

被铁夹夹住腿脚的狐狸，如果腿骨被铁夹打折，常强忍剧痛咬断伤腿

挖参人收获后在树干上刻下的兆头

自残逃生。正在给幼仔喂奶的母狐出于强烈的母爱，会毫不犹豫作出自我牺牲，但由于身体被死死套住，母狐根本够不到伤腿。

喜彦心头一震，布置这等机关的人是个深谙狐性的猎狐老手，为得到一张能卖上价的全狐皮，居然想出如此歹毒的招法。

看周围的挣扎痕迹与血迹，母狐昨晚中套，洞里的狐狸幼仔饿一天了。按老理：这个季节的哺乳动物母亲大多正在给子女们喂奶，猎行禁止上山打猎。

母狐的双眼睁得大大的，眼睛却黯淡无神，眼角有大堆眼眵，凄楚哀怜又十分紧张地盯着来人。喜彦曾在山上解救过误中圈套的猎狗，被套的时间一长，狗无精打采，眼神发暗，见了人露出可怜巴巴的神情，拼命摇尾巴，分明向人求救呢，只不过它不会说话。

狐不会像狗那样摇尾巴，却跟狗一样，懂得用眼睛向人求救。

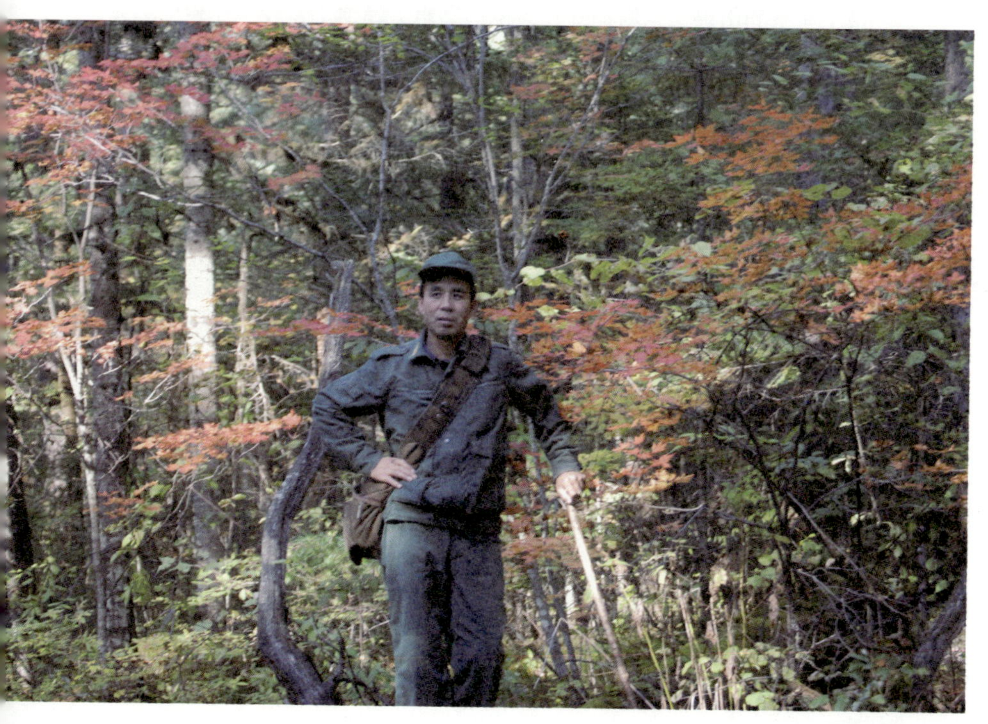

孙喜彦带我去救狐狸的山林

见母狐眼角的眼眵，喜彦心里发酸，心急火大和长时间口渴，动物才这样啊。

他轻声对母狐说：“别动，别乱动啊，我救你来啦！”

母狐听懂了话似的一动不动。

他碰了碰夹子里的伤腿，母狐疼得龇牙咧嘴。还好，腿骨未断。他掏出两张卫生纸，轻轻擦拭狐狸脚爪上的血迹。母狐眼巴巴看他，又惊又怕又疼，龇着尖牙，浑身抽搐，从喉咙里发出哽呜哽呜的怨声，但没有试图张口咬人。

喜彦小心而用力地掰开铁夹，轻轻挪动它的伤腿，放到旁边，然后捡一根树枝，试探着挠了挠它的脖子，说：“夹子打开了，别动啊，这就给你解开套子。”

喜彦是个典型的山里人，精神健旺，说话高声大嗓惯了，我实在想象不出他轻声说话的声音和模样。

他又轻手轻脚把钢丝套解开，脱困的母狐站起身来，不相信似的试着走了两步，随后快步向山梁走去。

喜彦目送它离去的身影。忽然，走出十几步的母狐停下匆匆脚步，侧颈扭头，一动不动望着救命恩人。

喜彦有些着急：“快走，快回家奶孩子去吧。家里有一帮饿得嗷嗷直叫的小崽儿呢。”

山里人把“奶”当动宾词组“喂奶”用，读做nài。

母狐听懂了似的调头离去。

喜彦放下心来，转身往回走，偶然一回头，看见母狐又停下来，蹲在山梁上呆呆地望着他。

“走吧，快回家奶孩子吧。”

母狐像个听话的小狗，转过身颠颠颠快步消失在山梁背后。

喜彦何等聪明，走了一段路已想明白其中原委：正在喂奶的母狐不用自己出去找食，这时候该由公狐供应伙食。母狐离开幼崽出去找吃的，说明公狐在母狐被套之前已经出事了。

猎人专冲这窝狐狸来的，为了便于观察和布下机关，他的窝棚应该离这儿不远。由于经常跑山，喜彦知道，有个崔姓猎手经常在这一带活动。

第二天上午10点，估计猎人上山行猎，喜彦找到了崔姓猎手的地窖子。果然，地窖子外面放着一个铁猫（捕兽铁笼），铁猫里关着一只无精打采、邋里邋遢的公狐。他打开铁猫的闸门，后退数步说："走吧，回家去吧。老婆孩儿都等着你哪。"

狐狸迟迟疑疑走出闸门，突然明白了什么似的嗖的一下子蹿进树丛，转眼间消失不见。

大多数人认为狐性狡诈，其实它们常常中套和吃下毒饵。已被它叼在嘴里的野鸭装死，待它松口后振翅逃生的事情时有发生。然而狐确有聪明的一面，只要从俘获它的铁夹套索等猎具中逃脱，决不再重蹈覆辙。

两年后，孙喜彦跟把头师傅重回这座山林挖参。参子正红时节，走到距离当年营救母狐200米的一棵大红松树下，他眼前一亮，一片红彤彤的人参榔头（挖参人对聚成一团的参子的称呼），好大个棒槌营子（成片的野山参）！按挖参人的规矩，先看见人参的人要喊一声："棒槌！"让参帮的弟兄们知晓。参把头也按规矩问一声："几品叶？"这句问话后面的含义等于让参帮全体知道人参的生长年头，分量多重，按行价值多少钱。参帮收获后按人头分钱，一切收益公开透明。

当时喜彦大喊一声："棒槌！"

"几品叶？"把头遥遥相问。

"五品叶。"五品叶意味着生长三十年以上的参。

"快当快当！"把头回应。

铃兰

刷啦啦，林子里一阵响，把头飞奔而来。

“棒槌！”喜彦又大喊一声。他不能不喊，眼前这一片红榔头，毛估有一百多苗参。

“几品叶？”把头边跑边喘粗气。

“老天爷，一大片哪！”

人这时乐疯了，换了谁都不知道咋喊。相传参帮的规矩是山神老把头定下的，可连山神也没料到能一下子撞见上百苗参的情况，所以也没立下相应的规矩，只能任由发现者发泄心头狂喜。

那一年，喜彦从自己分得的一大堆人参中，随便拿出两包用苔藓土皮包裹的人参，卖得两万多元，买下现在居住的70平方米两居室楼房。

今天他仍然坚信，由于那次营救了狐狸一家，冥冥中得到了狐狸给予的回报。

挖参人有句俗话：围着老堆子转，年年吃饱饭。自那以后，他每年都去那座山林挖参，每年都能在那个棒槌营子附近挖得几苗人参，从未空手而归。

林中小径上各种叶香、草香、花香一阵阵扑面而来。刚走出山刺玫馥郁的香阵，又进入幽香萦绕的铃兰花地盘；素淡清雅的山梅花香雾刚刚散去，又被大丛石蚕叶绣线菊的暗香笼罩。我知道，前面还有朝鲜当归、广布野豌豆、大苞萱草、鸡树条荚蒾等开花植物散发的浓淡不一、各具妙处、引得众多蝴蝶和蜜蜂醉倒花丛的袭人花香。冬天雪大，又逢倒春寒，季节比往年晚半个月，熬到6月，各种山花抢着闹着疯着纷纷开放。

自上次看见狐狸已过两个月，我在进山找狐狸的行走，变成了赏花听鸟采菜寻菇的漫游。眼看青草猛长，树叶大张，绿意葱茏，草木封山，瞥见狐影愈来愈没指望。

这时节，正是新生幼狍刚断奶，跟随狍妈妈辨识各种鲜嫩多汁的可食植物。一个赵姓山里人兴冲冲地告诉我，他骑着摩托车在林场去大垅地的岔路进去没多久，望见不远处的路边有个红毛物盯着来人，毫无惧怕之意。待驶近后，老赵认出那是只大公狐，身上的毛色红彤彤的，尾巴挺长，有一掐粗。这狐狸胆儿大，摩托车开到跟前都不躲，气哼哼冲他哇哇叫，好像跟人怄气，埋怨人把它逮小狍子的猎事给冲了。

八成就是我打过照面的那只狐狸。

大垅地又叫大白菜地，在它领地西边。而我这些天一直在东、南方向的树林里转悠，忽视了有村人活动的农田。

这个老赵和一个采蘑菇的老张都是山里通，常给我讲些亲身经历的跟动物打交道的故事。他的话激起我有些消沉的心气儿，明天去大垅地！

上午10点，阳光正暖。已行走4个小时，从脸上脖子上抓下四个草爬子（扁虱，又叫蜱虫），前胸、后背已被汗水溻透，找个向阳高地歇歇，吃干粮补水。

从五味子藤缠绕的树林里跌跌撞撞出来，眼前突然一片明亮阳光，绿茵茵的林中空地上有个平整的土台，还散布着几块平板石，是个早已废弃的窝棚遗址。好啊，在这儿正好可脱下衣服一边晒太阳一边抓草爬子。三下五除二脱下外衣，口中哼着歌，把衣服一件件展开，搜寻可恶的草爬子。忽然，隐约听支支吾吾声音传来。乍一听，像婴儿刚睡醒时舞动着小胳膊，口中唔呶作声。

荒山野岭，哪来的婴儿呀？侧耳细听，真有声音，娇气的幼兽稚嫩哼声或伯劳鸟的情歌啭鸣。前面有个土埂，猫腰溜到土埂后面，慢慢探出头去，没有啊，什么也没看到。

我站起身来，几乎近在眼前，一大团扁乎乎毛茸茸的东西，似乎在微微蠕动。我吓了一跳，熊，一头在草窝里蜷缩着身子睡觉的熊！

怎么办？大脑飞快运转：马上穿上衣服逃跑？还是取相机拍照？不管接下来干什么，都要先穿好衣服。

然而，没等我采取任何行动，已经看清楚那毛茸茸的毛团不是熊，可能是几只挤在一起酣睡的小狗。

这时，那团东西有了动静，呼地站出一只半大狗崽来。一双琥珀色的圆眼睛睁得大大的，黑眼珠中心有个小亮点，一副受了惊的模样盯着我看。它身上的毛色橙红中夹杂着黑褐茸毛，鼓鼓的小奔儿头，尖脸尖嘴巴，竖着一对大大的乳白色尖耳朵，白嘴巴黑鼻头，整个头脸的毛色鲜明的橘黄中透出亮橙。

一阵战栗传遍全身，我的天，一窝小狐狸！

在那一刻，我恨不得变成个朽木疙瘩，免得吓着它们，这样既不打扰它们在太阳底下小睡，又能好好看看它们的模样。

一切都来不及了，一个大活人几乎直挺挺站在它们旁边。要知道，它们不是家养的小狗，而是远离人类的野生动物，骨子里跟人格格不入。

呱的一声叫，那站起来的小狐蓦地醒悟过来，撒腿便跑。吓昏头的它没有逃开，而是急火火围绕睡梦中的兄弟姐妹们一圈接一圈转圈狂奔。

浅睡中的小狐们开始骚动，有的睁开惺忪睡眼，有的张开粉红小嘴打哈欠，有的啧啧咂嘴犹在梦中，有的抬头竖耳谛听……该离开了，正欲迈步，传来簌簌簌一阵急促的拨动枝叶声，灌木丛中闪过一个赭黄色暗影。

树枝分开处，一只淡橙色成年赤狐尖嘴脸探了出来。它的面部被阳光染上一片灿灿金黄，一双圆溜溜眼睛像猫眼发生变化，由深琥珀色转成明澈的浅黄玉色，黑褐色瞳仁缩小至黄豆粒大，使它的一副浅浅笑意中透出一股警觉与不安。

我心里一动，终于见面了，这就是我一直渴望见面的正主，冬夜求偶的歌者，这片荒野的女主人，森林中的红毛美人。

狐狸一直被女性所喜爱。我在这个世界上两个最亲的人——女儿和妹妹均深陷其中。女儿从小就爱画狐，还写过一首小诗，结尾一句是“微风中送来小狐狸的叹气……”（长大后她承认是默写的）每当想到这行诗句，我的心都暖暖地融化……妹妹喜欢各种狐造型的工艺品，在蒲松龄故居流连时，我才真正领悟这种喜爱的妙处：狐形态的千变万化，妖娆可爱，其他任何动物所不能及。这种喜爱大概缘于狐具有猫一样优雅阴柔的女性化气质，妩媚外表掩盖下无意间流露的小狡黠；银雪中小北风拂顺的火红软毛，灵动柔躯与盈盈狐步；还有当饥饿、天灾、疼痛、病患等苦难过后依然展露的明快笑容。

中国大地上流传千古的无数狐仙神话，一定出自生活底层的女性想象，漫漫长夜中祈念着对爱情的追求与梦想……在这一刻，我深深理解了女人心里隐藏的终极秘密，理解了蒲松龄这个未曾及第的乡村秀才、民间小说家的伟大之处，他破解了这个秘密。

老蒲留仙啊，我说得对吗？但愿我的问话跨过300年时空送到你耳畔。

我呆定定站着，近些年“美女”一词泛滥，此时此刻，我面对的是一位真正的森林美女。

“咈，咈，咈。”它发出低而轻的短叫，打破了暂时的宁静。

噗噜噜——小狐们一下子跳起身来，一溜烟蹿进树丛的隐秘缺口，奔向林中的暗沟，估计那里有它们的洞穴。

“呜喔，呜喔——”母狐望着我，幽幽埋怨两声，随后走出树丛。大尾巴紧张地扫来扫去，用一种跟平时不太一样的步态，带点召唤地慢吞吞走过我的面前……说心里话，当它走出来的那一刻，我十分失望，刚才凝视我的炯炯目光及脸部的光彩骤然消失，眼前仿佛一幅熟稔的乡村家常景象：一只皮毛稀疏、十分消瘦的村狗从面前无精打采缓步踱过。

难道它不怕被抓吗？我有些吃惊，这么毫无防备，这么松懈，甚至有点儿故意与我拉近距离？还有，它怎么后肢发软，一条后腿有些拖拖拉拉跟不上步，受伤了吗？它侧身对我，忽然后身一矮似塌陷下去，举步蹒跚行走更慢。然而，它侧对我这边的眼睛不时偷瞄我一眼，闪出一个小小光点。

它在演戏!

我如梦方醒。以前上过母花尾榛鸡一个大当，在你伸手可及的范围趺趺撞撞逗引你去抓它（根本抓不着），直到把你从雏鸟旁边引开。后来我不慎误闯其他鸟类巢区，见过绿头鸭、黄喉鹀、白眉鹀等正在孵卵或育雏的母鸟们的诈伤表演。母狐当然精通此道，看来，它把我当成危及其子女的大威胁了。

我退回原地，以最快速度穿上衣裤，趿拉着鞋，抱着背包，猫着腰快步离开。磕磕绊绊走出十余步，才回头看了一眼。母狐站在原地没动，警觉地目送我离去的背影。

1.7亿年前的恐龙时代，一些老鼠大小的哺乳类小兽在恐龙的阴影下穿梭捕虫。它们在恐龙灭绝后体型变大，确立了地位。狐狸即属5000万年前古新世出现的食虫目动物的后裔。恐龙时代末期，食虫目动物在进化中发生惊人的变化，出现许多分支，奠定了现代动物大系。约650万年前，貌似狐狸的肉食性犬科动物开始活跃。当最后一个冰河期降临地球，狐与狼分道扬镳，狼偏重肉食兼杂食，狐偏向更实用的杂食兼肉食。这个分化当初看似平常，实际对动物物种的生存产生了根本影响：一万年前狗从狼族中分出，进入人类社会得以成功扩张；狼却由于丧失栖息地及猎物大量减少濒临绝迹。狐因食性改变带来的身体器官的进化，成为杂食性的生存高手，如今广泛分布于北半球、非洲和澳大利亚。

我国自奴隶时代起，狐、貂、猞猁、水獭等毛皮动物便成为贡品一直遭到猎杀。新中国成立后，狐被视为重要的经济毛皮兽类，大量收购皮张出口换汇。其中尤以吉黑内蒙古三省的赤狐皮质量上乘，使狐狸遭受大量捕杀。黑龙江省在上世纪80年代以前，年收购量平均3000余张，猎民亦有相当的自留量。1985年国际毛皮业涨价，带动国内收购价大幅飙升，一张一等赤狐皮价700元（几乎等于我当时全年的工资），水獭皮800元、紫貂皮和猞猁皮上千，松鼠皮也涨至60元，当时东北出现猎捕毛皮动物风潮。一个在长白山保护站工作二十多年的站长告诉我，上世纪80年代后期盗猎最为猖狂，从狐狸到松鼠，从紫貂到水獭，这些毛皮动物数量下降约80%。幸亏采取了禁猎和民间收枪措施，数量正在缓慢恢复。

今年的采野菜季，上山路遇两个老姐姐在大树下歇息。唠一会儿嗑，认识了一种新野菜叫枪头菜（学名苍术），有扑鼻草香。唠起女人上山易遭受惊吓的话题，其中62岁的老李太太胆子很大，年轻时跟老头子上山打松塔蹲窝棚，半夜听见狍子、猫头鹰大声嚎叫。她说，猫头鹰叫瘆人，嗞哇——把老头子吓毁了。她倒没咋地。后来有一回上山背柴火，迎面撞见一个倒挂在树干上被扒皮、开膛、挖心的狐狸，雪地上淌一摊血。她第一眼把那当成半大孩子了，妈呀一声回头就跑，回到家大病五天。

无论猎狐养狐，都是为了取皮，给人类做奢侈衣裳。一张狐裘大衣需用狐皮7~14张；一件狐皮外套需用狐皮4~8张。用料量依狐裘考究程度不同上下浮动。

狐心自古以来为动物药。《东北动物药》一书中记载：

采制：心入药。多在冬季捕捉，剥皮后取心，放通风处干燥留存备用。

应用：补益，镇静，安神。治癫狂，适量。

《楚辞·九章·哀郡》有曰："鸟飞返故乡兮，狐死必首丘。"狐死时头必定朝向它出生长大的山丘方向，这只是古词人的一厢情愿。无数被捕杀的狐狸均倒挂剥皮，头垂于地。

姚老大的生命结局我在长篇小说《野猪王》后记有交代，顺便说说孟炮的厄运：有一次出猎，隔一条深峡，看见对面树下蹲着一只火狐狸。峡谷又深又陡，即便打着了也无法拿到猎物。可是，这个明晃晃的活靶实在诱人，顺过枪瞄上打了一枪。

他的七九枪被没收，用的是打单发的老撇把子（打独子的老火枪），打响后前方3米爆出一大团枪烟。冬季天寒，洗衣盆大的热烟似一团凝固的实体，悬在空中久久不散。反正猎物拿不到手，没等枪烟散去，他调头上山。当天贪黑回家，背回一头新打的半大野猪。

第二天仍上山，走到昨天打狐的地方，往峡谷对面扫一眼，咦，狐狸咋还在那儿蹲着？难道昨天那一枪没打着？

举枪瞄准击发。随后侧移一米，让过枪烟，向峡谷过面望去，不由两眼发直，狐仍以原来的姿势一动不动蹲坐树下。

刚才瞄得准准的。咋回事？难道是个打不死的狐狸？！

他偏不信这个邪，索性不上山，花半天工夫兜老大一圈绕到峡谷对面。

到树跟前一看，是个早已冻硬的死狐狸，脖子上深深勒着一个钢丝套，以蹲坐姿势被勒毙。胸、腹各中一枪。

又过一年，孟炮单肩挎枪，骑自行车去河套打狍子。走下坡路时，前轱辘硌在石头上，摔个大前趴，枪从肩上甩出去，枪身在空中转了个圈，枪托朝外、枪口冲人摔落在地。由于发生强烈磕碰，摔得七荤八素的孟炮听见一声熟悉而清脆的击铁撞击声，一声枪响，弹丸正中右胳膊臂弯处……如今二十多年过去，他的右臂一直不能打弯，永远像根棍儿似的伸得笔直。

一个月连天大雨。好不容易等到晴天，迫不及待上山。原始林中第一批秋叶飘落，多是杨树叶和少量胡桃楸叶。覆盆子已熟透，捧在手中红玛瑙般殷红晶透。深蓝紫色的龙胆花打苞，这是秋季最美的花朵。大量带翠绿外皮的山核桃落地，今年是小收年份。一串串绿豆粒大的山葡萄挂满藤蔓，9月里当有大收成。细小的小花蛇刚出壳不久，在路边蜿蜒爬行。越橘进入采摘季，小燕子学会飞行，棉团铁线莲结籽，辽东楤木白花烂漫，头茬榛蘑露头，野玫瑰果实垂垂，长大的小鸳鸯聚成小群，各种蘑菇纷纷拱出地面……初秋时节，是大森林的黄金季。

自上次在大垅地与母狐一家偶遇，我没有再回去，那里显然是它们的家域。连国外专家都承认，狐狸是最难观察的。我不具备野外观察的方法、经验和设备，去那里只会再一次惊吓人家。不能只为自己写散文而使它们屡受惊吓，最后被迫搬家。这种事例我曾有听说。

谁知，在距大垅地3公里外的东山，又一次意外地与狐狸遭遇。

那里是一片山坳，不知为何当年没有采伐，留下了一片十分高大的鱼鳞松、红松、冷杉组成的针叶林。由于多年在山下的针阔混交林中漫游，我对暗针叶林的生物种类抱有极大的兴趣。所以只要是晴天，就带上干粮，整天泡在林子里。

那天和孙喜彦一起从林子里出来，在一条浅沟边他忽然站住，指着被压倒的青草形成的一条稍稍凹下去的浅迹说："胡老师，看见这条小道了吗？猜猜是什么动物？"

经他指点，隐约看出这是条兽径。过去，他曾领我看过獾子从洞口到沟底喝水踩出的小径，那只是一条青草略有倒伏微微泛青白的痕迹，没有相当经验绝看不出来。

眼下这条兽径比獾小径窄一些、深一些，因此更清楚一些。有些被踩倒的青草已经磨损破皮，破皮处是嫩白新茬，冒鲜草浆，是动物常走的路径。

早年读过一篇写狐狸的译文，其中专门有一段讲述狐径的特点，最近曾重读。这下子可逮着一个在他面前显示的机会，于是引用文中原话答道:

"经得住狐狸压，就经得住人压。孙猴子（我给他起的外号），这是条狐狸小道。"

他用惊讶的目光看我一眼："这老头哎，准看过书。别出声，我先你后，跟着踪蹓蹓。"

这下正挠到我的痒处：拍摄狐狸的诱惑实在太大了！在不打扰它们的前提下，哪怕拍一张照片呢。于是尽可能小心翼翼行进。脚下有茸细绵软的青草，身边有盛开的大蓟、山飞蓬、翠菊等野花环绕，微风送来针叶林淡淡松脂清香，耳畔有虫儿唧唧哩哩秋唱。这世上能有几人像我这样，亲身体验在狐径上轻悄挪移滋味！

大约潜行20分钟，鬼使神差一般，猛然觉得右侧有某种生物的目光正盯着我。扭头望去，几乎喊出声来——狐狸！

两只狐狸一立一卧。站立的那只侧身扭头机警地望着我们。躺卧的那只正闭目安睡。

野花青草间，绿树环绕中，两只毛色橙红的狐宛如画布上的逼真写生，安然不动。

好一幅宁静的画面。

我瞟一眼喜彦，他已回身，凝神静观那对狐狸。

这时节狐夏毛稀疏，身形瘦长，而且它俩的身形比成年狐要小一些。春天出生的幼狐成长飞快，四五个月即成龄。看那好奇且不知畏缩的目光，看那不明人类为何物的神态，这是一对刚刚离家自立尚不知愁滋味的少年狐。

赤狐的最大天敌有狼、猞猁、金雕和捕杀幼狐的大鵟。这种在数万年形成的敌对关系已深深印刻在它们的遗传基因里。奇怪的是，每个在山上遇见狐狸的人都说它们并不怕人。为什么它们没有把人类——这种采取无所不用其极猎杀手段的捕猎者列入骨髓名单？

我想大概有两种可能：首先这种遗传印刻是物种进化的一部分，为使种

草窝里的狐狸

群躲避危险、延续生命。但是，遗传基因的印刻过程要有一个比较、验证之后再加以确认的时间过程，有时候这个过程很漫长。其二我们的兄弟物种远比我们宽容、单纯、乐天和容易满足。例如美国为获取皮毛，曾大肆屠杀西海岸的海獭，最后只剩下70只。这种屠杀持续的时间不长，随后便采取了保护措施。现在优哉游哉漂浮在海面的海獭允许人类在身边同它们一起漂浮，没有丝毫恐惧。所以，只要人类停止杀戮和虐待动物，让它们自由自在生活，它们将很快忘记人类对它们犯下的血腥暴行，重新与我们和睦相处。

此时，我们面前的狐狸没有叫醒同类，仍用那种无邪无畏的眼神望着我们，而且像猫一样稍稍抬高下颏，后肢着地蹲坐下来。看它眼神里透出的机灵劲儿，4个多月前在大垅地被我惊醒，慌乱地围绕同伴转圈飞奔的红毛小狐大概就是它。

“这小家伙冲咱们笑呢。”

喜彦低声说。一贯粗声大嗓的他，这么小声说话可真没几回。

小家伙是在笑。雪白的嘴角上翘，暗褐的眼角上扬，眯缝眼，一副笑吟吟的模样。冷丁看，好像迎面遇上邻家的小狗。瞧啊，它伸出了粉红色的小舌头，舔了舔下嘴唇，又伸出一双前足抓了抓地面，突然张嘴打了个惬意的呵欠。

喜彦拽了一下我的胳膊。是啊，该走了，让它俩在自己的天地里自在生活吧。喜彦分开树丛钻进树趟子，离开狐小径。我跟在后面，忽然想起一件事，伸手拍拍他的肩膀。

他回头冲我摆手，意思先不要开口，怕惊动狐狸。走出一会儿，他回头：“胡老师，我知道你刚才想说什么。”

“什么？”

“你想说，这两只半大狐狸，就是刚上冬咱俩把狍子留下做好事那回——哎，就是那个狐狸，它生的狐狸崽。”

正是，我俩想到一块儿去了。

知道犬科动物会笑，还是女儿6岁时教给我的。

有一次陪爷爷去买东西，女儿指着一扇窗户说：“爷爷呀，你看小狗冲咱们笑呢。”

爷爷抬头去看，果然窗台上蹲着两只小狗，笑眯眯向窗外看。

儿童的天性与动物有许多相通之处，他们往往比大人更懂得动物的喜怒哀乐。

犬科动物绽开笑脸时两眼发直，下颚放松，黑鼻头后面堆满皱纹，目光中透出温柔神色，这时它的内心充满欣喜。吃饱的动物最开心，开心的时刻最好看。初秋是森林万物的成熟季也是收获季。刚成年的狐狸在这时候离家自立，它们同熊、野猪、貉、獾这些不挑食的森林伙伴一样，进入一年中食物最丰盛的增膘长肉期，每一天都像过大年，能不感到高兴和满足吗？过年的时候孩子比大人高兴，野生动物的孩子也一样。

两天后，在市场遇见卖蘑菇的老张头，他说香菇可炖排骨，珊瑚猴头可炒肉亦可做菌汤，各买一斤回去尝鲜。聊天中，他告诉我在山上发现一个獾子洞，被他用倒木严严实实给堵上了。

听了这话，我觉得那不可能是獾子洞，獾子拥有多个出入口的洞穴群，最多的洞口有13个，他不可能全部堵上或全部找到。狐狸有贮藏食物洞和临时避难洞，它的主洞穴一般只有一个出入口。进洞后有一段三四米长的过道，尽头是主卧室，整个洞穴是个死葫芦。当然，也有狐和獾在宽大的洞穴群同住，两家各居一隅，互不干扰；还有狐利用獾弃用的旧洞居住；我知道有老狐狸看中獾子的新居后，趁主人不在家（狐打不过獾，獾亦追不上狐），进洞到处拉屎撒尿，搞得臭气熏天。獾恰恰是爱干净、讲卫生的动物，在洞外有多个专用排便坑，嗅觉又特别灵，回家看见到处一塌糊涂，一气之下会放弃居所，另辟新洞。

凭我对獾子的了解，它肯定能逃出来。但万一他堵的是个狐狸洞呢？狐可不是獾那样的挖掘能手，还喜欢白天蜷在洞里睡大觉，那岂不惨了！于是，请老张头明天带我去找那个洞。他答应了，但要求我凌晨4点在家门口等他，跟他一起上山采蘑菇。

第二天天不亮即出发，7点左右找到了那个洞。从远处已看见洞口翻出的新土，悬着的心马上落地。另外，这里不属于狐狸能看中的巢址。它喜欢在山沟里的背旮旯、乱石塘、倒木堆等阴暗隐蔽处挖洞。四周找找，果然有3个出入口，全被老张头用倒木牢牢堵上。獾真是好样的，用钉耙一样的前爪在倒木旁开出一条通道，像个小力士一样把倒木给推了出来。我趴在洞口闻了闻，一股潮润的森林棕壤的新土味道扑面而来。狐洞脏乱差，洞口常丢弃鸟兽骨头羽毛等，还有股熏人的狐尿骚味。

顺便说一句，那天的行走是一年中最劳累的，近8个小时跟在老张头身后漫山遍野寻找猴头蘑，经过一段很长的泥泞路段，须在稀泥汤里跋涉，还摔了两个大跟头。不过，也因此知道了自己跑山的体能潜力。回头想想，今年最劳累的三次山林行走，全都为了狐狸。其中一次去了喜彦当年救狐狸的旧地，雨中来回跋涉36里。

25岁那年，二爷从黑龙江的阿城来家里作客，他告诉我最重要的一句话是：记住，咱们家老祖宗和胡三太爷是把兄弟。

胡三太爷是狐狸，我们家老祖宗是熊。

我家是在伊彻（新）满洲正白旗恩牛录西大院当差。祖先是居住在松花江下游的赫哲族，胡姓由呼什哈里氏族名而来。万历十五年，努尔哈赤在费阿拉称后金汗，开始不断征抚东海女真和黑龙江女真。康熙年间， 老祖先被收服后编为新满洲部众，归大清统辖。

赫哲呼什哈里氏供奉始祖神为熊。

我曾问过喜彦，熊跟狐是啥关系？

“胡老师，记住啊，狐狸是蹭饭的，蹭熊的饭。我们在山里见过，熊正在吃或吃剩的动物尸体，狐狸经常溜边偷吃，再不就等熊吃剩它来吃。”

这与北极熊同北极狐的关系一样。狐狸有个与其他犬科动物不一样的地方：除了在肛门附近长有肛腺之外，在尾根处还长有一个特殊的专门分泌麝香味的腺体，这个腺体欧洲各国称为紫腺，日本称为名刺。所以，狐身上带有一种山里人称为狐臊的刺鼻狐臭气味。国外专家至今对紫腺的作用不甚明了，猜测可能与发情期传播信息素有关。

熊鼻子灵敏度极高，自然受不了这种气味，因此从来不碰狐狸。狐狸也利用这一点敢在熊餐桌旁打转。狼和熊不同，属食肉动物，又因食量大常挨饿，逮着什么吃什么，饿急了也不顾忌什么狐臊味。

我的老祖先观察到熊与狐的关系，当然无法给出科学的解释，便以人与人的关系去理解动物与动物的关系。见狐常伴随熊左右吃它的剩饭或与之共同进食，自然认为这两个不同种类却有福同享的动物是拜把子关系。

三十年前，二爷把接力棒交到我手里。如今，到了把“四海之内皆兄弟”这句古话重新书写的时候了，我与山上的狐狸是兄弟，人类与四海之内的野生动物也是有福同享、有难同当的兄弟——亲兄弟。

老天爷，不，是胡三太爷，在本文进入修改阶段时，赐给我一个鲜活的结尾。

9月20日下午，上山拍白鬼笔照片，顺手采了一斤多冻蘑（亚侧耳）、大杯伞和几棵柳树蛾（毛头鬼伞幼菇）当晚餐。黄昏时到河边，沿河南行3里有一窝水獭，这四个小家伙傍晚出来觅食。幸运的话，能看见它们在水中游动的小黑脑瓜和划开水面的大三角波纹。

河边有我最喜欢的散步小道。秋分将至，路上新铺一层青杨落叶。昨天一场雨，地面潮湿，落叶亦未干透，除走路不时刮擦路边草木发出轻微声音，几乎没有任何动静。突然，扑棱一声，一只水獭在身边一米处跳入水中。伸头扫视河面，巴望它能像上次那样从不远处露头。等了好一会儿不见踪影，我起身前行，上游有它们的老巢。

天色渐暗，四野寂静。水獭久未露面，该回家做晚饭了。我悄悄沿原路返回，刚走了四五分钟，蓦地，河对岸的原始林中响起一阵尖叫：

“喳——喳——喳——”

第一声叫惊得我全身一震，后两声叫已大喜过望，狐狸！

它在宣布主权并警告外来者不要擅入领地。

听上去，我俩相距二十多米。未感觉有风，我蹲下来，点燃一支烟，烟头冒出的烟向我这边飘。我在下风头，它应该嗅不到气味，准是听见了我身体刮碰草木的声音。

它的尖叫不如狍的抗议声响亮且有杂音，我的老烟枪加破锣嗓学起来正合适。于是，我模仿它的尖叫回应。

“汪、汪、汪！”它转而愤愤吠叫，声音低抑有力，短促凶狠。能感觉到它真生气了，把我当成敌对者，亮出了恫吓与驱赶的叫声。不过，这吠叫像个半大小狗，透出些许年少稚嫩口风。

我心跳加剧，吠声再次证明它确是狐狸。狼、狗、狐都会吠叫、尖叫、嗥叫和哀鸣，其中狐的叫声早已被人们遗忘。而我在一年中能亲耳聆听狐表达多种不同含义的叫声，真乃万幸！

趴在地上，掩埋好烟头，隔着草木观察对岸黑沉沉的树木，同时以吠叫回应。小时候常学狗叫招惹恶犬，心里有这份自信。果然，听见我惟妙惟肖的叫声，它立即停止吠叫，随后对岸的丛林响起刮碰草木的声响，一只较大的动物正在树丛中穿行而来。

它被我发出的针锋相对的吠声激怒，决意一战，向我这边冲了过来。速度很快，而且真急了，噼哩噗隆不惜弄出挺大响动。

从声音里听得出，它冲到河边，停下脚步，再不发出任何声息，想必在窥探我的反应。

河宽不足10米。黑暗中，它和我全都一动不动，紧张而专注。所有感官都在倾听、在凝视、在感觉，罩定对方所在位置。

一狐一人，隔河对峙。

借着河水的微弱反光，我睁大眼睛，牢牢盯住对岸树丛边缘一个微微泛黄、疑似狐头的东西。是一张大大的枯叶？还是它浅颜色的嘴脸？我拿不准。然而，我相信对方知道我在哪儿。在这个具有数千万年进化史的夜行性动物面前，我的一切暴露无遗。

寂静，无止境的寂静。间或，有两三声鸟儿浅睡梦醒发出的叮叮啼鸣，河水流过岸边枯树打个旋响起的咕噜噜水声……那个浅色的东西从未动过，只是张枯叶。任何人都不可能看见一只隐身于黑暗丛林的狐狸。

起身离去时，我想，也许有那么一刻，我曾跟它在黑夜中对视。

静静行走，尽量不发出任何声响。3分钟后，在对岸的森林，相距二十多米，与我并行的方向，又响起它愤愤的略带稚气的大男孩般的吠叫，“汪——汪——汪!”

呵呵，这小家伙火气真大，不依不饶紧紧跟随，非要把我这个老狐赶走不可。

“汪——汪——汪——”我亦连声回应。

狐吠一声，我回一声；狐吠一组，我回一组。于是，在河两岸，相距二十多米，一狐一人，边吠边并排而行。

这是我人生中绝无仅有的体验，相信世界上也没有几人有此经历——同一只狐用狐狸使用的凶巴巴语言相互应答。

大约走了一里地，它仍旧意志坚定。似乎我走多远它就驱赶多远，绝无罢手之意。渐渐地，我从得意中清醒，我俩之间的对叫属一种对话，但决不是什么好话。它说的是，快滚，离我的地界远点！我呢，全靠模仿它的叫声作答，模仿得越逼真，意思越明了，它听了越生气。我得到了兴奋的体验，对它却构成一种打扰，而且极不礼貌，甚至是挑衅，对它太不公平。罢了，越早离开越好。

于是噤声疾走，可我的行踪根本瞒不过它那双顺风耳。小家伙儿仍同我保持平行距离，口中仍愤愤不平。我有些着急，难道得开跑吗？不行，跑起来声音更大……

“汪汪汪！”远处突然响起真正的犬吠。雄壮粗重低沉，似声声重鼓，显然发自一头体型壮硕的大狗胸腔。

我心中一喜，一公里外有火山观测站，后院养有一只体重70斤以上的大黄狗，一定是它在吠叫。狗与狐势不两立，这只凶悍猛犬听见狐的叫声，立刻应声怒吼。

狐吠立止。

“对不起，狐狸兄弟。”我喃喃道。今晚上它遭受的这一气一惊，全都因我而起。

我有些负疚又满心欢喜地往家走。它的领地横跨寒葱沟及两侧山地，这一带离家最近。今年落雪后可有事干了，天天背上长镜头上山找狐狸足迹去，或许能在飞雪中远远瞥见它火红的轻灵身影。那时，我将续写我的狐狸笔记。

（2010年9月20日）

后记

我是怀着悲愤交加的心情写这篇后记的。

这时，长白山屠熊案已近尾声，犯罪嫌疑人被抓获并招供。在此期间的多次踏察中，我关注8年的母熊“好媳妇”的那片领地，再没有出现过它的活动痕迹。领地已被一头体重300斤以上的大公熊占据。我这才意识到，在惨案中惨遭灭门的，是“好媳妇”和它的子女们——两头一年零三个月的半大熊和一头今年腊月才出生的3个月大的幼熊……好媳妇领地的北缘距我的住处5000米，它和火狐狸、青鼬、山猫、灰松鼠、小飞鼠、野猪、狍子、黑啄木鸟、褐河乌、星鸦、绿啄木鸟、松鸦、棕黑绵蛇等许多动物，是我山上的近邻，也是我作品的主人公。它们给了我解读生物进化真谛和原始森林奥秘的金钥匙。我时刻把它们挂在心上，常去看望它们，哪怕只看见一丝爪痕、一个模糊的足迹或一截粪便，都感到无比高兴。

咸丰年间的《朔方备乘》有一章“艮维窝集考”，记载东北有48座大窝集（窝集，满语：黑森林）。《中俄瑷珲条约》等三个不平等条约，划走了其中18座大森林。剩余的30座，曾遭日、俄的大量砍伐。新中国成立后，由于建设需要，开始全面砍伐，最后只余长白山保护区约1960公顷的原始林未遭斧斤，这也是中国唯一一座具有北温带与寒温带地理物候特征的原始林。当年48座大窝集均以满语命名，我身边的这座森林满语为“纳秦”，意为“绿海”。可以想象，当第一位登上长白山之巅的女真人，眺望山下无垠林海时，他脱口而出：“绿海！”从古至今，三条大江从天池发源造福两岸；绿海庇荫东北亚风调雨顺。

原始森林是陆地上动植物物种最丰富的地方，是自然万物演示进化奇迹的大舞台，是物种间共生互动生命之网的完美典范。五年来几乎每个晴天，我都充满好奇和兴奋地踏上山路，用所有感官在林中寻觅、迎接、遭遇自然界时时处处都可能出现的大大小小奇迹与惊喜。这座森林于我是创作源泉，心灵寄托，神圣之地。这里有世上最新鲜的空气，最清澈的水，最美的野花和蘑菇，最动听的鸟鸣，最纯粹的森林音画……2005年秋，黑熊的求偶季，我第一次听说，一头母熊被8头公熊追逐着翻山越岭远去。众公熊看中的是它的生命活力与成功养育小熊的经验，从此母熊得名“好媳妇”，那时它大概5岁。从那时起，我年年都看见它的活动足迹，并两次与它在林中远远相望。漫漫八年，它成功养育了两窝小熊，自己也罕见地活到十二岁零四个月（熊的寿命为25~30年，在猎杀不止的情况下，平均只活3~5年）。由于长白山生存环境严酷，公熊与母熊的比例为5：1，由此看来，好媳妇堪称功勋熊。

那一年，我还听说另一个山林故事：在海拔千米的针叶林深处，一个老猎手在距地面一米半处砍倒一棵冷杉。他事先算准树倒的方向，使倒树准确地落在十多米开外的一个大树桩上，把整棵树离地面5尺横架在空中。他这么干有个缘由，等三十年后，这棵倒下的冷杉上将生长一种寄生植物长松萝，獐子（原麝）最喜欢吃松萝。那时候，自己的小孙子长大了，就可以在这棵冷杉上绑套子套獐子。然而，三十年不到由于过度猎杀，长白山的獐子已经绝迹。气候变暖，森林过度干燥以及受旅游影响，长松萝正大面积消失。至今，我仍然记得站在那棵干透了的倒木前浑身冰凉的感受，它把我对长白山的美好幻想击得粉碎。这座原始林在上世纪曾遭到酷猎、打松子等大规模破坏。现在被旅游占去10%以上，打松子屡禁不绝；保护区不断遭到各种名目的蚕食；松花江源头出现在污染源；二道白河变成了二道“黄河”；林区小镇快速膨胀，各色人等大肆圈地；野生动物栖息地不断减少；东北虎、远东豹、猞猁、棕熊、青羊、原麝、梅花鹿、黑熊、水獭、兀鹫、金雕、大鵟、黑鹳、雕鸮等珍稀动物已经灭绝或正在灭绝……就在写下这行文字的时候，一只长尾林鸮落在我窗前工地的塔吊上，发出“唉、唉、唉”的连声叹息。

读者会注意到，这本文集中的作品是按照创作时间排序的。随着时间推移，批判与痛惜内容不由自主跃然纸上。连杀五熊的惨案发生后，愤怒至极的我放下所有的事情，发微博，接待各路记者，调查熊的分布情况，向政府提建议，做报告，针对威胁传言作必要防范，等等，两个月时间倏忽而过，才猛然想起要赶写这篇后记。

雕鸮的洪亮叫声呜——呜哼——头一个呜是高音，后一个呜是下降的低音，带出含混婉转的尾音哼。字面无法表达其原声。长尾林鸮已在一小时前飞走，此刻是12时51分，它正在工地的西边一声接一声鸣叫。此时正是母鸮带小鸮学习觅食本领的时候，它们来建筑工地干什么？它们不知道有的人无比贪婪、愚昧、狠毒么？它们不知道，真的不知道。今年春天，有人在空楼房的顶层发现四只幼鸮，抓进铁笼带走了。多年来，我只见过一次雕鸮的身影。于是，马上拿起强光手电和望远镜跑出去找它。刚走一半路，叫声消失，它飞走了。2009年秋的一个深夜，它的歌唱让我知道了这只雕鸮的领地。前面的那只长尾林鸮跟它是邻居，2008年我结识了它在寒葱沟的家族。大中型鸮类喜欢在枯树洞栖身，这两只鸮的领地内适合它们建巢的大枯树太少，无奈进入空楼安家。

我曾在中秋月圆之夜在林中聆听两只林鸮的对歌，清润嘹亮略带喉音的天籁之声，人类的任何音乐都不能与之相比。当时我热泪盈眶，那是森林给我的回报。

五年来我过着一半森林人一半写作者的生活，克服了孤独伤病以及在城市里想不到的种种困难，甚至阻挠和恫吓。尤其发微博公布熊被杀惨案之后，真切地感到存在的威胁和亲朋好友的担心。这些都不重要，重要的是如何使山上的动物不再被杀害，森林不再被破坏，河流不再被污染，为它们倾尽自己的一份心力。

后记等同总结，千头万绪无从说起，一句话：当人类利益与野生世界发生冲突时，我永远站在野生世界一边！

（2012年8月9日夜）

编者的话

在全球环境恶化，人类重视环境保护的良知逐渐觉醒的今天，爱护万物生灵、保护山川大河、重建大自然原来的秩序成为迫切之事。全人类应该撤下物质的欲望之梯，齐心共力为地球母亲疲累、满是疮痍的身体倾注爱的关怀。

而作家特殊的视角和体验，也使得他们比普通人更能够感应到大自然的痛苦与挣扎、欢欣与再生。作家最美的创作灵感都应该来自于大自然，真正的作家也是时代的守望者。故此，许多作家离群索居，在大自然中静静感知天地的奇美和旷达。为大自然讴歌的作家自古至今有许许多多，他们正是历史的天空上熠熠闪闪的群星：普里什文、普希金、巴乌斯托夫斯基、屠格涅夫、都德、梭罗等等。因为与大自然深邃的生命力紧紧融合在一起，他们的作品成为传世经典，生生世世为后人喜爱。这正是大自然的力量。

为此，重庆出版集团北京华章同人公司希望藉出版“自然·人”书系，去发现优秀的大自然文学写作者。他们深藏在全世界各地，安静而不为功名地写作。在大自然的爱意中静静生活，为世人呈现最美的大自然与人类交流的文字，不去做任何伤害地球母亲的事情，这本身便是值得更多的人去学习的一种存在方式。图书的出版正是对富有正义感和使命感的作家的表彰，亦是对世风的良性倡导。

图书在版编目（CIP）数据

狐狸的微笑：原始森林里正在消逝的它们 / 胡冬林 著. —重庆：重庆出版社，2012.11
ISBN 978-7-229-05887-6

Ⅰ. ①狐… Ⅱ. ①胡… Ⅲ. ①散文集—中国—当代 Ⅳ. ①I267

中国版本图书馆CIP数据核字（2012）第267666号

狐狸的微笑
HULI DE WEIXIAO
胡冬林 著

出 版 人： 罗小卫
策　　划： 华章同人
出版统筹： 陈建军
责任编辑： 张好好
策划编辑： 黄卫平
特约编辑： 袁　强
责任印制： 杨　宁
营销编辑： 张　颖　魏依云
封面设计： 主语设计
版式设计： 颜森设计

重庆出版集团 重庆出版社 出版
（重庆长江二路205号）
投稿邮箱：bjhztr@vip.163.com
中青印刷厂　印刷
重庆出版集团图书发行有限公司　发行
邮购电话：010-85869375/76/77转810
重庆出版社天猫旗舰店
cqcbs.tmall.com
全国新华书店经销

开本：700mm×1000mm　1/16　印张：21.25　字数：264千
2012年12月第1版　2012年12月第1次印刷
定价：42.00元

如有印装质量问题，请致电023-68706683